チャンドラキールティのディグナーガ認識論批判

——チベット訳『プラサンナパダー』和訳・索引——

編者　東方学院関西地区教室
（チベット語仏典講読）

法　藏　館

まえがき

本書は東方学院・関西地区教室（大阪府崇禅寺）で平成５年から10年におこなった「チベット語仏典講読」における研究会員諸氏との共同研究の成果の一部である。テキストとして，チャンドラキールティ（月称）の『中論』に対する注釈書『プラサンナパダー（明句論）』第１章のチベット訳を選んだ。本論はいわゆる「帰謬論証派」の見解を述べたものとして知られ，第１章の「縁の考察」はその根本的立場を明らかにした重要な章である。以下にはその中の特にディグナーガの認識論批判を通して帰謬論証の論法を展開した箇所を取り上げ，そのチベット訳テキストと和訳を示し，さらにサンスクリット原典テキストと索引を付した。ニマタクによる本論をはじめとするチャンドラキールティの主要著作のチベット訳がチベットにおける帰謬論証派の興隆の契機となり，やがてはその哲学がゲルク派の教学の基軸となって全土に浸透したことを考えると，チベット訳からの忠実な和訳も意味のあることと思われる。

東方学院での講読を一応このような形に纏めることが出来たのは，ひとえに研究会員である森秀雄（大阪府立布施北高等学校教諭），中村佳孝（大阪府立刀根山高等学校教諭），加古原大岳（兵庫県妙観寺住職），鳥塚陽三（ペガサスミシン製造株式会社），谷口圓雄（大阪府善久寺住職）の諸氏のたゆまぬ熱意のお陰である。特に谷口氏はチベットテキスト作成のためのコンピューター入力，原稿の整理，索引項目の選定など献身的な努力を惜しまれなかった。同氏の尽力無くしては本書が日の目を見ることは無かったといえる。また本書の出版に際しては，四天王寺国際仏教大学教授・水尾現誠先生と東方研究会主事・堀内伸二氏の御助力を頂いた。ここに記して謝意を表します。

最後に本書を一昨年秋に逝去された前東方学院長・故中村元先生の御霊前に捧げます。

平成13年５月

西岡祖秀

目　　次

まえがき（西岡祖秀）　i

第一部　チベットテキストならびに和訳

凡　例　3
第一節　諸法不生という確定的判断と認識手段　5
第二節　聖者と論理の関係　7
第三節　『中論』著述の意図　11
第四節　ディグナーガ認識論の批判　13
第 1 項　認識論の意義　13
第 2 項　認識論の根本的誤謬　13
第 3 項　相と所相の関係による批判　15
第 4 項　相の語義解釈の批判　15
第 5 項　知の作具性による批判　17
第 6 項　自己認識の批判　19
第 7 項　同一性と別異性による批判　23
第 8 項　認識主体の批判　25
第 9 項　限定と被限定の関係による批判　27
第 10 項　世俗の確立　31
第 11 項　直接知覚の定義の批判　35
第 12 項　直接知覚の語義解釈の批判　39
（1）チャンドラキールティの語義解釈　39
（2）ディグナーガの語義解釈に対する批判　39
第五節　結論　45

第二部　サンスクリットテキスト

凡　　例　48

Sanskrit Text　49

第三部　索　　引

凡　　例　66

Tibetan-Sanskrit Index　67

Sanskrit-Tibetan Index　134

Appendix　210

略　　号

LVP. = Louis de la Vallée Poussin, ed., *Mūlamadhyamakakārikās de Nāgārjuna avec la Prasannapadā Commentaire de Candrakīrti* (Bibliotheca Buddhica. Ⅳ, St. Pétersbourg. 1903-1913)

Negi T-S D. = J. S. Negi : *Tibetan-Sanskrit Dictionary* (Central Institute of Higher Tibetan Studies., Sarnath, Varanasi, India. 1993~)

R. = The Manuscript of the *Prasannapadā* belonging to Professor Tucci. (J. W. de Jong, *Textcritical Notes on the Prasannapadā* (*Indo-Iranian Journal*, Vol. 20, nos. 1 / 2, Dordrecht Holland. 1978)

Tanji PP. = 丹治昭義訳注『中論釈　明らかなことば　I』(関西大学出版部 1988)

Vaidya MŚ. = First Edition. Edited by Dr. P. L. Vaidya., Second Edition. Edited by Dr. Shridhar Tripathi : *Madhyamakaśāstra of Nāgārjuna with the Commentary : Prasannapadā by Candrakīrti* (Buddhist Sanskrit Texts No.10, Darbhanga. 1987)

第一部

チベットテキストならびに和訳

凡　例

(1) チベットテキストはデルゲ版（D）を底本とし，北京版（P），ナルタン版（N），チョーネ版（C）を参照してその異同を脚注に記した。頁行数はデルゲ版により左欄外に示し，実際の改行箇所は本文中にアスタリック記号＊で示した。なお本書で扱うのは第1章「縁の考察」のうちの以下の箇所である。

デルゲ版　：　No.3860, Vol. 'A　18b6-25b6.

北京版　：　No.5260, Vol. 'A　20b6-29a2.

ナルタン版　：　No.3251, Vol. 'A　20b2-28a1.

チョーネ版　：　――　Vol. 'A　18a7-25b2.

(2) 接尾辞の པ་ と བ་，選択接属辞の འམ་，再説接属辞の འང་，および文節の区切り線などの異同については，煩雑になるため注記せず，すべてデルゲ版によった。

(3) 左頁の校訂チベットテキストに対応する和訳を右頁に載せた。本文中の節・項の区分とその見出しは，内容の理解を助けるため訳者が設けたもので原典には存在しない。また訳文中の［反論］と［答論］はそれぞれディグナーガとチャンドラキールティの主張箇所を示すものであり，〔　〕は訳者が補ったもの，（　）は対応するチベット語あるいは語句の説明である。

(4) 和訳にあたって，下記のサンスクリット原典からの翻訳も参照した。

山口益『「浄明句論」と名づくる月称造中論釈　I』（弘文堂書房　1947）

本多恵『チャンドラキールティ中論註和訳』（国書刊行会　1988）

丹治昭義『中論釈　明らかなことば　I』（関西大学出版部　1988）

奥住毅『中論註釈書の研究　チャンドラキールティ『プラサンナパダー』和訳』

（大蔵出版　1988）

འདིར་འགའ་ཞིག་དག་ཀློལ་བར་བྱེད་དེ། དངོས་པོ་རྣམས་སྐྱེ་བ་མེད་དོ་སྙམ་
པའི་ངེས་པ་འདི་ཚད་མ་ལས་སྐྱེས་པ་ཞིག་གམ། འོན་ཏེ་ཚད་མ་མ་ཡིན་པ་ལས་སྐྱེས་
པ་ཞིག་ཡིན་(1)གྲང་། དེ་ལ་གལ་ཏེ་ཚད་མ་ལས་སྐྱེས་པར་འདོད་ན་ནི། ཚད་མ་དག་ནི་
[18b-7] དུ་ཞིག །མཚན་ * ཉིད་ནི་གང་། ཡུལ་དག་ནི་ཅི་ཞིག །ཅི་བདག་ལས་སྐྱེས་པ་ཞིག་
གམ། གཞན་ནམ་གཉི་གའམ་རྒྱུ་མེད་པ་ལས་ཡིན་ཞེས་བྱ་བ་འདི་བརྗོད་པར་བྱའོ། །
འོན་ཏེ་ཚད་མ་མ་ཡིན་པ་ལས་སྐྱེས་པ་ཡིན་ན་ནི། དེ་ནི་མི་རིགས་ཏེ། གཞལ་བྱ་
[19a-1] རྟོགས་པ་(2)ནི་ཚད་མ་ལ་རག་ལས་པའི་ཕྱིར་ཏེ། * རྟོགས་པར་མ་གྱུར་པའི་དོན་ནི་
ཚད་མ་མེད་པར་རྟོགས་པར་མི་ནུས་སོ། །ཚད་མ་མེད་པས་དོན་རྟོགས་པ་ཡང་མེད་ན་
ནི་ཁྱོད་ཀྱི་ཡང་དག་པའི་ངེས་པ་འདི་ག་ལས་འགྱུར་ཏེ། དེའི་ཕྱིར་དངོས་པོ་རྣམས་སྐྱེ་
བ་མེད་དོ་ཞེས་བྱ་བ་འདི་ནི་རིགས་པ་མ་ཡིན་ནོ། །

[19a-2] ཡང་ན་ཁྱེད་ * ཀྱི་དངོས་པོ་རྣམས་སྐྱེ་བ་མེད་དོ་ཞེས་བྱ་བའི་ངེས་པ་འདི་གང་
ལས་གྱུར་པ་འདི་ཉིད་ལས་ངའི་དངོས་པོ་ཐམས་ཅད་ཡོད་པ་ཡིན་ནོ་ཞེས་བྱ་བ་ཡང་
ཡིན་ལ། ཡང་ཇི་ལྟར་ཁྱོད་ཀྱི་དངོས་པོ་ཐམས་ཅད་སྐྱེ་བ་མེད་དོ་ཞེས་བྱ་བའི་ངེས་པ་
འདིར་འགྱུར་བ་དེ་ཁོ་ན་ལྟར་ངའི་དངོས་པོ་ཐམས་ཅད་སྐྱེ་བར་ཡང་འགྱུར་རོ། །

[19a-3] ཅི་སྟེ་ཁྱོད་ལ་དངོས་ * པོ་ཐམས་ཅད་སྐྱེ་བ་མེད་དོ་(3)སྙམ་པའི་ངེས་པ་འདི་མེད་
ན་ནི། དེའི་ཚེ་རང་ཉིད་ཀྱིས་ཀྱང་མ་ངེས་(4)པ་ལ་གཞན་ཁོང་དུ་ཆུད་པར་བྱེད་པ་མི་
སྲིད་པའི་ཕྱིར་བསྟན་(5)བཅོས་རྩོམ་པ་དོན་མེད་པ་ཉིད་དུ་འགྱུར་ཏེ། དེས་ན་དངོས་པོ་
ཐམས་ཅད་བཀག་པ་མེད་པར་ཡོད་པ་ཡིན་ནོ་(6)ཞེ་ན།

---

(1) གྲང་ : N. གང་ (2) ནི་ : N. - (3) སྙམ་ : P. སྙམས་ (4) པ་ལ་ : P. N. D. C. པས་ : We corrected པས་ to པ་ལ་ according to the SK. Text(aniścitasya). (5) བཅོས་ : P. ཆོས་ (6) ཞེ་ : N. ཞེས་

第一節　諸法不生という確定的判断と認識手段

[反論] ここで，ある者（ディグナーガ）たちが論難する。すなわち，「諸々の存在は生じることはない」という，この確定〔的判断〕（nges pa）は認識手段（tshad ma）から生じたものであろうか，それとも認識手段でないもの（tshad ma ma yin pa）から生じたものであろうか。そのうち，もしも認識手段から生じた〔ものである〕と主張するならば，〔その場合には，〕認識手段は幾つなのか，〔その〕特徴（mtshan nyid）は何なのか，〔その〕対象（yul）は何なのか，〔それは〕自より生じたものなのか，他〔より生じたもの〕なのか，〔自他の〕両者〔より生じたもの〕なのか，無因より〔生じたもの〕であるのかという，こ〔れら〕のことが説明されるべきである。あるいは，認識手段でないものから生じた〔ものであると主張する〕のであるならば，それは不合理である。〔なぜなら〕認識対象（gzhal bya）を認識すること（rtogs pa）は認識手段に依拠しているからである。すなわち〔未だ〕認識されていない対象（don）は認識手段がなくては認識することはできないのである。〔それゆえ，〕認識手段がないことにより，対象を認識することもまたないから，君のこの正しい確定〔的判断〕がどうしてありえようか。それゆえ，この「諸々の存在は生じることはない」ということは理に合わないのである。

あるいは，君の「諸々の存在は生じることはない」という，この確定〔的判断〕がある〔理由〕からあるであろうが，ほかならぬこ〔の同じ理由〕から，私の「すべての存在は存在するのである」という〔確定的判断〕もまたあるのであって，そして，君の「すべての存在は生じることはない」という，この確定〔的判断〕になるであろうように，まさにそのように，私の「すべての存在は生じる」〔という確定的判断〕にもなるであろう。

もしも君にとって，「すべての存在は生じることはない」という，この確定〔的判断〕がないとするならば，そのときには，自分自身でさえ〔判断を〕確定していないことを，他者に了解させることはできないから，論書（『中論』）の著述は全く無意味となるであろう。それゆえ「すべての存在は否定されないで存在するのである」と言うならば，

[19a-4] བརྗོད་པར་བྱ་སྟེ། གལ་ཏེ་ཁོ་བོ་ཅག་ལ་ * ངེས་པ་ཞེས་བྱ་བ་(1)འགའ་ཞིག་ཡོད་
པར་འགྱུར་ན་ནི། དེ་ཚད་མ་ལས་སྐྱེས་པ་འམ། ཚད་མ་མ་ཡིན་པ་ལས་སྐྱེས་པ་ཞིག་
ཏུ་འགྱུར་ན། ཡོད་པ་ནི་མ་ཡིན་ནོ། །ཅིའི་ཕྱིར་ཞེ་ན། འདིར་མ་ངེས་པ་ཡོད་ན་ནི་དེ་
[19a-5] ལ་(2)ལྟོས་ཤིང་དེའི་གཉེན་པོར་གྱུར་པའི་ངེས་པ་ཡང་ཡོད་པར་འགྱུར་བ་ཞིག་ན། *
གང་གི་ཚེ་རེ་ཞིག་ཁོ་བོ་ཅག་ལ་མ་ངེས་པ་ཉིད་ཡོད་པ་མ་ཡིན་པ་དེའི་ཚེ་ནི་དེ་དང་
འགལ་བའི་(3)ངེས་པ་ཡོད་པར་ག་ལ་འགྱུར་ཏེ། འབྲེལ་པ་ཅན་གཞན་ལ་མ་(4)ལྟོས་པའི་
ཕྱིར། བོང་བུའི་རྭའི་རིང་(5)པོ་དང་ཐུང་བ་ཉིད་བཞིན་ནོ། །གང་གི་ཚེ་དེ་ལྟར་ངེས་པ་
[19a-6] མེད་པ་དེའི་ཚེ་ཅི་ཞིག་འགྲུབ་པར་བྱ་བའི་ཕྱིར་ * ཚད་མ་དག་ཡོངས་སུ་རྟོག་པར་
བྱེད། དེ་དག་གི་གྲངས་དང་མཚན་ཉིད་དང་ཡུལ་དང་། བདག་གམ་གཞན་ནམ་གཉི་
གའམ་རྒྱུ་མེད་པ་ལས་སྐྱེ་ཞེས་བྱ་བར་ཡང་ག་ལ་འགྱུར་ཏེ། འདི་དག་ཐམས་ཅད་ནི་ཁོ་
བོ་ཅག་གིས་བརྗོད་པར་བྱ་བ་མ་ཡིན་པ་ཞིག་གོ། །

[19a-7] གལ་ཏེ་དེ་ལྟར་ཁྱོད་ལ་ངེས་ * པ་ཡོད་པ་མ་ཡིན་ན། ཁྱེད་ཅག་གི་དངོས་པོ་
རྣམས་ནི། བདག་ལས་མ་ཡིན་གཞན་ལས་མིན། །གཉིས་ལས་མ་ཡིན་རྒྱུ་མེད་མིན།
།ཞེས་བྱ་བའི་ངེས་པའི་རང་བཞིན་གྱི་ངག་འདི་ཇི་ལྟར་དམིགས་ཤེ་ན། བརྗོད་པར་བྱ་
[19b-1] སྟེ། ངེས་པར་གྱུར་པའི་ངག་འདི་ནི་རང་ལ་གྲུབ་པའི་འཐད་ * པའི་སྒོ་ནས་འཇིག་རྟེན་
ལ་ཡོད་ཀྱི། འཕགས་པ་རྣམས་ལ་ནི་མ་ཡིན་ནོ། །

ཅི་འཕགས་པ་རྣམས་ལ་རིགས་པ་མི་མངའ་འམ་ཞེ་ན། ཡོད་པ་འམ་མེད་པ་འདི་
སུས་སྨྲས། འཕགས་པ་རྣམས་ཀྱི་དོན་དམ་པ་ནི་ཅང་མི་(6)གསུང་བ་ཡིན་ཏེ། དེའི་
[19b-2] ཕྱིར་གང་ལ་འཐད་པ་དང་འཐད་པ་མ་ཡིན་པ་མི་མངའ་བར་ * འགྱུར་བ་དེ་དག་ལ་
སྤྲོས་པ་མངའ་བར་ག་ལ་འགྱུར།

---

(1) འགའ་ : P. འགག (2) ལྟོས་ : P.N. བལྟོས་ (3) ངེས་ : P.N. ངས་ (4) ལྟོས་ : P.N. བལྟོས་
(5) པོ་ : P.N. བ་ (6) གསུང་བ་ : N. གསུངས་

［答論］ 答える。もしも，われわれに確定〔的判断〕と呼ばれる何かがあるとするならば，それは認識手段から生じた〔もの〕か，あるいは認識手段でないものから生じたものとなるであろうが，〔われわれには確定的判断が〕存在することはないのである。どうしてかというならば，この場合，〔もしもわれわれに〕確定〔的判断〕でないもの（ma nges pa）があるとするならば，それに相対（ltos）し，それの反対（gnyen po）である確定〔的判断〕もまたあることになるであろうが，まず，われわれにほかならぬ確定〔的判断〕でないものがないとき，そのときには，それと対立('gal ba)する確定〔的判断〕がどうしてあろうか。〔なぜなら〕関連する他方に相対しないからである。ロバの角の長短のようなものである。そのように確定〔的判断〕がないとき，そのときには，何を成立させるために諸々の認識手段を想定する〔という〕のか。〔さらに〕それら〔認識手段〕の数や特徴や対象〔がどうしてあろうか〕。また〔それらが〕自や他や両者あるいは無因から生じるということもどうしてあろうか。〔それゆえ〕これらすべてはわれわれが論じるべきものではないのである。

第二節　聖者と論理の関係

［反論］ もしもそのように，君（チャンドラキールティ）に確定〔的判断〕が存在しないとするならば，君たちの「諸々の存在は自より〔生じるの〕ではない，他より〔生じるの〕ではない，〔自他の〕両者より〔生じるの〕ではない，無因〔より生じるの〕ではない」という，この確定〔的判断〕を本質とする言語〔表現〕はどのようにして得られるのか，と言うならば，**［答論］** 答える。この確定された言語〔表現〕は，〔世間の人たち〕自身において成立した論理（'thad pa）によって世間にあるが，聖者たち〔自身に〕おいて〔論理があるの〕ではないのである。

［反論］ 聖者たちには論理（rigs pa）はないのか，と言うならば，**［答論］** この「ある」とか「ない」〔ということ〕は誰によって語られたのか。聖者たちの勝義（don dam pa）は沈黙（cang mi gsung ba）であって，それゆえ，論理や非論理がないであろう〔聖者〕方たちに，戯論（spros pa）がどうしてあろうか。

གལ་ཏེ་འཕགས་པ་རྣམས་འཐད་པ་གསུང་བར་མི་མཛད་ན། ད་ནི་ཅི་ཞིག་གིས་
འཇིག་རྟེན་(1)པ་ལ་དོན་དམ་པ་ཁོང་དུ་ཆུད་པར་མཛད་ཅེ་ན། འཕགས་པ་རྣམས་ནི་
[19b-3] འཇིག་རྟེན་(2)གྱི་ཐ་སྙད་(3)ཀྱིས་འཐད་པ་མི་(4)གསུང་གི །འོན་ཀྱང་ * འཇིག་རྟེན་པོ་
ན་ལ་རབ་ཏུ་གྲགས་པའི་འཐད་པ་གང་ཡིན་པ་དེ་དག་གཞན་རྟོགས་པར་བྱ་བའི་ཕྱིར་
ཞལ་གྱིས་བཞེས་ནས་དེ་ཉིད་ཀྱིས་འཇིག་རྟེན་(5)ཁོང་དུ་ཆུད་པར་མཛད་དོ། །ཇི་ལྟར་
ལུས་ལ་མི་གཙང་བ་ཉིད་ཡོད་དུ་ཟིན་ཀྱང་ཕྱིན་ཅི་ལོག་གི་རྗེས་སུ་སོང་བའི་འདོད་
[19b-4] ཆགས་ཅན་རྣམས་ཀྱིས་དམིགས་ * པར་མི་འགྱུར་ཞིང་། ཡང་དག་པ་མ་ཡིན་ཡང་
གཙང་བའི་རྣམ་པར་སྒྲོ་(6)བཏགས་ནས་ཡོངས་སུ་ཉོན་མོངས་པར་འགྱུར་རོ། །དེ་དག་
འདོད་ཆགས་དང་བྲལ་བར་བྱ་བའི་ཕྱིར་དེ་བཞིན་གཤེགས་པའི་སྤྲུལ་པ་འམ་ལྷས།
[19b-5] ལུས་འདི་ལ་སྐྲ་ཞེས་བྱ་བ་ལ་སོགས་པས་སྟར་གཙང་བའི་འདུ་ * ཤེས་ཀྱིས་བཀབ་པའི་
ལུས་(7)ཀྱི་སྐྱོན་རྣམས་ཉེ་བར་སྟོན་པར་བྱེད་དོ། །དེ་དག་ཀྱང་གཙང་བའི་འདུ་ཤེས་དེ་
དང་བྲལ་བས་འདོད་ཆགས་དང་བྲལ་བ་ཐོབ་པར་འགྱུར་བ་དེ་བཞིན་དུ་འདི་(8)ན་སོ་
སོའི་སྐྱེ་བོ་དག་ཀྱང་མ་རིག་པའི་རབ་རིབ་ཀྱིས་བློ་གྲོས་ཀྱི་མིག་ཉམས་པ་ཉིད་ཀྱིས་
[19b-6] དངོས་པོ་རྣམས་ཀྱི་རང་བཞིན་ * ཕྱིན་ཅི་ལོག །འཕགས་པ་རྣམས་ཀྱིས་རྣམ་པ་ཐམས་
ཅད་དུ་མ་དམིགས་པའི་བདག་ཉིད་ཅན་དང་། འགའ་ཞིག་ཏུ་ཁྱད་པར་འགའ་ཞིག་ལྷག་
པར་སྒྲོ་བཏགས་ནས་(9)ཆེས་ཤིན་ཏུ་ཉོན་མོངས་པར་འགྱུར་ཏེ། དེ་དག་ད་(10)ལྟར་
[19b-7] འཕགས་པ་རྣམས་ཀྱིས་བུམ་པ་ཡོད་པ་འཛིམ་པ་ལ་སོགས་ * པ་དག་ལས་སྐྱེ་བ་མ་
ཡིན་ནོ་ཞེས་ཁས་བླངས་པ་དེ་བཞིན་དུ་སྐྱེས་པའི་སྔ་རོལ་ནས་ཡོད་པ་ལ་ཡང་སྐྱེ་བ་ཡོད་
པ་མ་ཡིན་ཏེ། ཡོད་པའི་ཕྱིར་རོ་ཞེས་བྱ་བར་ངེས་པར་གྱིས་ཤིག །

---

(1) པ་ལ་ : P. N. D. C. པས་ : We corrected པས་ to པ་ལ་ according to the Sk. Text(lokam). (2) གྱི་ : P. N. གྱིས་ (3) ཀྱིས་ : P. ཀྱི་ (4) གསུང་ : N. གསུངས་ (5) ཁོང་ : P. N. ཁུང་ (6) བཏགས་ : N. བརྟགས་ (7) ཀྱི་ : P. N. ཀྱིས་ (8) ན་ : P. N. ནས་ (9) ཆེས་ཤིན་ཏུ་ : P. N. D. C. ཆོས་ཤིན་ཏུ་ : We corrected ཆོས་ཤིན་ཏུ་ to ཆེས་ཤིན་ཏུ་ See Negi T-S D. Vol. 3, p.1229 (10) ལྟར་ : P. N. ལྟ་

［反論］ もしも，聖者たちが論理を説かれないとするならば，いま，何によって世間の人々に勝義を覚らせられるのであろうか，と言うならば，**［答論］** 聖者たちは，世間の言語慣習（tha snyad）による〔自己の〕論理を説かれるのではないが，しかし，ほかならぬ世間によく知られた論理を，他者に〔勝義を〕覚らせるために承認して，まさにそれによって，世間〔の人々〕を覚らせられるのである。〔例えば，〕身体には不浄性（mi gtsang ba nyid）が存在しているのに，顛倒に追随した貪欲を持つ者たちは〔それを〕認識しないで，真実でないにもかかわらず，清浄（gtsang ba）の相（rnam pa）を虚構して苦悶するであろう。〔そこで，〕彼らを貪欲から離れさせるために，如来の変化人や天人は，「この身体には毛髪〔がある〕」ということなどによって，まず，清浄の観念（'du shes）によって覆い隠された身体の諸欠陥を教示されたのである。そして彼らはその清浄の観念を離れることによって，貪欲を離れた〔境地〕を得るであろう。同様に，ここで，凡夫たちもまた，無明の眼病によって智慧の眼が損なわれていることにより，諸存在の顛倒した自性，〔すなわち〕聖者たちによっては全く認識されない本性を〔虚構し〕，また，何かあるものに，何かある特殊性（khad par）をさらに虚構して，はなはだしく苦悶するであろう。〔たとえば，〕彼ら〔因中有果論を主張するサーンキヤ学派〕を，いま聖者たちは，〔現に〕存在している瓶が〔さらに〕粘土などより生じることはない，と承認している〔ように〕，そのように，生じる以前から存在しているものにおいても生じることはありえないのであって，なぜなら，〔現に〕存在しているからである，と確定すべきである，〔というように，彼ら自身に承認された論理によって覚らせられるのである〕。

ཡང་ཇི་ལྟར་མེ་དང་སོལ་བ་ལ་སོགས་པ་གཞན་དུ་གྱུར་པ་དག་ལས་སྨྱུ་གུ་སྐྱེ་བ་
[20a-1] ཡོད་པ་མ་ཡིན་ནོ་ཞེས་ * བྱ་བར་ཁས་(1)བླངས་པ་དེ་བཞིན་དུ་ས་བོན་ལ་སོགས་པ་
བརྗོད་པར་འདོད་པ་དག་ལས་ཀྱང་ཡོད་པ་མ་ཡིན་ནོ་ཞེས་ངེས་པར་གྱིས་ཤིག །

ཅི་སྟེ་ཡང་འདི་ནི་ཁོ་བོ་ཅག་གིས་ཉམས་སུ་མྱོང་བ་ཡིན་ནོ་སྙམ་ན་འདི་ཡང་མི་
[20a-2] རིགས་ཏེ། འདི་ལྟར་ཉམས་སུ་མྱོང་བ་ནི་(2)བརྫུན་པའི་ * དོན་ཅན་ཡིན་ཏེ། ཉམས་
སུ་མྱོང་བ་ཡིན་པའི་ཕྱིར་རབ་རིབ་ཅན་(3)གྱིས་ཟླ་བ་གཉིས་ཉམས་སུ་མྱོང་བ་བཞིན་ནོ།
།དེའི་ཕྱིར་ཉམས་སུ་མྱོང་བ་ཡང་བསྒྲུབ་པར་བྱ་བ་དང་མཚུངས་པ་ཉིད་ཡིན་པའི་ཕྱིར་
(4)ངེས་ཕྱིར་བཟློག་པར་(5)རིགས་པ་མ་ཡིན་ནོ་ཞེས་དེ་དག་ལ་གྲགས་པ་ཉིད་ཀྱིས་ཁོང་
[20a-3] དུ་ཆུད་པར་མཛད་པ་ * ཡིན་ནོ། །

དེའི་ཕྱིར་དངོས་པོ་རྣམས་སྐྱེ་བ་མེད་པ་ཡིན་ནོ། །དེ་ལྟར་རེ་ཞིག་དེའི་རང་
བཞིན་ཕྱིན་ཅི་ལོག་ལྷག་པར་སྒྲོ་བཏགས་པའི་གཉེན་པོར་རབ་ཏུ་ཕྱེད་པ་དང་པོ་
བརྩམས་པ་ཡིན་ནོ། །དེ་ནས་ཁྱད་པར་འགའ་ཞིག་འགའ་ཞིག་ཏུ་སྒྲོ་བཏགས་པའི་ཁྱད་
[20a-4] པར་དེ་བསལ་བར་བྱ་བའི་ཕྱིར་རབ་ཏུ་ཕྱེད་པ་ལྷག་ * མ་བརྩམས་པ་ཡིན་ཏེ། རྟེན་
ཅིང་འབྲེལ་པར་འབྱུང་བ་ལ་(6)འགྲོ་བ་པོ་དང་། བགྲོད་པར་བྱ་བ་དང་(7)འགྲོ་བ་ལ་
སོགས་པ་ཁྱད་པར་རོ་ཅོག་མ་ལུས་པ་ཡང་ཡོད་པ་མ་ཡིན་ནོ་ཞེས་བསྟན་པར་བྱ་བའི་
དོན་དུའོ། །

---

(1) བླངས་ : N. བངས་ (2) བརྫུན་ : P.N. རྫུན་ (3) གྱིས་ : N. གྱི་ (4) ངེས་ཕྱིར་ : P.N. -
(5) རིགས་ : N. རིག་ (6) འགྲོ་བ་པོ་ : P.N. འགྲོ་བ་དང་པོ་ (7) འགྲོ་བ་ : D.C. འགྲོ་བར་བྱ་བ་

また〔因中無果論を主張するヴァイシェーシカ学派を〕，他なるものとして存在している火や炭などから芽が生じることはありえない，と承認しているように，そのように，〔彼らが〕主張しようとしている種子などからもまた〔芽が生じることは〕ありえない，と確定すべきである〔というように，聖者たちは，彼ら自身に承認された論理によって覚らせられるのである〕。

[反論] またもしも，この〔「種子から芽が生じる」という〕ことは，われわれによって直接経験（nyams su myong ba）されているのである，と考えるならば，**[答論]** それもまた不合理である。なぜなら，

（主張）直接経験は虚妄を対象としている。

（証因）直接経験されるから。

（喩例）眼病者によって二重の月が直接経験されるようにである。

〔と論証されるから，〕それゆえ，直接経験もまた論証されるべきものと等しい（所証相似）のであるから，それによって反論することは妥当ではないと〔いうように，聖者たちは〕，まさに彼ら〔自身〕によく知られた〔論理〕によって，覚らせられるのである。

第三節　『中論』著述の意図

それゆえ，「諸々の存在は生じることはないのである」〔と〕，そのように，まず，その顛倒した自性をさらに虚構することを除去するものとして（gnyen por），〔『中論』〕第一章が著述されたのである。それから，何かある特殊性が何かあるものに虚構される，その特殊性を排除するために，その他の章が著述されたのである。すなわち，縁起には，〝去る者〟や〝去る道〟や〝去ること〟など，すべての特殊性もまたありえないのである，と説示するためにである。

ཅི་སྟེ་ཚད་མ་དང་གཞལ་བྱའི་ཐ་སྙད་འཇིག་རྟེན་པ་(1)འདི་ཉིད་ཁོ་བོ་ཅག་གི་
[20a-5] བསྟན་བཅོས་ * སུ་བརྗོད་པ་ཡིན་ནོ་སྙམ་ན། འོ་ན་ནི་དེ་བརྗོད་པའི་དགོས་པ་བསྙད་
པར་བྱ་དགོས་སོ། །གལ་ཏེ་རྟོག་གེ་པ་དག་གིས་མཚན་ཉིད་ཕྱིན་ཅི་ལོག་བརྗོད་པས།
དེ་བརྟག་པར་བྱས་པས་ཁོ་བོ་ཅག་གིས་དེའི་མཚན་ཉིད་ཡང་དག་པར་བརྗོད་པ་ཡིན་
[20a-6] ནོ་ཞེ་ན། འདི་ཡང་མི་རིགས་ཏེ། གལ་ཏེ་འཇིག་རྟེན་ལ་རྟོག་ * གེ་ངན་པས་མཚན་
ཉིད་ཕྱིན་ཅི་ལོག་བརྗོད་པས་བྱས་པའི་མཚོན་བྱ་ཕྱིན་ཅི་ལོག་ཡོད་པར་འགྱུར་ན་ནི་
(2)དེའི་དོན་དུ་འབད་པ་འབྲས་བུ་དང་བཅས་པར་འགྱུར་བ་ཞིག་ན། དེ་ནི་དེ་ལྟར་ཡང་
མ་ཡིན་པས་འབད་པ་འདི་དོན་མེད་པ་ཉིད་དོ། །

[20a-7] གཞན་ཡང་གལ་ཏེ་གཞལ་བྱ་རྟོགས་པ་ཚད་མ་ལ་རག་ལས་པ་ཡིན་ན། * ཚད་
མ་དེ་དག་གང་གིས་ཡོངས་སུ་གཅོད་པར་བྱེད་ཅེས་བྱ་བ་ལ་སོགས་པ་(3)རྩོད་པ་བཟློག་
པ་ལས་བཤད་པའི་སྐྱོན་དེ་མ་སྤངས་པས་ཡང་དག་པའི་མཚན་ཉིད་གསལ་བར་བྱེད་པ་
ཉིད་ཀྱང་ཡོད་པ་མ་ཡིན་ནོ། །

(1) འདི་ཉིད་ : N. འདི་ཉིད་ནི་ (2) དེའི་ : P.N. དེའི་ (3) རྩོད་པ་ : P.N. -

第四節　ディグナーガ認識論の批判

第１項　認識論の意義

［反論］もしも，認識手段と認識対象に関する，ほかならぬこの世間の言語慣習（tha snyad）をわれわれの論書において論述したのである，と考えるならば，**［答論］**それならば，それを論述する必要性が説明されるべきである。**［反論］**もしも，〔ニヤーヤ学派などの〕論理学者たちが顛倒した定義（mtshan nyid）を説くことによって，それ（認識手段と認識対象に関する言語慣習）を歪めているから，われわれはその定義を正しく論述するのである，と言うならば，**［答論］**これもまた不合理である。すなわち，もしも世間に，悪しき論理学者が顛倒した定義を説くことによってつくられた，顛倒した定義されるべきもの（mtshon bya）が存在するとするならば，その〔除去の〕ためには，〔正しい定義を述べる〕努力は効果（'bras bu）を有することになるであろうが，しかし，それはそのようではないから，この努力は全く無意味である。

第２項　認識論の根本的誤謬

さらにまた，「もしも認識対象を認識することが認識手段に依拠しているのであるならば，それらの認識手段を何によって識別するのか。」ということなど，『廻諍論』（第 31 偈）において指摘された，その誤謬を排除していないから，正しい定義を明らかにすることもまた〔ディグナーガなどには〕ありえないのである。

གཞན་ཡང་གལ་ཏེ་རང་དང་སྤྱིའི་མཚན་ཉིད་གཉིས་ཀྱི་དབང་གིས་(1)ཚད་མ་

[20b-1] གཉིས་ * (2)སྨྲས་ན་ནི། ཅི་མཚན་ཉིད་དེ་གཉིས་གང་ལ་ཡོད་པའི་མཚན་གཞི་དེ་ཡོད་

དམ་འོན་ཏེ་མེད། གལ་ཏེ་ཡོད་ན་ནི་དེའི་ཚེ་དེ་དག་ལས་(3)གཞན་པའི་གཞལ་བྱ་ཡོད་

པས་ཇི་ལྟར་ཚད་མ་གཉིས་ཡིན། འོན་ཏེ་མཚན་གཞི་མེད་ན་ནི་དེའི་ཚེ་རྟེན་མེད་(4)པས་

[20b-2] མཚན་ཉིད་ཀྱང་ཡོད་པ་མ་ཡིན་(5)པས་ཇི་ལྟར་ཚད་མ་གཉིས་སུ་ * འགྱུར་ཏེ།

མཚན་ཉིད་འཇུག་པ་མ་ཡིན་ན། །མཚན་གཞི་འཐད་པར་མི་འགྱུར་རོ། །

མཚན་གཞི་འཐད་པ་མ་ཡིན་ན། །མཚན་ཉིད་ཀྱང་ནི་ཡོད་མ་ཡིན། །

ཞེས་འཆད་པར་འགྱུར་རོ། །

ཅི་སྟེ་ཡང་འདིས་མཚོན་པར་བྱེད་པས་ནི་མཚན་ཉིད་མ་ཡིན་གྱི། འོ་ན་ཅི་ཞེ་ན།

[20b-3] བྱེད་པ་དང་(6)ལྱུ་ཊ་ནི་ * ཕལ་ཆེར་ཞེས་བྱ་བས་ལས་ལ་(7)ལྱུ་ཊ་བྱས་ནས་འདི་མཚོན་

པར་བྱ་བས་ན་མཚན་ཉིད་ཡིན་ནོ་སྙམ་ན། དེ་ལྟ་ན་ཡང་དེ་ཉིད་ཀྱིས་མཚོན་པར་བྱ་བ་

ཉིད་དུ་མི་སྲིད་པའི་ཕྱིར། གང་གིས་དེ་མཚོན་པར་བྱེད་པའི་བྱེད་པ་དེ་དང་ལས་ཐ་དད་

པ་ཡིན་པའི་ཕྱིར་ཉེས་པ་དེ་ཉིད་དུ་འགྱུར་རོ། །

---

(1) ཚད་མ་ : P. N. D. C. མཚན་མ་ : We corrected མཚན་མ་ to ཚད་མ་ according to the Sk. Text(pramāṇa)

(2) སྨྲས་ : D. C. སྨྲ་ (3) གཞན་པའི་ : D. C. - (4) པས་ : P. པས་ནི་ (5) པས་ : P. པ་ (6) ལྱུ་ཊ་ : P. ལྱུ་ཊཱ་, N. ལ་ཊཱ་ (7) ལྱུ་ཊ་ : P. ལྱུ་ཊཱ་, N. ལྱུ་ཊཱ་

第 3 項　相と所相の関係による批判

[反論] さらにまた，もしも，個別〔相〕と一般相（rang dang spyi'i mtshan nyid）の二つ〔の認識対象〕によって二つの認識手段が説かれた，と〔主張〕するならば，**[答論]** およそ何であれ，その二つの相が存在するところの，その所相（mtshan gzhi）は存在するのか，それとも存在しないのか。もしも〔所相が〕存在するとするならば，そのときには，それら〔個別相と一般相〕とは別の認識対象が存在する〔ことになる〕から，どうして二種の認識手段〔のみ〕であろうか。あるいは所相が存在しないとするならば，そのときには，〔相を有すべき〕基体（rten）がないことにより，相もまたありえないから，どうして二種の認識手段〔が存在すること〕になろうか。

相が存在しないならば，所相〔が存在すること〕は妥当ではないであろう。

所相〔の存在すること〕が妥当でないならば，相もまたありえない。

（『中論頌』第 5 章，第 4 偈）

と〔後に〕説かれるであろう。

第 4 項　相の語義解釈の批判

[反論] またもしも，これによって特徴づけるから相（lakṣaṇa）で〔あるので〕はなくて，それならばどうかというと，〔パーニニによって，〕「kṛtya 接尾辞（byed pa）と lyuṭ 接尾辞（luṭa）は多く〔の意味があるの〕であると言われているから，対象（las）〔の意味〕で〔lakṣaṇa の ana という〕lyuṭ 接尾辞を用いて，これが特徴づけられるから相である，と考えるならば，**[答論]** そのようであるとしても，〔あるものが〕ほかならぬそれ〔自身〕によって特徴づけられることはありえないから，あるものがそれを特徴づけるところの，その作具（byed pa）と対象は異なっているから，ほかならぬかの誤謬となるであろう。

[20b-4] ཅི་སྟེ་ཤེས་པ་བྱེད་པ་ཡིན་ * པའི་ཕྱིར་ལ། དེ་ཡང་རང་གི་མཚན་ཉིད་ཀྱི་ཡོངས་
སུ་འདུ་བའི་ཕྱིར་ཉེས་པ་འདི་མེད་དོ་སྙམ་ན། བཤད་པར་བྱ་སྟེ། རེ་ཞིག་འདིར་ཇི་
ལྟར་དེས་(1)དེ་མཚོན་པར་བྱེད་(2)པས་སའི་སྒྲ་བ་དང་། ཚོར་བའི་མྱོང་བ་དང་། རྣམ་
[20b-5] པར་ཤེས་པའི་ཡུལ་སོ་སོར་རྣམ་པར་རིག་པ་ལྟར་བདག་ཉིད་ཀྱི་རང་ * གི་ངོ་བོ་
གཞན་དང་ཐུན་མོང་མ་ཡིན་པ་གང་ཡིན་པ་དེ་ནི་རང་གི་མཚན་ཉིད་ཡིན་ན། རབ་ཏུ་
གྲགས་པ་དང་རྗེས་སུ་འབྲེལ་བའི་བྱེ་བྲག་ཏུ་བཤད་པ་བོར་ནས། ལས་སུ་སྒྲུབ་པ་ཁས་
ལེན་ཞིང་རྣམ་པར་ཤེས་པ་བྱེད་པའི་ངོ་བོར་རྟོགས་པས་ནི། རང་གི་མཚན་ཉིད་ཁོ་ན་
[20b-6] ལས་ཉིད་ཡིན་ཞིང་། * རང་གི་མཚན་ཉིད་གཞན་ནི་བྱེད་པའི་(3)ངོ་བོ་ཡིན་ནོ་ཞེས་བྱ་
བ་འདི་སྙམ་པར་འགྱུར་རོ། །དེ་ལ་གལ་ཏེ་རྣམ་པར་ཤེས་པའི་རང་གི་མཚན་ཉིད་བྱེད་
པ་ཡིན་ན་ནི། དེ་ལ་ཐ་དད་པར་གྱུར་པའི་ལས་ཤིག་ཡོད་པར་འགྱུར་དགོས་པས་ཉེས་
[20b-7] པ་དེ་ཉིད་དུ་འགྱུར་རོ། །ཅི་སྟེ་ས་ལ་སོགས་པར་གཏོགས་ * པའི་སྒྲ་བ་ལ་སོགས་པ་
རྣམ་པར་ཤེས་པས་རྟོགས་པར་བྱ་བ་གང་ཡིན་པ་དེ་ནི་དེའི་ལས་ཡིན་ལ། དེ་ཡང་རང་
གི་མཚན་ཉིད་ལས་ཐ་དད་པ་མ་ཡིན་ནོ་སྙམ་ན། དེ་ལྟ་ན་ནི་འོ་ན་རྣམ་པར་ཤེས་པའི་
རང་གི་མཚན་ཉིད་ལས་མ་ཡིན་པའི་ཕྱིར་གཞལ་བྱ་ཉིད་དུ་མི་འགྱུར་ཏེ། ལས་ཀྱི་རང་
[21a-1] བཞིན་གྱི་རང་ * གི་མཚན་ཉིད་ཁོ་ན་གཞལ་བྱ་ཡིན་པའི་ཕྱིར་རོ། །དེའི་ཕྱིར་གཞལ་
བྱ་ནི་རྣམ་པ་གཉིས་ཏེ། རང་གི་མཚན་ཉིད་དང་སྤྱིའི་མཚན་ཉིད་དོ་ཞེས་བྱ་བར། རང་
གི་མཚན་ཉིད་ཙུང་ཟད་ཅིག་ནི་གཞལ་བྱ་ཡིན་ཏེ། མཚོན་པར་བྱ་བས་ན་ཞེས་དེ་ལྟར་
[21a-2] བསྟན་པ་གང་ཡིན་པའོ། །* ཙུང་ཟད་ཅིག་ནི་གཞལ་བྱ་མ་ཡིན་ཏེ་འདིས་མཚོན་པར་
བྱེད་པས་ན་ཞེས་བརྗོད་པ་གང་ཡིན་པའོ་ཞེས་ཁྱད་པར་འདི་ཙམ་ཞིག་བརྗོད་པར་བྱ་
དགོས་སོ། །ཅི་སྟེ་(4)དེ་ཡང་ལས་སུ་སྒྲུབ་པ་ཡིན་ན་ནི། དེའི་ཚེ་དེ་ལ་བྱེད་པ་གཞན་
[21a-3] ཞིག་ཡོད་པར་བྱ་དགོས་ལ། ཤེས་པ་གཞན་ཞིག་བྱེད་པའི་ངོ་བོར་(5)རྟོག་ * ན་ཡང་
ཐུག་པ་མེད་པའི་སྐྱོན་དུ་འགྱུར་རོ། །

(1) དེ་ : N. -　(2) པས་ : N.C. པའི་　(3) ངོ་བོ་ : N. ངོ་བོ་ཉིད་　(4) དེ་ : P.N. -　(5) རྟོག་ : D.C. རྟོགས་

第５項　知の作具性による批判

［反論］ もしも，知（shes pa）は作具であるから，またそれは個別相のうちに包摂されるから，この誤謬はない，と考えるならば，**［答論］** 答える。先ず第一に，この場合，それによってそれを特徴づけるから，地の堅さや受の感受や識の対境識別のように，他と共通でない独自の本性（rang gi ngo bo）が個別相であるが，〔この世間に〕よく知られたことに従った語義解釈を捨てて，対象として成立していると承認し，〔しかも〕識は作具を本質としていると理解しているから，ほかならぬ個別相こそが対象そのものであり，〔しかもその〕他の個別相は作具を本質としているのであるという，この〔ような〕ことを主張したことになるであろう。そこで，もしも識の個別相が作具であるとするならば，それには別の何かある対象が存在しなければならないから，ほかならぬかの誤謬となるであろう。**［反論］** もしも，地などに属する堅さなど，識（rnam par shes pa）によって知られるべきもの，それがその〔識の〕対象であって，そしてそれは〔対境識別という識の〕個別相と異なったものではないのである，と考えるならば，**［答論］** そうであるならば，それならば，識の個別相は対象ではないから，認識対象であることにはならないであろう。すなわち，対象を本質とする個別相のみが認識対象であるからである。それゆえ，「認識対象は二種であって，個別相と一般相である」と言われる場合に，ある個別相は認識対象であり，すなわち〔それが〕特徴づけられるからであると，およそそのように説かれたのである。〔また，〕ある〔個別相〕は認識対象ではないのであり，すなわち，これによって特徴づけるからであると，およそ語られたのであるという，これだけの区別が述べられるべきである。もしも，それ（識の個別相）もまた対象として成立しているとするならば，そのときには，それには〔また〕別の作具があるべきであって，〔またもしも，〕別の知が作具を本質としていると想定するとしても，無限遡及（thug pa med pa）の過失に陥ることになるのである。

ཅི་སྟེ་རང་རིག་པ་ཡོད་དེ་དེས་ན་རང་རིག་པས་དེས་(1)དེ་འཛིན་པའི་ཕྱིར་ལས་
(2)ཉིད་ཡིན་དང་། གཞལ་བྱའི་ཁོངས་སུ་འདུ་བ་ཡོད་པ་ཡིན་ནོ་སྙམ་དུ་སེམས་ན།
བཤད་པར་བྱ་སྟེ། དབུ་མ་ལ་འཇུག་པ་ལས་རང་རིག་པ་རྒྱས་པར་བཀག་པའི་ཕྱིར་
[21a-4] རང་ * གི་མཚན་ཉིད་ནི་རང་གི་མཚན་ཉིད་གཞན་གྱིས་མཚོན་པར་བྱེད་(3)པ་ལ། དེ་
ཡང་རང་རིག་པ་དེས་མཚོན་པར་བྱེད་དོ་ཞེས་བྱ་བ་ནི་རིགས་པ་མ་ཡིན་ནོ། །གཞན་
ཡང་ཤེས་པ་དེ་ཡང་མི་སྲིད་པའི་ཕྱིར་རང་གི་མཚན་ཉིད་ལས་ཐ་དད་པར་མ་གྲུབ་ལ།
[21a-5] མཚན་གཞི་མེད་ན་རྟེན་མེད་པའི་མཚན་ * ཉིད་འཇུག་པ་མེད་པའི་ཕྱིར་རྣམ་པ་ཐམས་
ཅད་དུ་ཡོད་པ་མ་ཡིན་པས་རང་རིག་པ་ག་ལ་ཡོད། དེ་སྐད་དུ་ཡང་འཕགས་པ་
གཙུག་ན་རིན་པོ་ཆེས་ཞུས་པ་ལས།

དེ་སེམས་ཡང་དག་པར་རྗེས་སུ་མ་མཐོང་བས། སེམས་གང་ལས་བྱུང་ཞེས་
[21a-6] སེམས་ཀྱི་རྒྱུན་ཀུན་(4)དུ་ཚོལ་ཞིང་དེ་འདི་སྙམ་དུ་ * སེམས་ཏེ། དམིགས་
པ་ཡོད་པ་ལས་སེམས་འབྱུང་བར་འགྱུར་རོ་སྙམ་མོ། །དེ་ཡང་འདི་སྙམ་
དུ་སེམས་ཏེ། ཅི་དམིགས་པ་དེ་ཡང་གཞན་ལ་སེམས་དེ་ཡང་གཞན་ནམ།
འོན་ཏེ་དམིགས་པ་གང་ཡིན་པ་དེ་ཉིད་སེམས་ཡིན། གལ་ཏེ་རེ་ཞིག་
[21a-7] དམིགས་པ་ཡང་གཞན་ལ་སེམས་ * ཀྱང་གཞན་ན་ནི་སེམས་དེ་གཉིས་སུ་
འགྱུར་རོ། །འོན་ཏེ་དམིགས་པ་གང་ཡིན་པ་དེ་ཉིད་སེམས་ཡིན་ན་ནི།
སེམས་(5)ཀྱིས་སེམས་དེ་ཇི་ལྟར་མཐོང་བར་འགྱུར་ཏེ། སེམས་ཀྱིས་སེམས་
དེ་མཐོང་བར་མི་ནུང་ངོ་། །

---

(1) དེ་ : P. - (2) ཉིད་ : P.N. - (3) པ་ : P.N. - (4) དུ་ : P.N. ཏུ་ (5) ཀྱིས་ : P.N. ཀྱི་

第 6 項　自己認識の批判

［反論］ もしも，自己認識（rang rig pa）が存在するのであって，それゆえ，自己認識によって，それ（見分）が，それ（相分）を把握するのであるから，〔自己認識には〕対象性（las nyid）〔があるの〕であり，認識対象を包摂しているのである，と考えるならば，**［答論］** 答える。『入中論』（第 6 章，第 72 偈～第 74 偈）において，自己認識は詳しく否定したので，〔ある〕個別相は別の個別相によって特徴づけられるのであり，それもまたかの自己認識によって特徴づけられるのである，ということは不合理である。さらにまた，〔自己認識という〕その知もまたありえないから，〔つまり知の〕個別相と異なっては〔自己認識は〕成立しないのであって，〔すなわち〕所相（対象）がないときには，所依（rten）のない相（知）が生じること（'jug pa）はないから，〔したがって〕あらゆる場合にありえないから，自己認識がどこにあろうか。また，次のように，『聖宝髻所問〔経〕』（『大宝積経』「宝髻菩薩会」大正蔵第 11 巻，662 頁中～下）に，

> 彼は心を正しく見ないから，「心は何から生じるのか」と，心の流れを探求して，彼は次のように考える。すなわち「対境（dmigs pa）があることから心が生じるのである」〔と〕考えるのである。彼はまた次のように考える。すなわち，「その対境も〔心と〕別であって，その心もまた〔対境と〕別なのか。それとも，ほかならぬ対境こそが心であるのか。もしも，まず，対境も〔心と〕別であって，心もまた〔対境と〕別であるならば，その心は二つになるであろう。それとも，ほかならぬ対境こそが心であるならば，心によってその心をどのように見るのであろうか。すなわち，心によってその心を見ることはありえないのである。

[21b-1] འདི་ལྟ་སྟེ་དཔེར་ན་རལ་གྲིའི་སོ་དེ་ཉིད་ཀྱིས་རལ་གྲིའི་སོ་དེ་ཉིད་བཅད་ *
པར་མི་ནུས་པ་དང་། སོར་མོའི་རྩེ་མོ་དེ་ཉིད་ཀྱིས་སོར་མོའི་རྩེ་མོ་དེ་ཉིད་
ལ་རེག་པར་མི་ནུས་པ་དེ་བཞིན་དུ། སེམས་དེ་ཉིད་ཀྱིས་སེམས་དེ་ཉིད་
མཐོང་བར་མི་ནུས་སོ་སྙམ་ནས། དེ་འདི་ལྟར་ཚུལ་བཞིན་རབ་ཏུ་སྦྱོར་བ་
ལ། གང་སེམས་མི་གནས་པ། ཆད་པ་མ་ཡིན་པ། (1)རྟག་པ་མ་ཡིན་པ།
[21b-2] ཐེར་ * ཟུག་ཏུ་མི་གནས་པ། རྒྱུ་མེད་པ་མ་ཡིན་(2)པ། རྐྱེན་དང་མི་
འགལ་བ་དེ་ལས་ཀྱང་མ་ཡིན་(3)པ། གཞན་ལས་ཀྱང་མ་ཡིན་པ། དེ་ཉིད་
ཀྱང་མ་ཡིན་(4)པ་གཞན་ཡང་མ་ཡིན་པའི་སེམས་ཀྱི་རྒྱུད་སེམས་ཀྱི་འཁྲི་
ཤིང་། སེམས་ཀྱི་ཆོས་ཉིད། སེམས་ཀྱི་མི་གནས་པ་དང་། སེམས་(5)ཀྱི་
[21b-3] རྒྱུ་བ་མེད་པ་ * དང་། སེམས་སྣང་བ་མེད་པ་དང་། སེམས་ཀྱི་རང་གི་
མཚན་ཉིད་དེ་ཇི་ལྟར་དེ་བཞིན་ཉིད་འཁྲུག་པར་མི་བྱེད་པ་དེ་ལྟར་ཤེས་སོ།
།དེ་ལྟར་མཐོང་ངོ་། །དེ་བཞིན་ཉིད་ཇི་ལྟ་བ་དེ་བཞིན་དུ་སེམས་དེ་དག་
དབེན་པ་ཉིད་དུ་རབ་ཏུ་ཤེས། དེ་བཞིན་དུ་མཐོང་བ་འདི་ནི་རིགས་ཀྱི་བུ་
[21b-4] བྱང་ཆུབ་སེམས་དཔའི་སེམས་ * ལ་སེམས་ཀྱི་རྗེས་སུ་ལྟ་བའི་དྲན་པ་ཉེ་
བར་གཞག་པའི་སྤྱོད་པ་ཡོངས་སུ་དག་པའོ་

ཞེས་གསུངས་སོ། །དེའི་ཕྱིར་དེ་ལྟར་རང་རིག་པ་མེད་ལ། དེ་མེད་པས་གང་ཞིག་གང་གིས་མཚོན་པར་བྱེད།

---

(1) རྟག : P.N. བརྟག (2) པ : D.C. - (3) པ : P. - , C. ལ (4) པ : P.N. - (5) ཀྱི : D.C. -

次のように，例えば，剣の刃そのものによって，その剣の刃そのものを切ることはできず，また，指先そのものによって，その指先そのものに触れることはできないように，心そのものによって，その心そのものを見ることはできないのである。」と考えて，彼はこのように理のままに修行することにおいて，住することなく，断ずることなく，常でなく，永遠に住することなく，無因でなく，縁と矛盾せず，それからでもなく，他からでもなく，それ自身でもなく，他でもない〔ような〕，その〔ような〕心の流れ・心の蔓・心の法性・心の不住〔性〕・心の不動〔性〕・心の不顕現〔性〕・心の自相を，真如（de bzhin nyid）を乱すことなく，そのように知り，そのように見る。真如のままに，そのように，それらの心を寂静であると知り，そのように見る。これが良家の子よ，菩薩の心における，心の観察である念住の清浄なる行である。

と説かれている。それゆえ，そのように自己認識はないのであって，それがないから，何を何によって特徴づけるのか。

གཞན་ཡང་མཚན་ཉིད་དེ་མཚན་གཞི་ལས་ཐ་དད་པར་འགྱུར་རམ་ཐ་མི་དད་པར་
[21b-5] འགྱུར་གྲང་། * དེ་ལ་གལ་ཏེ་རེ་ཞིག་ཐ་དད་པ་ཡིན་ན་ནི། དེའི་(1)ཚེ་མཚན་གཞི་ལས་
ཐ་དད་པའི་ཕྱིར་མཚན་ཉིད་མ་ཡིན་པ་བཞིན་དུ་མཚན་ཉིད་ཀྱང་མཚན་ཉིད་མ་ཡིན་
པར་འགྱུར་ལ། མཚན་ཉིད་ལས་ཐ་དད་པའི་ཕྱིར་མཚན་གཞི་ཡང་མཚན་གཞི་མ་ཡིན་
[21b-6] (2)པ་ལྟར་མཚན་གཞིར་མི་འགྱུར་རོ། །དེ་བཞིན་དུ་མཚན་ཉིད་ * མཚན་གཞི་ལས་ཐ་
དད་པའི་ཕྱིར་མཚན་གཞི་མཚན་ཉིད་ལ་(3)ལྟོས་པ་མེད་པར་ཡང་འགྱུར་ཏེ། དེའི་ཕྱིར་
དེ་མཚན་གཞི་མ་ཡིན་ཏེ། མཚན་ཉིད་ལ་(4)ལྟོས་པ་མེད་པའི་ཕྱིར་ནམ་མཁའི་མེ་ཏོག་
བཞིན་ནོ། །

ཅི་སྟེ་མཚན་ཉིད་དང་མཚན་ཉིད་ཀྱི་གཞི་དག་ཐ་མི་(5)དད་པ་ཡིན་ན་ནི། དེའི་ཚེ་
[21b-7] མཚན་ * ཉིད་ལས་ཐ་མི་དད་པའི་ཕྱིར། མཚན་ཉིད་(6)ཀྱི་རང་གི་བདག་ཉིད་བཞིན་དུ་
མཚན་གཞིའི་མཚན་གཞི་ཉིད་ཉམས་པར་འགྱུར་རོ། །མཚན་གཞི་ལས་ཐ་མི་དད་པའི་
ཕྱིར་མཚན་ཉིད་ཀྱང་མཚན་ཉིད་ཀྱི་རང་བཞིན་དུ་མི་འགྱུར་ཏེ། མཚན་གཞིའི་རང་གི་
[22a-1] བདག་ཉིད་བཞིན་ནོ། །ཇི་སྐད་དུ། *

མཚན་ཉིད་མཚན་གཞི་ལས་གཞན་ན། །མཚན་གཞི་དེ་མཚན་མེད་པར་
འགྱུར། །

ཐ་དད་མེད་ན་དེ་དག་ནི། །མེད་པར་ཁྱོད་ཀྱིས་གསལ་བར་བསྟན། །

ཞེས་བཤད་དོ། །

(1) ཚེ་ : P.N. -　(2) པ་ : N. པར་　(3) ལྟོས་ : P.N. བལྟོས་　(4) ལྟོས་ : P.N. བལྟོས་　(5) དད་པ་ : D.C. དད་པ་ཉིད་　(6) ཀྱི་ : P.N. ཀྱི་ཕྱིར་

第７項　同一性と別異性による批判

さらにまた，その相（mtshan nyid）は所相（mtshan gzhi）と異なったものとしてあるか，あるいは異なっていないものとしてあるか〔のいずれか〕であろう。そのうち，もしもまず，〔相と所相が〕異なっているとするならば，そのときには，〔相は〕所相と異なっているから，〔所相と相対する〕相でないものと同様に〔なり，したがって〕，相もまた相でないものになるのである。また〔所相は〕相と異なっているから，所相もまた〔相と相対する〕所相でないものと同様に〔なり，したがって〕，所相とはならないであろう。そのように，相は所相と異なっているから，所相は相に依存していないことにもなるのである。それゆえ，

（主張）それは所相ではない。

（証因）相に依存していないから。

（喩例）空中の花のようにである。

〔と論証されることになる。それに対して〕もしも，相と所相の両者が異なっていないとするならば，そのときには，〔所相は〕相と異なっていないから，相の自体と同様に〔なり，したがって〕，所相の所相性（mtshan gzhi nyid）が損なわれることになるであろう。〔また，相は〕所相と異なっていないから，相もまた，相の自性とはならないのであり，所相の自体と同様〔になるの〕である。〔すなわち，〕

〔もしも〕相が所相と別であるならば，その所相は相がないことになるであろう。〔それに対して，もしも相と所相が〕別でないならば，それら〔相と所相〕は存在しないと，汝によって明らかに説かれた。

（『超世間讃』*Lokātītastava* II，北京版，Ka，79b-6）

と説示されたとおりである。

དེ་ཉིད་དང་གཞན་ཉིད་ལས་མ་གཏོགས་པར་མཚན་གཞི་དང་མཚན་ཉིད་འགྲུབ་
[22a-2] པའི་ཐབས་ * གཞན་ཡོད་པ་ཡང་མ་ཡིན་ཏེ། དེ་སྐད་དུ།

གང་དག་དངོས་པོ་གཅིག་པ་དང་། །དངོས་པོ་གཞན་པ་ཉིད་དུ་ནི། །
འགྲུབ་པར་འགྱུར་བ་ཡོད་མིན་ན། །དེ་གཉིས་གྲུབ་པ་ཇི་ལྟར་ཡོད། །

ཅེས་འཆད་པར་འགྱུར་རོ། །

[22a-3] ཅི་སྟེ་བརྗོད་དུ་མེད་པ་ཉིད་དུ་འགྲུབ་པར་འགྱུར་རོ་ཞེ་ན། །དེ་ནི་འདི་ལྟར་ *
མ་ཡིན་ཏེ། ཕན་ཚུན་རྣམ་པར་དབྱེ་བ་ཡོངས་སུ་ཤེས་པ་མེད་པ་ཡིན་ན། བརྗོད་དུ་
མེད་པ་ཉིད་ཅེས་བྱ་བར་འགྱུར་ན། གང་ན་རྣམ་པར་དབྱེ་བ་ཡོངས་སུ་ཤེས་པར་
འགྱུར་བ་མེད་པ་དེར་ནི་འདི་ནི་མཚན་ཉིད་དོ། །འདི་ནི་མཚན་གཞིའོ་ཞེས་ཁྱད་པར་དུ་
[22a-4] ཡོངས་སུ་གཅོད་པ་མེད་པས་གཉི་ག་ * ཡང་མེད་པ་ཉིད་དེ། དེའི་ཕྱིར་བརྗོད་དུ་མེད་
པ་ཉིད་དུ་ཡང་(1)གྲུབ་པ་མེད་(2)དོ། །

གཞན་ཡང་གལ་ཏེ་ཤེས་པ་བྱེད་པ་ཡིན་ན། ཡུལ་ཡོངས་སུ་གཅོད་པའི་བྱེད་པ་
པོ་གང་ཞིག་ཡིན། བྱེད་པ་པོ་མེད་པར་བྱེད་པ་ལ་སོགས་པ་རྣམས་ཡོད་པ་ཡང་མ་
[22a-5] ཡིན་ཏེ། གཅོད་པའི་བྱ་བ་བཞིན་ནོ། །* ཅི་སྟེ་དེར་སེམས་ལ་བྱེད་པ་པོ་ཉིད་དུ་རྟོག་
ན། དེ་ཡང་རིགས་པ་མ་ཡིན་ཏེ། འདི་ལྟར་དོན་ཙམ་ལྟ་བ་ནི་སེམས་ཀྱི་བྱ་བ་ཡིན་ལ་
དོན་གྱི་ཁྱད་པར་ལྟ་བ་ནི་སེམས་ལས་བྱུང་བ་རྣམས་ཀྱི་བྱ་བ་ཡིན་ཏེ།

དེ་ལ་དོན་མཐོང་རྣམ་པར་ཤེས། །དེ་ཡི་(3)ཁྱད་པར་སེམས་ལས་བྱུང་། །

[22a-6] ཞེས་ཁས་(4)བླངས་པའི་ * ཕྱིར་རོ། །

---

(1) གྲུབ་ : P. འགྲུབ་ (2) དོ། ། : D.C. དེ། (3) ཁྱད་པར་ : P.N. ཁྱད་པས་ (4) བླངས་པའི་ : N. བླང་བའི་

〔また〕同一性（de nyid）と別異性（gzhan nyid）より以外に，所相と相が成立する別の可能性（thabs）があるのでもない。〔そのことは〕次のように，

　ある〔二つの〕ものが，同一のもの（dngos po gcig pa）〔として〕，また別異なもの（dngos po gzhan pa nyid）として，成立することがないならば，その両者が成立することがどうしてあろうか。（『中論』第２章，第 21 偈）

と説かれるであろう。

[反論] もしも，〔相と所相は同一であるとも別異であるとも〕表現できないもの（brjod du med pa nyid）として成立するであろう，と言うならば，**[答論]** それはそうではない。すなわち，相互に区別を認識すること（yongs su shes pa）がないならば，表現できないものということになるが，およそ区別を認識すること（yongs su shes par 'gyur ba）がない場合には，「これは相である，これは所相である」と区別して識別すること（yongs su gcod pa）はないから，〔相と所相の〕両者とも決して存在しない。それゆえ，表現できないものとしても〔相と所相が〕成立することはないのである。

第８項　認識主体の批判

さらにまた，もしも知（shes pa）が作具（byed pa）であるならば，対境（yul）を識別する作者（byed pa po）は何なのか。そして作者がなくては作具〔・作用・対象〕などはありえない。〔例えば，木を〕切る作用（bya ba）のようにである。もしも，その場合に，心に作者性（byed pa po nyid）〔がある〕と想定（rtog）するならば，それも不合理である。なぜなら，対象それ自体（don tsam）を見ること（lta ba）は心の作用であり，対象の特殊性（don gyi khyad par）を見ることはもろもろの心所（sems las byung ba）の作用であり，それは，

　そのうち，対象を見る（mthong）のは識（rnam par shes）である。〔それに対して〕その〔対象の〕特殊性〔を見るの〕は心所である。

（『中辺分別論』第１章，第８偈）

と〔唯識学派自身が〕承認しているからである。

བྱེད་པ་ལ་སོགས་པ་རྣམས་ནི་བདག་ཉིད་ཇི་ལྟ་བུའི་བྱ་བ་ཕལ་པ་སྒྲུབ་པའི་སྒོ་
ནས། གཙོ་བོར་གྱུར་པའི་བྱ་བ་ཅིག་བསྒྲུབ་པར་བྱ་བ་ལ་ཡན་ལག་གི་ངོ་བོར་གྱུར་པ་
ལས་བྱེད་པ་ལ་སོགས་པ་ཉིད་དུ་འགྱུར་ན། འདིར་ནི་ཤེས་པ་(1)དང་རྣམ་པར་ཤེས་པ་
[22a-7] གཉིས་ལ་གཙོ་བོར་གྱུར་པའི་ * བྱ་བ་གཅིག་མེད་དོ། །འོ་ན་ཅི་ཞེ་ན། རྣམ་པར་
ཤེས་པའི་གཙོ་བོར་གྱུར་པའི་བྱ་བ་ནི་དོན་ཙམ་ཡོངས་སུ་གཅོད་པ་ཡིན་ལ། དོན་གྱི་
ཁྱད་པར་ཡོངས་སུ་གཅོད་པ་ནི་ཤེས་པའི་གཙོ་བོར་གྱུར་པའི་བྱ་བ་ཡིན་ཏེ། དེས་ན་
[22b-1] ཤེས་པ་བྱེད་པ་ཉིད་མ་ཡིན་ལ། སེམས་ཀྱང་བྱེད་པ་པོ་ཉིད་མ་ * ཡིན་ནོ། །དེའི་ཕྱིར་
ཉེས་པ་དེ་ཉིད་དུ་འགྱུར་རོ། །

ཅི་སྟེ་ཆོས་ཐམས་ཅད་བདག་མེད་པ་ཞེས་བྱ་བའི་ལུང་ལས་ན། བྱེད་པ་པོ་རྣམ་
པ་ཐམས་ཅད་དུ་མེད་པའི་ཕྱིར་བྱ་བ་ལ་སོགས་པའི་ཐ་སྙད་ནི་བྱེད་པ་པོ་མེད་ཀྱང་ཡོད་
[22b-2] པ་ཉིད་དོ་སྙམ་ན། འདི་ཡང་ཡོད་པ་མ་ཡིན་ཏེ། ལུང་གི་དོན་ཡང་དག་ * པར་མ་
བཟུང་བའི་ཕྱིར་རོ། །འདི་ཡང་དབུ་མ་(2)ལ་འཇུག་པ་ལས་བསྟན་ཟིན་ཏོ། །

ཅི་སྟེ་ཡང་དཔེར་ན་མཆི་གུའི་ལུས་སྒྲ་གཅན་(3)གྱི་མགོ་ཞེས་བྱ་བ་ལ། ལུས་དང་
མགོ་ལས་ཐ་དད་པའི་ཁྱད་པར་མེད་ཀྱང་ཁྱད་པར་དང་ཁྱད་པར་གྱི་གཞིའི་དངོས་པོ་
[22b-3] ཡོད་པ་དེ་བཞིན་དུ། རང་གི་མཚན་ཉིད་ལས་ཐ་དད་པའི་(4)ས་ * ལ་སོགས་པ་མེད་
ཀྱང་སའི་རང་གི་མཚན་ཉིད་ཅེས་བྱ་བར་འགྱུར་རོ་སྙམ་ན།

(1) དང་ : D.C. -   (2) ལ་ : N.D.C. -   (3) གྱི་ : N. གྱིས་   (4) ས་ : P.N. ལས་

作具〔・対象・作者〕などは，〔おのおの〕独自の〔それぞれに応じた〕通常の作用を成就することを通じて，ひとつの主たる作用が成就される場合には，〔その主たる作用の〕部分の存在（yan lag gi ngo bo）となることによって，作具〔・対象・作者〕などとしてあることになるが，〔しかし〕この〔唯識学派の〕場合には，知（shes pa）と識（rnam par shes pa）の両者において，主たる作用は同一ではない。それならばどうかというと，識の主たる作用は対象それ自体を識別することであり，〔それに対して〕対象の特殊性を識別することは知の主たる作用である。それゆえ，知は作具性（byed pa nyid）ではないのであり，〔また〕心も作者性（byed pa po nyid）ではないのである。それゆえ，まさにかの誤謬となるであろう。

［反論］もしも，「一切法は無我である」という教説からすると，作者はあらゆる場合に存在しないから，作用などの日常的営為（tha snyad）は，作者はなくても，まさに存在するのである，と考えるならば，**［答論］**このこともまたありえない。教説の意義を正しく把握していないからである。このことも『入中論』（第 6 章）において〔既に〕説き終わったのである。

第 9 項　限定と被限定の関係による批判

［反論］またもしも，例えば，“トルソーの胴体（mchi gu'i lus）”・“ラーフの頭（sgra gcan gyi mgo）”と言われる場合には，胴体や頭〔という限定されるもの〕とは異なった〔“トルソー”や“ラーフ”という〕限定するもの（khyad par）がなくても，〔つまり同一の存在の上にも，〕限定するものと限定されるもの（khyad par gyi gzhi）の関係（dngos po）があるのと同様に，個別相とは異なった地などはなくても，“地の個別相”ということ〔は成立すること〕になるであろう，と考えるならば，

དེ་ནི་དེ་ལྟར་མ་ཡིན་ཏེ། མི་མཚུངས་པའི་ཕྱིར་རོ། །ལུས་དང་མགོའི་སྒྲ་དག་ནི་
བློ་དང་ལག་པ་ལ་སོགས་པ་ལྟར་ལྷན་ཅིག་འབྱུང་བའི་དངོས་པོ་གཞན་ལ་(1)ལྟོས་པ་
[22b-4] དང་བཅས་ཏེ་འཇུག་པས། ལུས་དང་ * (2)མགོའི་སྒྲ་ཙམ་ལ་དམིགས་པའི་བློ་སྐྱེས་པ་
ལྟ་ཞིག་གང་(3)གི་ལུས་གང་གི་མགོ་སྙམ་དུ་ལྷན་ཅིག་(4)སྤྱོད་པའི་དངོས་པོ་གཞན་ལ་རེ་
བ་དང་བཅས་པ་ཉིད་དུ་འགྱུར་ལ། ཅིག་ཤོས་ཀྱང་ཁྱད་པར་གཞན་དང་འབྲེལ་པ་
[22b-5] བསལ་བར་འདོད་པས་འཇིག་རྟེན་པའི་བརྡའི་རྗེས་སུ་བྱེད་པ། ཁྱད་ * པར་མཆི་གུ་
དང་སྒྲ་གཅན་གྱི་སྒྲས་རྟོགས་པ་པོའི་རེ་བ་སེལ་བར་བྱེད་དོ་ཞེས་བྱ་བར་རིགས་(5)ན།
འདིར་ནི་སྲ་བ་ལ་སོགས་པ་ལས་ཐ་དད་པའི་ས་ལ་སོགས་པ་མེད་པས་ཁྱད་པར་དང་
ཁྱད་པར་ཅན་གྱི་དངོས་པོ་མི་རིགས་སོ། །
[22b-6] གལ་ཏེ་མུ་སྟེགས་(6)པ་དག་གིས་མཚན་གཞི་ཐ་དད་ * པར་ཁས་བླངས་པའི་ཕྱིར་
དེའི་ངོར་ཁྱད་པར་བརྗོད་པ་ལ་སྐྱོན་མེད་དོ་ཞེ་ན། དེ་ནི་དེ་ལྟར་མ་ཡིན་ཏེ། མུ་སྟེགས་
པས་ཀུན་ཏུ་བརྟགས་པའི་དངོས་པོ་རིགས་པ་དང་འགལ་བ་དག་ནི་རང་གི་གཞུང་
[22b-7] ལུགས་ལ་ཁས་(7)བླངས་པར་མི་རིགས་ཏེ། ཚད་མ་གཞན་ལ་སོགས་པ་ཁས་ * བླངས་
པར་ཐལ་བར་འགྱུར་བའི་ཕྱིར་རོ། །
གཞན་ཡང་ལུས་ཀྱི་རྟེན་ཅན་ཁྱད་པར་(8)དུ་བྱེད་པ་འཇིག་རྟེན་པའི་ཐ་སྙད་ཀྱི་
ཡན་ལག་ཏུ་གྱུར་པ་མ་བརྟགས་ན་གྲུབ་པ་རྟེན་པ་པོ་མཆི་གུ་དང་། མགོའི་རྟེན་ཅན་
[23a-1] བརྟེན་པ་པོ་སྒྲ་གཅན་ནི་གང་ཟག་ལ་སོགས་པར་བརྟགས་པ་ལྟར་ཡོད་ * པའི་ཕྱིར་
དཔེ་འདི་རིགས་པ་མ་ཡིན་ནོ། །

---

(1) ལྟོས་ : P.N. བལྟོས་ (2) མགོའི་ : P.N. མགོ་ཡི་ (3) གི་ : P.N. གིས་ (4) སྤྱོད་ : P.N.D.C. དཔྱོད་ : We corrected དཔྱོད་ to སྤྱོད་ according to the Sk. Text(cārin). (5) ན། : P.N. - (6) པ་ : C. - (7) བླངས་པར་ : P.N. བླང་བར་ (8) དུ་ : P.N. -

［答論］ それはそのようではない。〔“トルソーの胴体”や“ラーフの頭”という喩例と“地の個別相”という場合は性質が〕等しくないからである。〔なぜなら，〕胴体や頭という語は，意識（blo）や手などのように，〔それらと〕同時に生じる他の存在（所有者）に依存して生じるから，胴体や頭という語だけを対象とする意識を生じた者は，「誰の胴体なのか？　誰の頭なのか？」と，〔胴体や頭と〕同時にはたらく他の存在（所有者）に対して，まさしく〔それを知ろうとする〕欲求を持つことになる。〔また〕他の者も，別の限定するものとの結合を排除しようと欲するから，世間の名称に従った“トルソー”や“ラーフ”という限定する語によって，認識する者の欲求を除くのである，ということは理に合っているが，〔しかし〕この場合には，堅さなどと異なった地などはないから，限定するものと限定されるもの（khyad par can）の関係は不合理である。

［反論］ もしも，他学派たちが所相（mtshan gzhi）を〔相とは〕異なったものとして承認しているから，それに従って，限定するものを語ることに誤謬はないのである，と言うならば，**［答論］** それはそうではない。他学派によって妄想されたところの，合理性と抵触した諸存在が，自己の学説において承認されることは不合理である。すなわち，〔直接知覚と推論とは〕別の認識手段などを承認するという過失に陥ることになるからである。

さらにまた，胴体を所依とするものであり，限定するものであり，世間の言語慣習の要素となるものであり，考察されずに成立した能依者（rten pa po）である“トルソー”や，頭を所依とする能依者（brten pa po）である“ラーフ”は，プドガラなどとして施設される（brtags pa）ように存在するから，この喩例は妥当ではないのである。

གལ་ཏེ་དེ་ཙམ་ཞིག་དམིགས་པས་ལུས་དང་མགོ་ལས་ཐ་དད་པའི་དོན་གཞན་མ་
གྲུབ་པའི་ཕྱིར་དཔེ་གྲུབ་པ་ཉིད་དོ་ཞེ་ན། དེ་ནི་དེ་ལྟར་མ་ཡིན་ཏེ། འཇིག་རྟེན་པའི་ཐ་
[23a-2] སྙད་ལ་དེ་ལྟར་རྣམ་པར་དཔྱོད་པ་མི་འཇུག་པའི་ཕྱིར་དང་། * འཇིག་རྟེན་པའི་དངོས་
པོ་རྣམས་ནི་མ་བརྟགས་པར་ཡོད་པའི་ཕྱིར་རོ། །ཇི་ལྟར་རྣམ་པར་དཔྱད་ན་གཟུགས་
ལ་སོགས་པ་ལས་ཐ་དད་པར་བདག་མེད་མོད་ཀྱི། འོན་ཀྱང་ཕུང་པོ་ལ་བརྟེན་ནས་
འཇིག་རྟེན་གྱི་ཀུན་རྫོབ་ཏུ་འདི་ཡོད་པ་ཉིད་ཡིན་པ་དེ་བཞིན་དུ། སྒྲ་གཅན་དང་མཆེ་གུ་
[23a-3] གཉིས་ཀྱང་ཡིན་ * པས་དཔེ་གྲུབ་པ་མེད་དོ། །

དེ་བཞིན་དུ་རྣམ་པར་དཔྱད་ན་ས་ལ་སོགས་པ་དག་ལ་ཡང་སྲ་བ་ལ་སོགས་པ་
ལས་ཐ་དད་པའི་མཚན་གཞི་མེད་ལ། མཚན་གཞི་ལས་ཐ་དད་པར་རྟེན་མེད་པའི་
མཚན་ཉིད་ཀྱང་(1)མེད་མོད་ཀྱི། དེ་ལྟ་ན་ཡང་འདི་ནི་ཀུན་རྫོབ་ཏུ་ཡོད་དེ། དེ་བས་ན་
[23a-4] སློབ་དཔོན་རྣམས་ * ཀྱིས་ཕན་ཚུན་(2)ལྟོས་པ་ཙམ་གྱིས་གྲུབ་པའི་སྒོ་ནས་གྲུབ་པར་
རྣམ་པར་(3)གཞག་པ་མཛད་དོ། །འདི་ནི་དེ་ཁོ་ན་ལྟར་གདོན་མི་ཟ་བར་ཁས་བླང་བར་
བྱ་སྟེ། དེ་ལྟ་མ་ཡིན་ན་ཀུན་རྫོབ་འཐད་པ་དང་ལྡན་པ་མ་ཡིན་ནམ། དེས་ན་འདི་(4)དེ་
ཁོ་ན་ཉིད་དུ་འགྱུར་གྱི་ཀུན་རྫོབ་ཏུ་མི་འགྱུར་རོ། །

[23a-5] འཐད་པས་རྣམ་ * པར་དཔྱད་པ་ན་མཆེ་གུ་ལ་སོགས་པ་དག་ཁོ་ན་མི་སྲིད་པ་ནི་
མ་ཡིན་ཏེ། འོ་ན་ཅི་ཞེ་ན། འཆད་པར་འགྱུར་བའི་འཐད་པས་གཟུགས་དང་ཚོར་བ་
ལ་སོགས་པ་རྣམས་ཀྱང་ཡོད་པ་མ་ཡིན་པས། དེ་དག་ཀྱང་མཆེ་གུ་ལ་སོགས་པ་བཞིན་
[23a-6] དུ་ཀུན་རྫོབ་ཏུ་ཡོད་པ་(5)མ་ཡིན་པ་ཉིད་དུ་ཁས་བླངས་པར་འགྱུར་ * ན། དེ་ལྟར་ཡང་
མ་ཡིན་པས། འདི་ནི་ཡོད་པ་མ་ཡིན་ནོ། །

---

(1) མེད་ : P.N. ཡོད་ (2) ལྟོས་ : P.N. བལྟོས་ (3) གཞག་ : P.N. བཞག་ (4) དེ་ : P.N. ན་, C. དོན་
(5) མ་ : D.C. -

[反論] もしも，それ（胴体や頭）のみが認識されるから，胴体や頭とは異なった別の対象は成立しないために，喩例はまさしく成立するのである，と言うならば，

[答論] それはそうではない。世間の言語慣習においては，そのように詳察することはなく，また，世間の諸存在は考察されずに存在するからである。〔もしも〕詳察されるならば，色などと異なっては我は存在しないけれども，しかし，〔五〕蘊に依存して，世間の世俗としては，これは存在するものであるように，そのように“ラーフ”や“トルソー”の両者も存在するから，喩例が成立することはないのである。

第 10 項　世俗の確立

同様に，詳察されるならば，地などにおいても堅さなどと異なった所相はないのであり，〔また〕所相と異なっては，所依のない相もまたないが，〔たとえ〕そのようであるとしても，これは世俗として存在しているのである。それゆえに，諸々の軌範師たちは，相互依存のみによって成り立つものとして〔相と所相は〕成立すると確定なされたのである。このことは，まさしくそのように必ず承認されるべきであり，そのようでないならば，世俗は合理性（'thad pa）を有しているのではないか。それゆえに，これは真実そのもの（de kho na nyid）となるけれども，世俗とはならないであろう。

〔もしも〕合理性によって詳察されるならば，“トルソー”などだけが存在しえないのではない。それならばどうかというと，〔後に〕説明するであろう合理性によって，色や受なども存在しないから，それらも，“トルソー”などと同様に，世俗として存在しないものとして承認されることになるが，しかしそのようなことはないから，このことはありえないのである。

བརྟེན་ནས་(1)བཏགས་པར་རྣམ་པར་(2)གཞག་པ་འདི་ཡང་དབུ་མ་ལ་འཇུག་པ་
ལས་རྒྱས་པར་(3)བསྟན་པས་དེ་ཉིད་ལས་ཡོངས་སུ་བཙལ་བར་བྱའོ། །

ཅི་སྟེ་ཞིབ་མོར་དཔྱད་པ་འདིས་ཅི་ཞིག་བྱ་སྟེ། ཁོ་བོ་ཅག་ཚད་མ་དང་གཞལ་
[23a-7] བྱའི་ * ཐ་སྙད་ཐམས་ཅད་བདེན་པ་ཡིན་ནོ་ཞེས་ནི་མི་སྨྲའི། འོན་ཀྱང་འཇིག་རྟེན་(4)ལ་
རབ་ཏུ་གྲགས་པ་འདི་ཚུལ་འདིས་རྣམ་པར་འཇོག་པར་བྱེད་པར་འགྱུར་རོ་སྙམ་ན།
བཤད་པར་བྱ་སྟེ། དཔྱད་པ་ཞིབ་མོ་འཇིག་རྟེན་པའི་ཐ་སྙད་ལ་བཙུག་པ་འདིས་ཅི་
[23b-1] དགོས་ཞེས་ཁོ་བོ་ཅག་ཀྱང་དེ་སྐད་དུ་སྨྲ་སྟེ། ཀུན་རྫོབ་ * ཕྱིན་ཅི་ལོག་ཙམ་གྱིས་
བདག་གི་ངོ་བོ་ཡོད་པར་རྟེད་པ། ཐར་པ་འདོད་པ་རྣམས་ཀྱི་ཐར་པ་འདྲེན་པར་བྱེད་
པའི་དགེ་བའི་རྩ་བ་(5)གསོག་པའི་རྒྱུར་གྱུར་པ་འདི་ནི་ཇི་སྲིད་དེ་ཁོ་ན་ཉིད་མ་རྟོགས་པ་
དེ་སྲིད་དུ་གནས་པར་(6)འགྱུར་མོད། ཁྱོད་ནི་དོན་དམ་པ་དང་ཀུན་རྫོབ་ཀྱི་བདེན་པ་
[23b-2] ལ་མི་མཁས་པས་ལ་ལར་འཐད་ * པ་བཙུག་ནས་རིགས་པ་མ་ཡིན་པ་ལས་དེ་འཇིག་
པར་བྱེད་པ་ཡིན་ནོ། །ཁོ་བོ་ནི་ཀུན་རྫོབ་ཀྱི་བདེན་པ་རྣམ་པར་འཇོག་པ་ལ་མཁས་
པའི་ཕྱིར། འཇིག་རྟེན་པའི་ཕྱོགས་ཉིད་ལ་གནས་ཏེ་ཀུན་རྫོབ་ཀྱི་ཕྱོགས་གཅིག་བསལ་
[23b-3] བའི་ཕྱིར་བཀོད་པའི་འཐད་པ་གཞན་འཐད་པ་གཞན་(7)གྱིས་ཟློག་པར་ * བྱེད་ཅིང་
འཇིག་རྟེན་གྱི་རྒན་རབས་ལྟར། འཇིག་རྟེན་གྱི་ཆོས་ལུགས་ལས་ཉམས་པ་ཁྱོད་ཁོ་ན
(8)ཟློག་པར་བྱེད་པ་ཡིན་གྱི་ཀུན་རྫོབ་ནི་མ་ཡིན་ནོ། །

དེའི་ཕྱིར་གལ་ཏེ་འཇིག་རྟེན་པའི་ཐ་སྙད་དུ་ཡིན་ན་ནི། དེའི་ཚེ་མཚན་ཉིད་བཞིན་
[23b-4] དུ་མཚན་གཞིར་ཡང་གདོན་མི་ཟ་བར་འགྱུར་བར་བྱ་ * དགོས་ཏེ། དེའི་ཕྱིར་ཉེས་པ་
དེ་ཉིད་དུ་འགྱུར་རོ། །འོན་ཏེ་དོན་དམ་(9)པར་ཡིན་ན་ནི་དེའི་ཚེ་མཚན་གཞི་མེད་པས་
མཚན་ཉིད་གཉིས་ཀྱང་མེད་པས་ཚད་མ་གཉིས་སུ་ག་ལ་འགྱུར།

---

(1) བཏགས་ : P.N.D.C. བརྟགས་ : We corrected བརྟགས་ to བཏགས་(Sk. -) (2) གཞག་ : P.N. བཞག
(3) བསྟན་ : P.N. བརྟན་ (4) ལ་ : N. - (5) གསོག་ : D.C. སོག་ (6) འགྱུར་ : P.N. གྱུར་
(7) གྱིས་ཟློག་ : C. གྱི་བཟློག་ (8) ཟློག་ : P.N. བཟློག་ (9) པར་ : P.N. པ་

この因施設（brten nas btags pa）としての確定もまた『入中論』（第 6 章，第 28 偈）に詳説したから，まさにそれによって考究されるべきである。

［反論］ もしも，この精細な考察によって〔いったい〕何がなされるのか。われわれは認識手段と認識対象の全ての言語慣習を真実であるとは語らないけれども，しかし〔われわれは〕，世間においてよく知られたこのことを，この方法（論理学）によって確定するであろう，と考えるならば，**［答論］** 答える。世間の言語慣習に立ち入る〔ところの〕この精細な考察が〔いったい〕何の役に立つのか，とわれわれもまたそのように語るのである。すなわち，顛倒のみによって自体（bdag gi ngo bo）が存在することを獲得し，〔また〕解脱を願う者たち〔にとって〕の，解脱をもたらす善根を積む因となる〔ところの〕この世俗は，真如（de kho na nyid）を証得しない限りは存在するであろうが，君は，勝義〔諦〕と世俗諦に通暁していないから，あるところに論理を導入して，合理的でないとして，それ（世俗）を否定しているのである。私は，世俗諦を確立することに通暁しているから，世間の側のみに立って，世俗の一部分を排除するために述べられた他の論理を別の論理で斥けて，世間の長老のように，世間の規範から逸脱した君だけを排斥するのであるが，〔しかし〕世俗を〔排斥するの〕ではないのである。

それゆえ，もしも世間の言語慣習として〔言及されているの〕であるならば，そのときには，相と同様に所相としてもまた必ず存在すべきである。それゆえ，ほかならぬかの誤謬となるであろう。〔それに対して，〕もしも勝義として〔言及されているの〕であるならば，そのときには，所相が存在しないので，〔個別相と一般相という〕二種の相もまた存在しないから，どうして認識手段が〔直接知覚と推論の〕二種となろうか。

ཅི་སྟེ་སྒྲ་རྣམས་ལ་བྱ་བ་དང་བྱེད་པ་པོའི་འབྲེལ་(1)བར་སྔོན་དུ་འགྲོ་བ་ཅན་གྱི་བྱེ་
[23b-5] བྲག་ཏུ་བཤད་པ་དེ་ལྟ་བུ་ཁས་ * ལེན་པར་མི་བྱེད་དོ་ཞེ་ན། འདི་ནི་ཤིན་ཏུ་དཀའ་སྟེ།
ཁྱོད་བྱ་བ་དང་བྱེད་པ་པོའི་འབྲེལ་བས་རབ་ཏུ་ཞུགས་པའི་སྒྲ་དེ་དག་ཁོ་ནས་ཐ་སྙད་
བྱེད་ཅིང་། བྱ་བ་དང་བྱེད་པ་པོ་ལ་སོགས་པའི་སྒྲའི་དོན་(2)ཡང་མི་འདོད་པས། ཨེ་མ་
ཀྱི་ཧུད་ཁྱོད་ནི་འདོད་པ་ཙམ་ལ་རག་ལས་ཏེ་འཇུག་པ་ཉིད་དོ། །
[23b-6] * གང་གི་ཚེ་དེ་ལྟར་གཞལ་བྱ་གཉིས་གནས་པ་མེད་པ་དེའི་ཚེ་ལུང་ལ་སོགས་པ་
རང་དང་སྤྱིའི་མཚན་ཉིད་ཀྱི་ཡུལ་ཅན་མ་ཡིན་པ་ཉིད་ཀྱི་སྒོ་ནས་ཚད་མ་གཞན་ཉིད་མ་
ཡིན་པ་མ་ཡིན་ནོ། །

གཞན་ཡང་བུམ་པ་མངོན་སུམ་མོ་ཞེས་བྱ་བ་དེ་ལྟ་བུ་ལ་སོགས་པ་འཇིག་རྟེན་པའི་
[23b-7] ཐ་སྙད་མ་(3)བསྡུས་པའི་ཕྱིར་དང་། འཕགས་ * པ་མ་ཡིན་པའི་ཐ་སྙད་ཁས་བླངས་
པའི་ཕྱིར་མཚན་ཉིད་མ་ཁྱབ་པ་ཉིད་དུ་འགྱུར་ཏེ། དེས་ན་འདི་ནི་མི་རིགས་སོ། །
ཅི་སྟེ་བུམ་པའི་ཉེ་བར་ལེན་པ་སྔོན་པོ་ལ་སོགས་པ་དག་ནི་མངོན་སུམ་གྱི་ཚད་
མས་ཡོངས་སུ་གཅད་པར་བྱ་བ་ཡིན་པའི་ཕྱིར་མངོན་སུམ་ཡིན་ཏེ། དེའི་ཕྱིར་ཇི་ལྟར་
[24a-1] རྒྱུ་ལ་འབྲས་ * བུ་བཏགས་པ་བྱས་ཏེ། སངས་རྒྱས་རྣམས་ནི་འབྱུང་བ་(4)བདེ། །ཞེས་
(5)བསྙད་པ་དེ་བཞིན་དུ། སྔོན་པོ་ལ་སོགས་པ་མངོན་སུམ་དུ་གྱུར་པའི་རྒྱུ་ཅན་གྱི་བུམ་
པ་ཡང་འབྲས་བུ་ལ་(6)རྒྱུ་བཏགས་པ་བྱས་ནས་མངོན་སུམ་ཞེས་བྱ་བར་བརྗོད་དོ་(7)སྙམ་
ན།

---

(1) བར་ : P.N. པ་ (2) ཡང་ : C. པར་ (3) བསྡུས་ : P. བསྡུ་ (4) བདེ་ : D. བད་ (5) བསྙད་ : P.N. སྙད་ (6) རྒྱུ་ : D.C. རྒྱུས་ (7) སྙམ་ : N. བསྙམ་

[反論] もしも，諸々の言葉における，行為（bya ba）と行為者（byed pa po）の関係を前提とする，そのような語義解釈を承認しないのである，と言うならば，**[答論]** それはまったく〔立論〕困難である。すなわち，君は，行為と行為者の関係によって生じたところの，まさにそれらの言葉によって言語表現しながら，また行為と行為者などの語義を認めないのであるから，哀れなるかな！　君は恣意のみによって〔語義解釈を〕なしたものである。

そのように，二種の認識対象が確立されていないとき，そのときには，聖教（lung）などは，個別〔相〕と一般相を対象とするものではないことから，別の認識手段でないことはないのである。

第 11 項　直接知覚の定義の批判

さらにまた，「瓶は直接知覚されるのである」という，そのようなことなど，世間の言語慣習が含まれていないから，また聖者でない者の言語慣習を承認しているから，〔君の直接知覚の〕定義は遍充していないことになるであろう。それゆえに，これは不合理である。

[反論] もしも，瓶の原因（nye bar len pa）である青などは直接知覚という認識手段によって識別されるべきものであるから，〔瓶は〕直接知覚されるものであり，それゆえ，原因に結果を仮設して，〔例えば〕「諸仏が現れることは安楽〔である〕」と説かれるように，それと同様に，直接知覚される青などを原因とする瓶もまた，結果（瓶）に原因（青）を仮設して，「直接知覚される」と語られるのである，と考えるならば，

[24a-2] རྣམ་པ་དེ་ལྟ་བུའི་ཡུལ་ * ལ་ནི་བཏགས་པ་མི་རིགས་ཏེ། འབྱུང་བ་ནི་འཇིག་
རྟེན་ན་བདེ་བ་ལས་ཐ་དད་པར་དམིགས་ལ། དེ་ཡང་འདུས་བྱས་ཀྱི་མཚན་ཉིད་ཀྱི་རང་
བཞིན་ཡིན་པའི་ཕྱིར་དང་། དཀའ་བ་བརྒྱ་ཕྲག་ཏུ་མའི་རྒྱུ་ཅན་ཡིན་པའི་ཕྱིར་བདེ་བ་
[24a-3] མ་ཡིན་པ་ཉིད་དོ། །དེ་ལ་བདེ་བ་ཞེས་བརྗོད་པ་ན་འབྲེལ་པ་མེད་པ་ཉིད་ * ཡིན་པས་
རྣམ་པ་དེ་ལྟ་བུའི་ཡུལ་ལ་ཉེ་བར་བཏགས་པ་རིགས་ན། བུམ་པ་མངོན་སུམ་ཞེས་བྱ་བ་
འདིར་ནི་གང་ཞིག(1)བཏགས་ནས་མངོན་སུམ་ཉིད་དུ་འགྱུར་བ་བུམ་པ་ཞེས་བྱ་བ་མངོན་
སུམ་མ་ཡིན་པ་ལོགས་ཤིག་ཏུ་དམིགས་པ་ཡང་མ་ཡིན་ནོ། །

[24a-4] གལ་ཏེ་སྔོན་པོ་ལ་སོགས་པ་ལས་ཐ་དད་པའི་ * བུམ་པ་མེད་པའི་ཕྱིར་བཏགས་
པའི་མངོན་སུམ་ཉིད་དུ་འགྱུར་རོ་ཞེ་ན། དེ་ལྟ་ན་ཡང་ཆེས་ཤིན་ཏུ་བཏགས་པར་མི་
རིགས་ཏེ། གཞི་གདགས་བྱ་མེད་པའི་ཕྱིར་རོ། །བོང་བུའི་རྭ་ལ་རྣོན་པོ་ཉེ་བར་
འདོགས་པ་ནི(2)རིགས་པ་མ་ཡིན་ནོ། །

[24a-5] གཞན་ཡང་གལ་ཏེ་འཇིག་རྟེན་གྱི་ཐ་སྙད་ཀྱི་ཡན་ལག་ཏུ་གྱུར་ * པའི་བུམ་པ་
སྔོན་པོ་ལ་སགས་པ་ལས་ཐ་དད་པར་གྱུར་པ་མེད་པའི་ཕྱིར། དེ(3)ཉེ་བར་བཏགས་
པའི་མངོན་སུམ་ཉིད་དུ(4)རྟོག་ན་ནི་དེ་ལྟ་ན་ནི་སྔོན་པོ་ལ་སོགས་པ་ཡང་ས་ལ་སོགས་པ་
ལས་ཐ་དད་པ་མེད་པས་སྔོན་པོ་ལ་སོགས་པ་ཡང(5)བཏགས་པའི་མངོན་སུམ་ཉིད་དུ་
རྟོགས་ཤིག །ཇི་སྐད་དུ།

[24a-6] ཇི་ * ལྟར་གཟུགས་སོགས་མ་གཏོགས་པར། །བུམ་པ་ཡོད(6)པ་མ་ཡིན་པ། །
དེ་བཞིན་རླུང་ལ་སོགས་པ་ནི། །མ(7)གཏོགས་གཟུགས་ཀྱང་ཡོད་མ་ཡིན། །
ཞེས་བཤད་དོ། །དེའི་ཕྱིར་དེ་ལྟ་བུ་ལ་སོགས་པའི་འཇིག་རྟེན་གྱི་ཐ་སྙད་ནི་མཚན་ཉིད་
[24a-7] ཀྱིས་མ་བརྟུས་པའི་ཕྱིར་མཚན་ཉིད་མ་ཁྱབ་ * པ་ཉིད་དོ། །

---

(1) བཏགས་ : D.C. བརྟགས་ (2) རིགས་པ་ : P.N. - (3) ཉེ་བར་བཏགས་པའི་ : P.N.D.C. ཉེ་བར་བཏགས་པ་པའི་ : We corrected ཉེ་བར་བཏགས་པ་པའི་ to ཉེ་བར་བཏགས་པའི་ (4) རྟོག : D.C. རྟོགས་ (5) བཏགས་པའི་ : P.N.D.C. བཏགས་པ་པའི་ : We corrected བཏགས་པ་པའི་ to བཏགས་པའི་ (6) པ་ : P.N. པར་ (7) གཏོགས་ : P. གཏོགས་

[答論] そのような類の対象の場合には仮設（btags pa）は不合理である。すなわち，「〔諸仏が〕現れること」は，世間では，安楽とは異なるものと見ており，またそれ（諸仏が現れること）は有為の相を性質としているから，また幾百もの難行を原因としているから，〔諸仏が現れることは〕決して安楽ではないのである。それを「安楽〔である〕」と語るならば，〔両者は〕全く関連が無いから，そのような類の対象の場合には，仮設（nye bar btags pa）は妥当であるが，〔しかし，〕この「瓶は直接知覚される」という場合には，何か（青など）を仮設して直接知覚されることになるところの，〔そういう〕直接知覚されないものである瓶と言われるものが，別に見られるのでもないのである。

[反論] もしも，青などと異なった瓶は無いから，〔「瓶は直接知覚される」というのは〕仮設された直接知覚性（mngon sum nyid）となるのである，と言うならば，**[答論]** そのようであるとしても，はなはだ仮設することは不合理である。〔なぜなら〕仮設されるべき基体が無いからである。〔例えば，もとより存在しない〕驢馬の角に鋭い〔という性質〕を仮設することは不合理なのである。

[反論] さらにまた，もしも，世間の言語慣習の一部となっている瓶が青などと異なったものであることはないから，それ（「瓶は直接知覚される」ということ）は仮設された直接知覚性〔である，〕と考えるならば，**[答論]** そのようであるならば，青なども地などと異なることはないから，青なども仮設された直接知覚性〔である〕と理解せよ。

> 色などを離れては瓶は存在しないように，そのように風などを離れては色も存在しない。（『四百論』第 340 偈）

と説かれているとおりである。それゆえ，そのようなことなどの世間の言語慣習が定義として含まれていないから，〔ディグナーガ の直接知覚の〕定義は決して遍充したものではないのである。

དེ་ཁོ་ན་ཉིད་གཟིགས་པ་ལ་(1)ལྟོས་ནས་ནི་བུམ་པ་ལ་སོགས་པ་དང་སྔོན་པོ་ལ་
སོགས་པ་རྣམས་མངོན་སུམ་ཉིད་དུ་མི་འདོད་དོ། །འཇིག་རྟེན་གྱི་ཀུན་རྫོབ་ཏུ་ནི་བུམ་པ་
ལ་སོགས་པ་རྣམས་མངོན་སུམ་ཉིད་དུ་ཁས་(2)བླང་བར་བྱ་བ་ཁོ་ནའོ། །ཇི་སྐད་དུ་
(3)བཞི་བརྒྱ་པ་ལས། །

[24b-1] གཟུགས་མཐོང་ * ཆོན་བུམ་པ་ནི། །ཐམས་ཅད་ཁོ་ན་མཐོང་མི་འགྱུར། །
བུམ་པ་མངོན་སུམ་ཞེས་བྱ་འང་། །དེ་ཉིད་(4)རིག་པ་སུ་ཞིག་སྨྲ། །
རྣམ་པར་དཔྱད་པ་འདི་ཉིད་ཀྱིས། །བློ་མཆོག་ལྡན་པས་དྲི་ཞིམ་དང་། །
མངར་དང་འཇམ་པ་ཐམས་ཅད་དག །སོ་སོར་དགག་པར་བྱ་བ་ཡིན། །
ཞེས་བཤད་དོ། །

[24b-2] གཞན་ * ཡང་མངོན་སུམ་གྱི་སྒྲ་ནི་ལྐོག་ཏུ་མ་གྱུར་པའི་དོན་གྱི་རྗོད་པར་བྱེད་པ་
ཡིན་པའི་ཕྱིར། དབང་པོ་མངོན་དུ་ཕྱོགས་པའི་དོན་ནི་མངོན་སུམ་ཡིན་ནོ། །འདི་ལ་
དབང་པོ་མངོན་དུ་ཕྱོགས་པས་ཞེས་(5)བྱས་ནས་བུམ་པ་དང་སྔོན་པོ་ལ་སོགས་(6)པ་
[24b-3] ལྐོག་ཏུ་མ་གྱུར་པ་རྣམས་མངོན་སུམ་ཉིད་དུ་གྲུབ་པར་(7)འགྱུར་ * ལ། དེ་ཡོངས་སུ་
གཅོད་པར་བྱེད་པའི་ཤེས་པ་ནི་(8)རྩྭ་དང་(9)སོག་མའི་མེ་བཞིན་དུ་མངོན་སུམ་གྱི་རྒྱུ་ཅན་
ཡིན་པའི་ཕྱིར་མངོན་སུམ་ཉིད་དུ་རྗོད་པར་བྱེད་དོ། །

གང་ཞིག་དབང་པོ་དང་དབང་པོ་སོ་སོ་ལ་འཇུག་པས་ཞེས་བྱ་བས་མངོན་སུམ་གྱི་
[24b-4] སྒྲ་བྱེ་བྲག་ཏུ་འཆད་པར་བྱེད་པ། (10)དེ་ལྟར་ན་ནི་ཤེས་པ་ * ནི་དབང་པོའི་ཡུལ་ཅན་
མ་ཡིན་པའི་ཕྱིར་དང་། ཡུལ་གྱི་ཡུལ་ཅན་ཡིན་པའི་ཕྱིར་བྱེ་བྲག་ཏུ་བཤད་པ་མི་
རིགས་པར་འགྱུར་ཏེ། ཡུལ་སོ་སོ་བ་འམ་དོན་སོ་སོ་བ་ཉིད་ཅེས་བྱ་བར་ནི་མི་འགྱུར་
རོ། །

(1) ལྟོས་ : P.N. བལྟོས་ (2) བླང་བར་ : P.N. བླངས་པར་ (3) བཞི་ : P.N. - (4) རིག་ : P.N. རིགས་
(5) བྱས་ : D.C. བྱ་བ་ (6) པ་ : P.N. པས་ (7) འགྱུར་ : P. གྱུར་ (8) རྩྭ་ : P.N. རྩ་ (9) སོག་ :
P.N. སོགས་ (10) དེ་ : P.N. དེའི་

真実の智（de kho na nyid gzigs pa）によると，瓶などや青などは直接知覚されるものとは是認されない。〔しかし〕世間の世俗としては，瓶などは直接知覚されるものとしてまさに承認されるべきである。『四百論』（第 301，302 偈）に，

　色が見られている時には，瓶は一切見られないであろう。「瓶は直接知覚される」とも，真実を知る（de nyid rig pa）誰が語ろうか。まさにこの詳察によって，最勝の智慧を有する者は，芳香や甘味や柔軟〔など〕の全てを否定すべきなのである。

と説かれているとおりである。

第 12 項　直接知覚の語義解釈の批判

(1)　チャンドラキールティの語義解釈

さらにまた，直接知覚という語は，現前している（lkog tu ma gyur pa'i）対象を表示するものであるから，感官が対面する（mngon du phyogs pa'i）対象が直接知覚なのである。これ（対象）に感官が対面しているから，と〔語義解釈〕して，現前している瓶や青などが，直接知覚性として成立することになるのであり，それを識別する知は，〔燃える火を〕草〔火〕や殻火〔と言う〕ように，直接知覚（現前している対象）を原因としているから，〔その知をも〕直接知覚性と表示するのである。

(2)　ディグナーガの語義解釈に対する批判

〔しかし〕ある者は，「それぞれの感官に対して生じるから（dbang po dang dbang po so so la 'jug pas）」ということによって，直接知覚という語を語義解釈する。〔けれども〕そのよう〔に語義解釈する〕ならば，知は感官を対象（yul）とするものではなく，対境（yul）を対象（yul）とするものであるから，〔その〕語義解釈は不合理となるであろう。すなわち，〔その場合には，「それぞれの対境に対して生じる」とか，「それぞれの対象に対して生じる」と語義解釈すべきであるが〕，「対境に対するもの（yul so so ba / prativiṣaya）」とか「対象に対するもの（don so so ba / pratyartha）」と言われることは決してないのである。

ཅི་སྟེ་ཇི་ལྟར་རྣམ་པར་ཤེས་པ་འབྱུང་བ་གཉིས་ག་ལ་རག་ལས་པ་ཡིན་ཡང་རྣམ་
[24b-5] པར་ཤེས་ * པ་རྣམས་རྟེན་གསལ་བ་དང་ཞན་པའི་རྗེས་སུ་བྱེད་པའི་ཕྱིར་དང་། དེ་
དག་(1)གྱུར་ན་འགྱུར་བའི་ཕྱིར། མིག་གི་རྣམ་པར་ཤེས་པ་ཞེས་རྟེན་ཉིད་ཀྱིས་སྟོན་པར་
འགྱུར་བ་དེ་བཞིན་དུ། དོན་དང་དོན་སོ་སོ་ལ་འཇུག་མོད་ཀྱི་དེ་ལྟ་ན་ཡང་དབང་པོ་
[24b-6] དང་དབང་པོ་ལ་བརྟེན་ནས་འཇུག་པའི་རྣམ་པར་ཤེས་ * པ་ནི་(2)རྟེན་གྱིས་བསྟན་པས་
མངོན་སུམ་ཉིད་དུ་འགྱུར་(3)ཏེ། ཇའི་སྒྲ་ནས་ཀྱི་མྱུ་གུ་ཞེས་ཐུན་མོང་མ་ཡིན་པའི་རྒྱུས་
(4)སྟོན་པ་ནི་མཐོང་བ་ཡིན་ནོ་སྙམ་ན། འདི་ནི་ཐ་མ་དང་མི་འདྲ་བ་ཡིན་ཏེ། དེར་ནི་
གཟུགས་ཀྱི་རྣམ་པར་ཤེས་པ་ཞེས་བྱ་བ་དེ་ལྟ་བུ་ལ་སོགས་པས་ཡུལ་(5)གྱིས་རྣམ་པར་
[24b-7] ཤེས་པ་ * བསྟན་ན། རྣམ་པར་ཤེས་པ་དྲུག་གི་(6)རྣམ་པར་དབྱེ་བ་མ་བསྟན་པར་
འགྱུར་ཏེ། ཡིད་ཀྱི་རྣམ་པར་ཤེས་པ་ནི་མིག་ལ་སོགས་པའི་རྣམ་པར་ཤེས་པ་དང་ལྷན་
ཅིག་ཡུལ་(7)གཅིག་ལ་(8)འཇུག་པའི་ཕྱིར་རོ། །འདི་ལྟར་སྔོན་པོ་ལ་སོགས་པའི་རྣམ་
[25a-1] པར་ཤེས་པ་དྲུག་ལ་རྣམ་པར་ཤེས་པ་ཞེས་བརྗོད་ * ན་ནི། ཅི་རྣམ་པར་ཤེས་པ་འདི་
དབང་པོ་གཟུགས་ཅན་ལས་སྐྱེས་པ་ཞིག་གམ། འོན་ཏེ་ཡིད་ལས་བྱུང་བ་ཞིག་ཅེས་
ཤེས་པ་རེ་བ་དང་བཅས་པ་(9)ཉིད་དུ་འགྱུར་ལ། རྟེན་གྱིས་བསྟན་ན་ནི་ཡིད་(10)ཀྱི་
[25a-2] རྣམ་པར་ཤེས་པ་མིག་ལ་སོགས་པའི་རྣམ་པར་ཤེས་པའི་ཡུལ་ལ་ * འཇུག་པ་ཡིན་
ཡང་ཕན་ཚུན་དབྱེ་བ་གྲུབ་པར་འགྱུར་རོ། །འདིར་ནི་ཚད་མའི་མཚན་ཉིད་བརྗོད་པར་
འདོད་པས་(11)རྟོག་པ་དང་བྲལ་བ་ཙམ་ཞིག་མངོན་སུམ་ཉིད་དུ་ཁས་བླངས་པས་རྣམ་
པར་རྟོག་པ་ལས་འདི་ཁྱད་པར་དུ་མངོན་པར་འདོད་པའི་ཕྱིར། ཐུན་མོང་མ་ཡིན་
[25a-3] པའི་རྒྱུས་བསྟན་པ་ལ་ * དགོས་པ་ཅུང་ཟད་ཀྱང་མ་མཐོང་ངོ་། །

---

(1) འགྱུར་ : D.C. གྱུར་ (2) རྟེན་ : P.N. བརྟེན་ (3) ཏེ་ : C. གྱི་ (4) སྟོན་ : P. སྟོང་ (5) གྱིས་ : D.C. གྱི་ (6) རྣམ་པར་ : P.N. - (7) གཅིག་ : P.N. ཅིག་ (8) འཇུག་ : D. འདུག་ (9) ཉིད་ : P.N. D.C. ཡིད་ : We corrected ཡིད་ to ཉིད་ according to De Jong. He points out the phrases - *sākāṅkṣa eva vartate*(66-5) ; T *re ba dang bcas pa nyid du 'gyur la.* (10) ཀྱི་ : P.N. ཀྱིས་ (11) རྟོག་ : N. རྟོགས་

[反論] もしも，識の生起は〔感官と対象の〕両者に依存しているとしても，諸々の識は明晰（gsal ba）や劣悪（zhan pa）である所依（rten，感官）に随うから，また，それら（感官）が変化するならば〔識も〕変化するから，〔例えば〕「眼識」というのは，ほかならぬ所依（眼根）によって示すことになるように，そのように〔識は〕それぞれの対象に対して生じるけれども，そのようであるとしても，それぞれの感官に依存して生じている識は所依（感官）によって示されるから，まさに直接知覚（感官に対するもの）として〔示されることに〕なるのである。すなわち，太鼓の音〔とか〕麦の芽と〔言われる場合，棒や大地などの様々な原因があるけれども，他と〕共通しない原因によって示すことが〔世間では〕見られるのである，と考えるならば，**[答論]** これ（眼識などの表現）は前〔の直接知覚の場合〕とは等しくないのである。すなわち，その〔眼識などと表現する〕場合に，〔もしも〕色識という，そのようなもの（表現）などによって，〔つまり〕対象（yul）によって識が示されるならば，六識の区別が示されないことになるであろう。〔なぜなら〕意識は眼〔識〕などの〔他の五〕識と共に同一の対境に対して生じるからである。このように，〔もしも〕青（色識）などの六識を識と言うならば，「この識は有色根より生じたものなのか，それとも意から生じたものなのか」と，まさに知ろうと願うことになるが，〔それに対して〕所依（感官）によって示されるならば，意識が眼〔識〕などの識の対象に対して生じているとしても，相互に区別は成立しているのである。〔しかし〕この場合には，〔ディグナーガは，〕認識手段の定義を述べようとして，「概念的思惟（rtog pa）を離れている」〔ということ〕のみが直接知覚性〔である〕と承認しているから，〔つまり，〕概念的思惟（rnam par rtog pa）から，これ（直接知覚）が異っていると是認しているのであるから，共通しない原因によって示されることに必要〔性〕は少しも見られないのである。

ཚད་མའི་གྲངས་སུ་འཇུག་པ་གཞལ་བྱའི་གཞན་གྱི་དབང་ཡིན་པའི་ཕྱིར་དང་།
གཞལ་བྱའི་རྣམ་པའི་རྗེས་སུ་བྱེད་པ་ཙམ་གྱིས་རང་གི་ངོ་བོ་ཡོད་པར་སྟེད་པའི་ཚད་མ་
[25a-4] དག་གི་རང་གི་ངོ་བོ་རྣམ་པར་འཇོག་པའི་ཕྱིར་དབང་པོས་བསྟན་པ་ཙུང་ཟད་ཀྱང་ *
མི་མཁོ་བས་རྣམ་པ་ཐམས་ཅད་དུ་ཡུལ་ཁོ་ནས་བསྟན་པར་རིགས་སོ། །

གལ་ཏེ་འཇིག་རྟེན་ན་བརྗོད་པར་འདོད་པའི་དོན་ལ་མངོན་སུམ་གྱི་སྒྲ་རབ་ཏུ
གྲགས་པའི་ཕྱིར་དང་། དོན་སོ་སོ་ཞེས་བྱ་བའི་སྒྲ་མ་གྲགས་པའི་ཕྱིར་རྟེན་ཁོ་ནས་བྱེ་
[25a-5] བྲག་ཏུ་བཤད་པ་ལ་(1)རྟེན་པར་བྱེད་དོ་ཞེ་ན། བཤད་པར་བྱ་སྟེ། * མངོན་སུམ་གྱི་སྒྲ་
འདི་འཇིག་རྟེན་ལ་གྲགས་པ་ནི་ཡོད་མོད་ཀྱི། དེ་ཇི་ལྟར་འཇིག་རྟེན་(2)ན་ཡིན་པ་དེ་ལྟར་
ནི་ཁོ་བོ་ཅག་གིས་སྨྲས་པ་ཉིད་དོ། །འཇིག་རྟེན་པའི་དོན་ཇི་ལྟར་གནས་པ་སྤངས་ནས་
དེ་བྱེ་བྲག་ཏུ་འཆད་པར་བྱེད་ན་ནི། རབ་ཏུ་གྲགས་པའི་སྒྲ་ཡང་སྤོང་བར་འགྱུར་རོ།
[25a-6] །དེའི་ཕྱིར་ * མངོན་སུམ་ཞེས་བྱ་བ་དེ་ལྟར་མི་འགྱུར་རོ། །ཟློས་པའི་དོན་མེད་པའི་
ཕྱིར་དབང་པོའི་སྐད་ཅིག་གཅིག་(3)གི་རྟེན་ཅན་མིག་གི་རྣམ་པར་ཤེས་པ་(4)གཅིག་
མངོན་སུམ་ཉིད་དུ་ཡང་མི་འགྱུར་ལ། རེ་རེ་ལ་མངོན་སུམ་ཉིད་མེད་ན་ནི་མང་པོ་
[25a-7] རྣམས་ལ་ཡང་མི་འགྱུར་རོ། །རྟོག་པ་དང་ * བྲལ་བའི་ཤེས་པ་ཉིད་མངོན་སུམ་ཉིད་དུ་
ཁས་བླངས་པའི་ཕྱིར་དང་། དེས་ཀྱང་འཇིག་རྟེན་པའི་ཐ་སྙད་བྱེད་པ་མེད་པའི་ཕྱིར་
དང་། འཇིག་རྟེན་པའི་ཚད་མ་དང་གཞལ་བྱའི་ཐ་སྙད་བཤད་པར་འདོད་པའི་ཕྱིར་(5)ན་
མངོན་སུམ་ཚད་མར་རྟོག་པ་ནི་དོན་མེད་པ་ཉིད་དུ་འགྱུར་རོ། །མིག་གི་རྣམ་པར་ཤེས་
[25b-1] པ་ * དང་ལྡན་པས་སྔོན་པོ་ཤེས་ཀྱི་སྔོན་(6)པོའོ་སྙམ་དུ་ནི་མ་ཡིན་ནོ་ཞེས་བྱ་བའི་ལུང་
ཡང་མངོན་སུམ་གྱི་མཚན་ཉིད་བརྗོད་པའི་དོན་ཅན་གྱི་སྐབས་མ་ཡིན་པ་ཉིད་ཀྱི་ཕྱིར་
དང་། དབང་པོའི་རྣམ་པར་ཤེས་པ་ལྔ་པོ་རྣམས་བླུན་པ་ཉིད་དུ་སྟོན་པར་བྱེད་པ་ཉིད་
[25b-2] ཡིན་པའི་ཕྱིར། ལུང་ལས་ཀྱང་རྟོག་པ་དང་ * བྲལ་བའི་རྣམ་པར་ཤེས་པ་ཁོ་ན་མངོན་
སུམ་ཉིད་མ་ཡིན་པས་འདི་ནི་མི་རིགས་སོ། །

---

(1) རྟེན་ : P.N. བརྟེན་ (2) ན་ : P.N. - (3) གི་ : P. གིས་ (4) གཅིག་ : P.N. ཅིག་ (5) ན་ : P.N. -
(6) པོའོ་ : P.N. པོ་

〔さらにまた，〕認識手段の数としての起こり（'jug pa）は認識対象〔の数〕に依拠（gzhan gyi dbang）しているから，また認識対象の形象（rnam pa）に随うことのみによって自体の存在を獲得している二種の認識手段（tshad ma dag）の本質（rang gi ngo bo）は確立しているから，感官によって示されることは少しも必要がない。したがって，あらゆる点で，対象のみによって示されるのが妥当なのである。

[反論] もしも，世間では，〔ここで〕言及しようとしている事柄（don）に関して，直接知覚（mngon sum / pratyakṣa）の語がよく知られており，また「対象に対するもの」（don so so / pratyartha）という語は知られていないから，ほかならぬ所依による語義解釈に従うのである，と言うならば，**[答論]** 答える。〔確かに〕この知覚という語は世間で知られているが，それが世間において〔知られて〕いるように，まさにそのようにわれわれは述べたのである。世間のあるがままの意味を捨てて，それを語義解釈するならば，よく知られた〔直接知覚という〕語も捨てることになるであろう。それゆえ，直接知覚という，そのよう〔な語〕にはならないであろう。また，〔“pratyakṣa”の語には〕反復の意味がないから，感官の一刹那を所依とする一つの眼識は直接知覚性〔を有するもの〕とはならないのであり，一つ一つ〔の眼識〕に直接知覚性がないならば，多く〔の眼識〕も〔直接知覚性を有するものとは〕ならないのである。〔さらにディグナーガは，〕概念的思惟を離れた知のみが直接知覚性〔である〕と承認しているが，しかしそれ（概念的思惟を離れた知）によって世間の言語慣習をなすことはないから，また世間の認識手段と認識対象の言語慣習を説こうとしているから，直接知覚という認識手段に関して分別することは全く無意味となるであろう。「眼識を有する者は“青”を認識するけれども，“青である”とは〔認識し〕ないのである」という経典も，直接知覚の定義を述べることを目的とするものではなく，五つの感官知が蒙昧であることを教示するものであるから，〔また〕経典からしても，概念的思惟を離れた識のみが直接知覚性ではないから，これ（ディグナーガの直接知覚の定義）は不合理なのである。

དེའི་ཕྱིར་གལ་ཏེ་མཚན་གཞི་འམ་རང་གི་མཚན་ཉིད་དམ་སྤྱིའི་མཚན་ཉིད་ཀྱང་
རུང་སྟེ། འཇིག་རྟེན་ན་ཡོད་ན་ནི་ཐམས་ཅད་མངོན་སུམ་དུ་དམིགས་པར་བྱ་བ་ཡིན་
[25b-3] པའི་ཕྱིར་ན་ལྐོག་ཏུ་མ་གྱུར་པ་ཡིན་ཏེ། * དེའི་ཕྱིར་དེའི་ཡུལ་ཅན་གྱི་རྣམ་པར་ཤེས་
པ་དང་ལྡན་ཅིག་ཏུ་མངོན་སུམ་ཉིད་དུ་རྣམ་པར་(1)གཞག་གོ། །ཟླ་བ་གཉིས་ལ་སོགས་
པ་དག་ནི་རབ་རིབ་ཅན་མ་ཡིན་པའི་ཤེས་པ་ལ་(2)ལྟོས་ནས་མངོན་སུམ་ཉིད་མ་ཡིན་
[25b-4] ལ། རབ་རིབ་ཅན་ལ་སོགས་པ་ལ་(3)ལྟོས་ནས་ནི་མངོན་སུམ་ཉིད་ཁོ་ནའོ། ། * ལྐོག་
ཏུ་གྱུར་པའི་ཡུལ་ཅན་(4)རྟགས་བསྒྲུབ་པར་བྱ་བ་ལ་མི་འཁྲུལ་བ་ལས་སྐྱེས་པའི་ཤེས་པ་
ནི་རྗེས་(5)སུ་དཔག་པའོ། །དབང་པོ་ལས་འདས་པའི་དོན་མངོན་སུམ་དུ་(6)རིག་ཅིང་
ཡིད་ཆེས་པར་གྱུར་པ་དག་(7)གི་ཚིག་གང་ཡིན་པ་དེ་ནི་ལུང་ངོ་། །འདྲ་བ་ལས་
[25b-5] (8)ཉམས་སུ་མ་མྱོང་པའི་དོན་རྟོགས་པ་ནི་ཉེ་བར་ * འཇལ་བ་སྟེ། དཔེར་ན་བ་(9)མེན་
ནི་བ་ལང་(10)དང་འདྲའོ་སྙམ་པ་ལྟ་བུའོ། །དེའི་ཕྱིར་དེ་ལྟར་ཚད་མ་བཞི་ལས་འཇིག་
རྟེན་(11)གྱི་དོན་རྟོགས་པར་(12)རྣམ་པར་འཇོག་པ་ཡིན་ནོ། །དེ་དག་ཀྱང་ཕན་ཚུན་
(13)ལྟོས་པས་འགྲུབ་པར་འགྱུར་ཏེ། ཚད་མ་དག་ཡོད་ན་གཞལ་བྱའི་དོན་དག་ཏུ་འགྱུར་
[25b-6] ལ། གཞལ་ * བྱའི་དོན་དག་ཡོད་ན་ཚད་མ་དག་ཏུ་འགྱུར་གྱི། ཚད་མ་དང་གཞལ་བྱ་
གཉིས་ངོ་བོ་ཉིད་ཀྱིས་གྲུབ་པ་ནི་ཡོད་པ་མ་ཡིན་ནོ། །དེའི་ཕྱིར་མཐོང་བ་ཇི་ལྟ་བ་
བཞིན་དུ་འཇིག་རྟེན་པ་ཉིད་ཡིན་ལ་རག་སྟེ། སྤྲོས་པས་ཆོག་གོ། །དཀྲུས་མ་ཉིད་
བཤད་པར་བྱའོ། །

---

(1) གཞག་ : P. བཞག་ (2) ལྟོས་ : P.N. བལྟོས་ (3) ལྟོས་ : P.N. བལྟོས་ (4) རྟགས་བསྒྲུབ་ : N. བརྟགས་བསྒྲུབས་ (5) སུ : N.- (6) རིག་ : N. རིགས་ (7) གི་ : P.N. གིས་ (8) ཉམས་སུ་མ་མྱོང་པའི་ : P.N.D.C. ཉམས་སུ་མྱོང་པའི་ : We corrected ཉམས་སུ་མྱོང་པའི་ to ཉམས་སུ་མ་མྱོང་པའི་ according to the Sk.Text(ananubhūta) (9) མེན་ : D.C. མན་ (10) དང་ : P.N.- (11) གྱི་ : P.N. གྱིས་ (12) རྣམ་པར་ : P.N.- (13) ལྟོས་ : P.N. བལྟོས་

第五節　結論

それゆえもしも，所相にしろ，個別相や一般相〔という相〕にしろ，世間において存在するならば，全てのものは眼前に認識されるべきものであるから，現前しているもの（lkog tu ma gyur pa）である。それゆえ，〔その現前している対象が〕それを対象とする識とともに，直接知覚性であると確立されるのである。〔眼病者に見える〕二重の月などは，眼病でない者の知によれば直接知覚性ではなく，眼病者などによれば直接知覚性にほかならない。現前していないもの（lkog tu gyur pa）を対象とし，所証に対して錯誤のない証因から生ずる知が推論（rjes su dpag pa）である。感官を越えた対象を眼前に知り，信頼された方たちの言葉が聖教（lung）である。類似から，経験したことのない対象を理解することが比類（nye bar 'jal ba）である。例えば，野牛は牛に似ている，というようなものである。それゆえ，そのように四つの認識手段（直接知覚・推論・聖教・比類）によって世間の対象を理解することが確立するのである。それらも相互に依存して成立することになるのである。すなわち，もろもろの認識手段が存在するときに，もろもろの認識されるべき対象〔が存在すること〕になり，もろもろの認識されるべき対象が存在するときに，もろもろの認識手段〔が存在すること〕になるが，認識手段と認識対象の両者は自性として（ngo bo nyid kyis）成立しているのではないのである。それゆえ，経験される通りのままに，まさに世間的なものは存在すべきである。傍論は〔もう〕充分である。まさに本題が説明されるべきである。

第二部

サンスクリットテキスト

凡　例

サンスクリット原典は，Louis de la Vallée Poussin, ed., *Mūlamadhyamakakārikās de Nāgārjuna avec la Prasannapadā Commentaire de Candrakīrti* (Bibliotheca Buddhica. Ⅳ, St. Pétersbourg. 1903-1913) を底本としたが，J. W. de Jong, *Textcritical Notes on the Prasannapadā* (Indo-Iranian Journal, Vol. 20, nos 1 / 2. 1978) に基づいて，ほぼ全面的にドゥ・ヨングの読みに従って訂正し，それらを脚注に記した。また，kva cit などは kvacit に，母音の前や文末のダンダの前の ṃ は m に，それぞれ注記することなく訂正した。段落改行は校訂チベットテキストに従ったので，プサン刊行本には一致していない。

なお，プサン刊行本の頁行数を 5 行ごとに左欄外に示し，実際の改行箇所は本文中にアスタリック記号 * で示した。

Sanskrit Text

atra kecit paricodayanti / anutpannā bhāvā iti kim
ayaṃ pramāṇajo niścaya utāpramāṇajaḥ / tatra yadi
pramāṇaja iṣyate tadedaṃ vaktavyaṃ, kati pramāṇāni kiṃ
lakṣaṇāni kiṃ viṣayāṇi kiṃ svata utpannāni kiṃ parata
ubhayato 'hetuto veti / athāpramāṇajaḥ sa na yuktaḥ,
pramāṇādhīnatvāt prameyādhigamasya / anadhigato hy artho
[55-15] na vinā pramā*ṇair adhigantuṃ śakyata iti pramāṇābhāvād
arthādhigamābhāve sati kuto 'yaṃ samyagniścaya iti na
yuktam etad [1]anutpannā bhāvā iti /

yato vāyaṃ niścayo bhavato 'nutpannā bhāvā iti
bhaviṣyati tata eva mamāpi sarvabhāvāḥ santīti, yathā cāyaṃ
[56-1] te niścayo 'nutpannāḥ sarvadharmā iti tathaiva * mamāpi
sarvabhāvotpattir bhaviṣyati /

atha te nāsti niścayo 'nutpannāḥ sarvabhāvā iti, tadā
svayam aniścitasya parapraty[ā]yanāsaṃbhavāc chāstrārambha-
vaiyarthyam eveti santy apratiṣiddhāḥ sarvabhāvā iti //

ucyate / yadi kaścin niścayo [2]nāmāsmākaṃ syāt,
[56-5] sa pramāṇajo vā syād apramāṇajo * vā / na tv asti / kiṃ
kāraṇam / ihāniścayasaṃbhave sati syāt tatpratipakṣas tad-
apekṣo niścayaḥ / yadā tv aniścaya eva tāvad asmākaṃ
nāsti, tadā kutas [3]tadviruddho niścayaḥ syāt saṃbandhyantara-
nirapekṣatvāt kharaviṣāṇasya hrasvadīrghatāvat / yadā caivaṃ

---

(1) anutpannā(acc. to R.) : LVP. aniṣpannā

(2) nāmāsmākaṃ(acc. to R.) : LVP. nā[mā]smākaṃ

(3) tadviruddho(acc. to R.) : LVP. tadviruddhāviruddho

[57-1] niścayasyā*bhāvaḥ, tadā kasya prasiddhyarthaṃ pramāṇāni
parikalpayiṣyāmaḥ / kuto vaiṣāṃ saṃkhyā lakṣaṇaṃ viṣayo
vā bhaviṣyati, svataḥ parata ubhayato ['hetuto] vā samutpattir
iti sarvam etan na vaktavyam asmābhiḥ //

yady evaṃ niścayo nāsti sarvataḥ, kathaṃ punar idaṃ
[57-5] niścitarūpaṃ vākyam upalabhyate bhavatāṃ, * na svato nāpi
parato na dvābhyāṃ nāpy ahetuto bhāvā bhavantīti //
ucyate, niścitam idaṃ vākyaṃ lokasya svaprasiddhayaivopapattyā
nāryāṇām /

kiṃ khalv āryāṇām upapattir nāsti / kenaitad uktam
asti vā nāsti veti / paramārtho hy (1)āryas tuṣṇībhāvaḥ,
tataḥ kutas tatra prapañcasaṃbhavo yad upapattir anupapattir
vā syāt /

yadi hy āryā upapattiṃ na varṇayanti kena khalv idā-
[57-10] nīṃ paramārthaṃ lokaṃ bodhayiṣyanti // * na khalv āryā
lokasaṃvyavahāreṇopapattiṃ varṇayanti, kiṃ tu lokata eva
yā prasiddhopapattis tāṃ parāvabodhārtham abhyupetya tayaiva
lokaṃ bodhayanti / yathaiva hi vidyamānām api śarīrāśucitāṃ
viparyāsānugatā rāgiṇo nopalabhante śubhākāraṃ cābhūtam
adhyāropya parikliśyante, teṣāṃ vairāgyārthaṃ tathāgatanirmito
devo vā śubhasaṃjñayā prāk pracchāditān kāyadoṣān upavarṇayet,
santy asmin kāye keśā (2)ityādinā / te ca tasyāḥ śubha-
[58-1] saṃjñāyā (3)vigamād vairāgyam āsāda*yeyuḥ / evam ihāpy
āryaiḥ sarvathāpy anupalabhyamānātmakaṃ bhāvānām avidyā-
timiropahatamatinayanatayā viparītaṃ svabhāvam adhyāropya

---

(1) āryas tuṣṇībhāvaḥ(acc. to R.) : LVP. āry[āṇāṃ] tūṣṇīṃbhāvaḥ

(2) ityādinā(acc. to R.) : LVP. [ityā]dinā

(3) vigamād(acc. to R.) : LVP. vimuktā

kvacic ca kaṃcid viśeṣam atitarāṃ parikliśyanti pṛthagjanāḥ / tān idānīm āryās tatprasiddhayaivopapattyā paribodhayanti, yathā vidyamānasya ghaṭasya na mṛdādibhya utpāda ity
[58-5] abhyupetam evam utpādāt pūrvaṃ vidyamānasya vidya-*
mānatvān nāsty utpāda ity avasīyatām /

yathā ca parabhūtebhyo jvālāṅgārādibhyo 'ṅkurasyotpattir nāstīty abhyupetam evaṃ vivakṣitebhyo 'pi bījādibhyo nāstīty avasīyatām /

athāpi syād anubhava eṣo 'smākam iti // etad apy ayuktam / yasmād anubhava eṣa mṛṣā, anubhavatvāt, taimirikadvicandrādy[1]anubhavavad iti / tataś cānubhavasyāpi sādhyasamatvāt tena pratyavasthānaṃ na yuktam iti /

[58-10] * tasmād anutpannā bhāvā ity evaṃ tāvad viparītasva-
rūpādhyāropapratipakṣeṇa prathamaprakaraṇārambhaḥ / idānīṃ kvacid yaḥ kaścid viśeṣo 'dhyāropitas tadviśeṣāpākaraṇārthaṃ śeṣaprakaraṇārambhaḥ, gantṛgantavyagamanādiko 'pi niravaśeṣo viśeṣo nāsti pratītyasamutpādasyeti pratipādanārtham //

atha syād eṣa eva pramāṇaprameyavyavahāro laukiko
[58-15] 'smābhiḥ śāstreṇānuva*rṇita iti // tadanuvarṇanasya tarhi
[59-1] phalaṃ vācyam // kutārkikaiḥ sa nāśito viparītalakṣaṇā-*
bhidhānena, tasyāsmābhiḥ samyaglakṣaṇam uktam iti cet // etad apy ayuktam / yadi hi kutārkikair viparītalakṣaṇa[2]-praṇayanakṛtaṃ lakṣyavaiparītyaṃ lokasya syāt, tadarthaṃ

---

(1) -anubhavavad(acc. to R.) : LVP. -anubha[va]vad

(2) -praṇayanakṛtaṃ : LVP. -praṇayanaṃ kṛtaṃ : According to instructions from Prof. Shiro Matsumoto of Komazawa University, we corrected *-praṇayanaṃ kṛtaṃ* to *-praṇayanakṛtaṃ* as written on the Tib. Text(brjod pas byas pa'i). Cf. Vaidya MŚ. -praṇayanāt kṛtaṃ (p. 22, *l.* 23)

prayatnasāphalyaṃ syāt, na caitad evam iti vyartha evāyaṃ prayatna iti /

api ca, yadi pramāṇādhīnaḥ prameyādhigamas tāni pra-
[59-5] māṇāni kena paricchidyanta * ityādinā *vigrahavyāvartanyāṃ* vihito doṣaḥ / tadaparihārāt samyaglakṣaṇadyotakatvam api nāsti /

kiṃ ca yadi svasāmānyalakṣaṇadvayānurodhena pramāṇadvayam uktaṃ, yasya tal lakṣaṇadvayaṃ kiṃ [1]tal lakṣyam asti, atha nāsti / yady asti tadā tadaparaṃ prameyam astīti kathaṃ pramāṇadvayam / atha nāsti lakṣyaṃ, tadā lakṣaṇam api nirāśrayaṃ nāstīti kathaṃ pramāṇadvayam / vakṣyati hi,

[59-10] * lakṣaṇāsaṃpravṛttau ca na lakṣyam upapadyate /
lakṣyasyānupapattau ca lakṣaṇasyāpy asaṃbhavaḥ //
iti //

[60-1] * atha syān na lakṣyate 'neneti lakṣaṇaṃ, kiṃ tarhi kṛtyalyuṭo bahulam iti karmaṇi lyuṭaṃ kṛtvā lakṣyate tad iti lakṣaṇam // evam api [2]tenaiva tasya lakṣyamāṇatvāsaṃbhavād [3]yena tal lakṣyate tasya karaṇasya karmaṇo 'rthāntaratvāt, sa eva doṣaḥ /

atha syāt, jñānasya karaṇatvāt tasya ca svalakṣaṇāntarbhāvād
[60-5] ayam adoṣa iti // u*cyate / iha bhāvānām anyāsādhāraṇam ātmīyaṃ yat svarūpaṃ tat svalakṣaṇaṃ, tad yathā pṛthivyāḥ

---

(1) tal lakṣyam(acc. to the reading by De Jong) : LVP. lakṣyam, R. ta lakṣyam

(2) tenaiva tasya(acc. to R.) : LVP. tenaitasya

(3) yena tal(acc. to R.) : LVP. yenaital

kāṭhinyaṃ vedanāyā [1]anubhavo vijñānasya viṣayaprativijñaptiḥ,
tena hi tal lakṣyata iti kṛtvā [2]prasiddhyanugatāṃ ca
vyutpattim avadhūya karmasādhanam abhyupagacchati /
vijñānasya ca karaṇabhāvaṃ [3]pratipadyamānenedam uktaṃ
bhavati, svalakṣaṇasyaiva karmatā svalakṣaṇāntarasya karaṇabhā-
[61-1] *vaś ceti / tatra yadi vijñānasvalakṣaṇaṃ karaṇaṃ tasya
vyatiriktena karmaṇā bhavitavyam iti sa eva doṣaḥ / atha
syāt, yat pṛthivyādigataṃ kāṭhinyādikaṃ vijñānagamyaṃ tat
tasya karmāsty eva tac ca svalakṣaṇāvyatiriktam iti // evaṃ
[61-5] tarhi vijñānasvalakṣaṇasya karmatvābhāvāt prameyatvaṃ * na
syāt, karmarūpasyaiva svalakṣaṇasya prameyatvāt / tataś ca
dvividhaṃ prameyaṃ svalakṣaṇaṃ sāmānyalakṣaṇaṃ ca, ity
etad viśeṣya vaktavyaṃ, kiṃcit svalakṣaṇaṃ prameyaṃ yal
lakṣyata ity evaṃ vyapadiśyate, kiṃcid aprameyaṃ yal
lakṣyate 'neneti vyapadiśyata iti // atha tad api karmasādhanaṃ,
tadā tasyānyena karaṇena bhavitavyaṃ, jñānāntarasya
karaṇabhāvaparikalpanāyām [4]anavasthādoṣaś cāpadyate /
[61-10] * atha manyase svasaṃvittir asti, tataḥ svasaṃvittyā
grahaṇāt karmatāyāṃ satyām asty eva prameyāntarbhāva iti
// ucyate, vistareṇa *madhyamakāvatāre* svasaṃvittiniṣedhāt,
[62-1] svalakṣaṇaṃ * svalakṣaṇāntareṇa lakṣyate tad api svasaṃvittyā
iti na yujyate / api ca, tad api nāma jñānaṃ svalakṣaṇa-
vyatirekeṇāsiddher asaṃbhavāl lakṣyābhāve nirāśrayalakṣa-

---

(1) anubhavo(acc. to R.) : LVP. viṣayānubhavo

(2) prasiddhyanugatāṃ(acc. to R.) : LVP. prasiddhānugatāṃ

(3) pratipadyamānenedam(acc. to R.) : LVP. pratipadyamānenety

(4) anavasthādoṣaś cāpadyate : R. aniṣṭā doṣaś cāpadyante : De Jong points out "Read *aniṣṭā doṣāś cāpadyante* ? Cf. 210.6 *aniṣṭadoṣa-*, T *thug-pa med-par.*"

ṇapravṛttyasaṃbhavāt sarvathā nāstīti kutaḥ svasaṃvittiḥ / tathā coktam *āryaratnacūḍaparipṛcchāyām* /

[62-5] sa cittam asamanupaśyan cittadhārāṃ parye*ṣate kutaścit tasyotpattir iti / tasyaivaṃ bhavati / ālambane sati cittam utpadyate / tat kim anyad ālambanam anyac cittam, atha yad evālambanaṃ tad eva cittam / yadi tāvad anyad ālambanam anyac cittaṃ tadā dvicittatā bhaviṣyati / atha yad evālambanaṃ tad eva cittaṃ, tat kathaṃ [1]cittaṃ cittaṃ samanupaśyati / na ca cittaṃ cittaṃ samanupaśyati / tad yathāpi nāma tayaivāsidhārayā

[63-1] saivāsidhārā na * śakyate chettuṃ, na tenaivāṅgulyagreṇa tad evāṅgulyagraṃ śakyate spraṣṭum, evam eva na tenaiva cittena tad eva cittaṃ śakyaṃ draṣṭum / tasyaivaṃ yoniśaḥ prayuktasya yā cittasyānavasthānatā-nucchedāśāśvatatā na kūṭasthatā nāhetukī na pratya-yaviruddhā na tato nānyato [2]na saiva nānyā tāṃ cittadhārāṃ cittalatāṃ cittadharmatāṃ cittānavasthitatāṃ

[63-5] cittāpracāratāṃ cittādṛśyatāṃ * cittasvalakṣaṇatāṃ tathā jānāti tathā paśyati yathā tathatāṃ na ca [3]virodhayati / tāṃ ca cittavivekatāṃ tathā prajānāti tathā paśyati, iyaṃ kulaputra [bodhisattvasya] citte cittānu-paśyanā smṛtyupasthānam iti //

tad evaṃ nāsti svasaṃvittis tadabhāvāt kiṃ kena lakṣyate //

---

(1) cittaṃ cittaṃ(acc. to the reading by De Jong) : LVP. cittena cittaṃ, R. cittaṃ na cittaṃ

(2) na saiva : R. na seva

(3) virodhayati(acc. to R.) : LVP. nirodhayati

kiṃ ca, bhedena vā tal lakṣaṇaṃ lakṣyāt [(1)]syād abhe-
[63-10] dena vā / tatra yadi tāvad bhedena tadā * lakṣyād bhinnatvād alakṣaṇaval lakṣaṇam api na lakṣaṇam / lakṣaṇāc
[64-1] ca bhinnatvād alakṣyaval lakṣyam api na * lakṣyam / tathā lakṣyād bhinnatvāl lakṣaṇasya lakṣaṇanirapekṣaṃ lakṣyaṃ syāt tataś ca na tal lakṣyaṃ lakṣaṇanirapekṣatvāt khapuṣpavat //

athābhinne lakṣyalakṣaṇe, tadā lakṣaṇād avyatiriktatvāl lakṣaṇasvātmavad vihīyate lakṣyasya lakṣyatā / lakṣyāc cāvyatiriktatvāl lakṣyasvātmaval lakṣaṇam api na lakṣaṇasvabhāvam / yathā coktaṃ,

[64-5] * lakṣyāl lakṣaṇam anyac cet syāt tal lakṣyam alakṣaṇam / tayor abhāvo [(2)]'nanyatve viṣpaṣṭaṃ kathitaṃ tvayā // iti /

na ca vinā tattvānyatvena lakṣyalakṣaṇasiddhāv anyā gatir asti, tathā ca vakṣyati,

ekībhāvena vā siddhir nānābhāvena vā yayoḥ / na vidyate, tayoḥ siddhiḥ kathaṃ [(3)]nu khalu vidyate // iti //

[64-10] * [(4)]athāvācyatayā siddhir bhaviṣyatīti cen naitad evam / avācyatā hi nāma parasparavibhāgaparijñānābhāve sati bhavati / yatra ca vibhāgaparijñānaṃ nāsti, tatredaṃ lakṣaṇam idaṃ lakṣyam iti viśeṣataḥ paricchedāsaṃbhave sati dvayor apy

---

(1) syād abhedena : LVP. syād ebhedena : LVP. is misprint. Cf. Vaidya MŚ. (p.24 *l.* 12)

(2) 'nanyatve(acc. to R.) : LVP. '[na]nyatve

(3) nu(acc. to R.) : LVP. [nu]

(4) athāvācyatayā(acc. to R.) : LVP. athavocyate, [avācyata]yā

abhāva eveti / tasmād avācyatayāpi nāsti siddhiḥ /

api ca, yadi jñānaṃ karaṇaṃ viṣayasya paricchede
[65-1] kaḥ kartā, na ca kartāram antareṇāsti * karaṇādīnāṃ
[1]saṃbhavaḥ chidikriyāyām iva // atha cittasya tatra kartṛtvaṃ parikalpyate, tad api na yuktaṃ, yasmād arthamātradarśanaṃ cittasya vyāpāro 'rthaviśeṣa[darśanaṃ] caitasānām /

tatrārthadṛṣṭir vijñānaṃ tadviśeṣe tu caitasāḥ /

ity abhyupagamāt /

ekasyāṃ hi pradhānakriyāyāṃ sādhyāyāṃ yathāsvaṃ
[65-5] guṇakriyānirvṛ*ttidvāreṇ[2]āṅgabhāvopagamanāt karaṇādīnāṃ karaṇāditvam / na ceha jñānavijñānayor ekā pradhānakriyā, kiṃ tarhy arthamātraparicchittir vijñānasya pradhānakriyā, jñānasya tv arthaviśeṣaparicchedа iti nāsti jñānasya karaṇatvaṃ nāpi cittasya kartṛtvaṃ, tataś ca sa eva doṣaḥ //

atha syāt, anātmānaḥ sarvadharmā ity āgamāt kartuḥ
[65-10] sarvathābhāvāt, kartāram antare*ṇāpi vidyata eva kriyādivyavahāra iti // etad api nāsti, āgamasya samyagarthānavadhāraṇāt / [3]etac coktaṃ *madhyamakāvatāre* //

[66-1] * athāpi syāt, yathā śilāputrakasya śarīraṃ rāhoḥ śira iti śarīraśirovyatiriktaviśeṣaṇāsaṃbhave 'pi viśeṣaṇaviśeṣyabhāvo 'sti, evaṃ pṛthivyāḥ svalakṣaṇam iti svalakṣaṇavyatiriktapṛthivyasaṃbhave 'pi bhaviṣyatīti //

naitad evam atulyatvāt / śarīraśiraḥśabdayor hi

---

(1) saṃbhavaḥ : R. saṃbheva

(2) aṅgabhāvopagamanāt(acc. to the reading by De Jong) : LVP. aṅgībhāvopagamāt, R. aṅgābhāvopagamanāt

(3) etac coktaṃ(acc. to R.) : LVP. etad evoktaṃ

buddhyādipāṇyādivat sahabhāvipadārthāntarasāpekṣatāpravṛttau
[66-5] śarīraśiraḥśabdamātrālambano * (1)buddhyupajananaḥ sahacāripadār-
thāntarasākāṅkṣa eva vartate, kasya śarīraṃ kasya śira iti /
itaro 'pi viśeṣaṇ(2)āntarasaṃbandhanirācikīrṣayā śilāputrakarāhuvi-
śeṣaṇadhvaninā laukikasaṃketānuvidhāyinā (3)pratipattuḥ kāṅkṣām
(4)upahantīti yuktam / iha tu kāṭhinyādivyatiriktapṛthivyādy-
asaṃbhave sati na yukto viśeṣaṇaviśeṣyabhāvaḥ /

tīrthikair vyatiriktalakṣyābhyupagamāt tadanurodhena
[67-1] viśeṣaṇābhidhānam aduṣṭam iti cet, * naitad evam / na hi
tīrthikaparikalpitā yuktividhurāḥ padārthāḥ svasamaye 'bhyupa-
gantuṃ nyāyyāḥ / pramāṇāntarāder apy abhyupagamaprasaṅgāt
/

api ca pudgalādiprajñaptivat saśarīropādānasya śilāputra-
kasy[o]pādātur laukikavyavahārāṅgabhūtasya viśeṣaṇasyāvicāra-
[67-5] (5)prasiddhasya sadbhāvāt, śiraupādānasya ca rāho*r upādātuḥ
sadbhāvād ayuktam etan nidarśanam //

śarīraśirovyatiriktasyārthāntarasyāsiddhes tanmātrasyopalambhāt
siddham eva nidarśanam iti cet, naitad evam / laukike
vyavahāra itthaṃvicārāpravṛtter avicārataś ca laukikapadārthānām
astitvāt / yathaiva hi rūpādivyatirekeṇa vicāryamāṇa ātmā na
saṃbhavati, api ca lokasaṃvṛtyā (6)skandhān upādāyāsyāstitvaṃ,
[67-10] evaṃ rāhuśilāputrakayor apīti nāsti nidarśa*nasiddhiḥ //

---

(1) buddhyupajananaḥ : R. buddhyā 'pajanamaḥ

(2) -antara-(acc. to R.) : LVP. -anantara-

(3) pratipattuḥ(acc. to R.) : LVP. pratikartuḥ

(4) upahanti(acc. to R.) : LVP. apahanti

(5) -prasiddhasya : R. -siddhasya

(6) skandhān upādāya : LVP. is misprint. Cf. Vaidya MŚ. (p.25, *l*. 26)

evaṃ pṛthivyādīnāṃ yady api kāṭhinyādivyatiriktaṃ
vicāryamāṇaṃ lakṣyaṃ nāsti lakṣyavyatirekeṇa ca lakṣaṇaṃ
nirāśrayaṃ tathāpi saṃvṛtir [1]eṣeti, [2]parasparāpekṣāmātratayā
siddhyā siddhiṃ vyavasthāpayāṃ babhūvur ācāryāḥ / avaśyaṃ
[68-1] caitad evam abhyupeyam, anyathā hi saṃvṛtir upa*pattyā na
viyujyeta, [3]tadeyaṃ tattvam eva syān na saṃvṛtiḥ // na
copapattyā vicāryamāṇānāṃ śilāputrakādīnām evāsaṃbhavaḥ,
kiṃ tarhi vakṣyamāṇayā yuktyā rūpavedanādīnām api nāsti
saṃbhava iti teṣām api saṃvṛtyā śilāputrak[ādivan n]āstitvam
āstheyaṃ syāt, na caitad evam ity asad etat //

[68-5] * atha syāt, kim anayā sūkṣmekṣikayā, naiva hi vayaṃ
sarvapramāṇaprameyavyavahāraṃ satyam ity ācakṣmahe, kiṃ
tu lokaprasiddhir eṣāmunā nyāyena vyavasthāpyata iti /
ucyate / vayam apy evaṃ brūmaḥ, kim anayā sūkṣmekṣikayā
laukikavyavahāre 'vatārikayā [4]iti, tiṣṭhatu tāvad eṣā viparyāsa-
mātrāsāditātmabhāvasattākā saṃvṛtir mumukṣūṇāṃ mokṣāvāhaka-
[69-1] kuśala*mūlopacayahetur yāvan na tattvādhigamaḥ ° / bhavāṃs
tv etāṃ saṃvṛtiparamārthasatyavibhāgadurvidagdhabuddhitayā
kvacid upapattim avatāryānyāyato nāśayati / so 'haṃ
saṃvṛtisatyavyavasthāvaicakṣaṇyāl laukika eva pakṣe sthitvā
saṃvṛtyekadeśanirākaraṇopakṣiptopapatty[5]antaram upapattyanta-

---

(1) eṣeti(acc. to R.) : LVP. eveti

(2) parasparāpekṣāmātratayā siddhyā(acc. to the reading by De Jong) : LVP. parasparāpekṣayā tayoḥ siddhyā, R. parasparāmekṣamātratayā siddhyā

(3) tadeyaṃ(acc. to R.) : LVP. tad eva

(4) According to the Tib. Text, we shifted *iti* from its following location indicated by the ° mark(69-1). See Tanji PP., Note(712).

(5) -antaram(acc. to Vaidya MŚ. (p. 26, *l*. 9~10)) : LVP. -antarāntaram

reṇa vinivartayan lokavṛddha[1] iva lokācārāt paribhraśyamānaṃ
[69-5] bhavantam eva nivartayāmi na tu * saṃvṛtim //

tasmād yadi laukiko vyavahāras tadāvaśyaṃ lakṣaṇaval
lakṣyeṇāpi bhavitavyaṃ, tataś ca sa eva doṣaḥ / atha
paramārthas tadā lakṣyābhāvāl lakṣaṇadvayam api nāstīti
kutaḥ pramāṇadvayam //

atha śabdānām evaṃ kriyākārakasaṃbandhapūrvikā
vyutpattir nāṅgīkriyate / tad idam atikaṣṭaṃ, tair eva
kriyākārakasaṃbandhapravṛttaiḥ śabdair bhavān vyavaharati śa-
[69-10] bdārthaṃ kriyākaraṇādikaṃ * ca necchatīti, aho batecchāmātrapra-
tibaddha[2]pravṛttitā bhavataḥ //

yadā caivaṃ prameyadvayam avyavasthitaṃ tadā
[sva]sāmānyalakṣaṇ[ā]viṣayatvenāgamādīnāṃ pramāṇāntaratvam //

kiṃ ca ghaṭaḥ pratyakṣa ity evamādikasya
laukikavyavahārasyāsaṃgrahād a[n]āryavyavahārābhyupagamāc
cāvyāpitā lakṣaṇasyeti na yuktam etat /

[70-1] * atha syāt, ghaṭopādānanīlādayaḥ pratyakṣāḥ pratyakṣa-
pramāṇaparicchedyatvāt tataś ca yathaiva kāraṇe kāryopacāraṃ
kṛtvā buddhānāṃ sukha utpāda iti vyapadiśyate, evaṃ pra-
tyakṣanīlādinimittako 'pi ghaṭaḥ kārye kāraṇopacāraṃ kṛtvā
pratyakṣa iti vyapadiśyate //

naivaṃvidhe viṣaya upacāro yuktaḥ / utpādo hi loke
[70-5] sukhavyatirekeṇopalabdhaḥ, sa ca saṃskṛtalakṣa*ṇasvabhāvatvād
anekaduṣkaraśatahetutvād asukha eva, sa sukha iti vyapadi-

---

(1) lokavṛddha(acc. to Vaidya MŚ. (p. 26, *l.* 10)) : LVP. loka[ṃ] vṛddha : Tib. 'jig rten gyi rgan rabs.

(2) -pravṛttitā(acc. to R.) : LVP. -pravṛttito

śyamāno 'saṃbaddha evety [1]evaṃvidhe viṣaye yukta upacāraḥ / ghaṭaḥ pratyakṣa ity atra tu na hi ghaṭo nāma kaścid yo 'pratyakṣaḥ pṛthag upalabdho yasyopacārāt pratyakṣatvaṃ syāt //

nīlādivyatiriktasya ghaṭasyābhāvād aupacārikaṃ pratyakṣatvam iti cet, evam api sutarām upacāro na yukta upacaryamāṇasyāśrayasyābhāvāt / na hi [2]kharaviṣāṇe taikṣṇyam upacaryate /

[70-10] * api ca, lokavyavahārāṅgabhūto ghaṭo yadi nīlādivyatirikto nāstīti kṛtvā tasyaupacārikaṃ pratyakṣatvaṃ parikalpyate, nanv evaṃ sati pṛthivyādivyatirekeṇa nīlādikam api nāstīti nīlāder asyaupacārikaṃ pratyakṣatvaṃ kalpyatām / yathoktam /

[71-1] * rūpādivyatirekeṇa yathā kumbho na vidyate /
vāyvādivyatirekeṇa tathā rūpaṃ na vidyate // iti /

tasmād evamādikasya lokavyavahārasya lakṣaṇenāsaṃgrahād avyāpitaiva lakṣaṇasyeti /

tattvavidapekṣayā hi pratyakṣatvaṃ ghaṭādīnāṃ nīlādīnā-
[71-5] ṃ ca neṣyate / lokasaṃvṛtyā tv abhyupaganta*vyam eva pratyakṣatvaṃ ghaṭādīnām // yathoktaṃ *Śatake* /

sarva eva ghaṭo 'dṛṣṭo rūpe dṛṣṭe hi jāyate /
brūyāt kas tattvavin nāma ghaṭaḥ pratyakṣa ity api //
etenaiva vicāreṇa sugandhi madhuraṃ mṛdu /
pratiṣedhayitavyāni sarvāṇy uttamabuddhinā // iti /

[71-10] * api cāparokṣārthavācitvāt pratyakṣaśabdasya sākṣād abhi-

---

(1) evaṃvidhe viṣaye(acc. to R.) : LVP. evaṃviṣaye

(2) kharaviṣāṇe(acc. to R.) : LVP. kharaviṣāṇa-

mukho 'rthaḥ pratyakṣaḥ, pratigatam akṣam asminn iti kṛtvā
ghaṭanīlādīnām aparokṣāṇāṃ pratyakṣatvaṃ siddhaṃ bhavati /
[72-1] tatpariccheda*kasya jñānasya tṛṇatuṣāgnivat pratyakṣakāraṇatvāt
pratyakṣatvaṃ vyapadiśyate //

yas tv akṣam akṣaṃ prati vartata iti pratyakṣaśabdaṃ
vyutpādayati tasya (1)jñānasyendriyāviṣayatvā[d viṣayaviṣayatvā]c
ca na yuktā vyutpattiḥ, prativiṣayaṃ tu syāt pratyartham iti
vā //

atha syāt, yathobhayādhīnāyām api vijñānapravṛttāv
[72-5] āśrayasya paṭumandatānuvidhānād vi*jñānānāṃ tadvikāravikāritvād
āśrayeṇaiva vyapadeśo bhavati, cakṣurvijñānam iti / evaṃ
yady apy artham arthaṃ prati vartate, tathāpy akṣam akṣam
āśritya vartamānaṃ vijñānam āśrayeṇa vyapadeśāt pratyakṣam
iti bhaviṣyati / dṛṣṭo hy asādhāraṇena vyapadeśo bherīśabdo
yavāṅkura iti // naitat pūrveṇa tulyam / tatra hi viṣayeṇa
vijñāne vyapadiśyamāne rūpavijñānam ity evamādinā
vijñānaṣaṭkasya bhedo nopadarśitaḥ syāt, manovijñānasya ca-
[73-1] kṣurādivijñānaiḥ sahaika*viṣayapravṛttatvāt / tathā hi nīlādivijñā-
naṣaṭke vijñānam ity ukte (2)sākāṅkṣa eva pratyayo jāyate
kim etad rūpīndriyajaṃ vijñānam āho svin mānasam iti /
āśrayeṇa tu vyapadeśe manovijñānacakṣurādivijñānaviṣayapravṛtti-
saṃbhave 'pi parasparabhedaḥ siddho bhavati / iha tu
pramāṇalakṣaṇavivakṣayā kalpanāpoḍhamātrasya pratyakṣatvābhy-
[73-5] upagame sati vika*lpakād eva tadviśeṣatvābhimatatvād asā-

---

(1) jñānasyendriyāviṣayatvā[d viṣayaviṣayatvā]c ca : R. jñānasyendriyāviṣaya-viṣayitvā ca

(2) sākāṅkṣa eva pratyayo jāyate(acc. to the reading by De Jong) : LVP. sākāṃkṣa eva pratyayāj jāyate, R. sākāṃkṣa eva pratyayā jāyate

dhāraṇakāraṇena vyapadeśe sati na kiṃcit prayojanam upalakṣyate /

prameyaparatantrāyāṃ ca pramāṇasaṃkhyāpravṛttau prameyākārānukāritāmātratayā ca samāsāditātmabhāvasattākayoḥ pramāṇayoḥ svarūpasya vyavasthāpanān nendriyeṇa vyapadeśaḥ kiṃcid upakarotīti sarvathā viṣayeṇaiva vyapadeśo nyāyyaḥ //

loke pratyakṣaśabdasya prasiddhatvād vivakṣite 'rthe pra-
[74-1] tyartha[1]śabdasyāprasiddhatvād āśrayeṇaiva * vyutpattir āśrīyata
iti cet, ucyate, asty ayaṃ pratyakṣaśabdo [2]lokaprasiddhaḥ /
sa tu yathā loke tathāsmābhir ucyata eva / yathāsthitalaukika-
padārthatiraskāreṇa tu tadvyutpāde kriyamāṇe [3]prasiddhaśabda-
tiraskāro 'pi syāt, tataś ca pratyakṣam ity evaṃ [na] syāt /
ekasya ca cakṣurvijñānasyaikendriyakṣaṇāśrayasya pratyakṣatvaṃ
[74-5] na syād vīpsārthābhāvāt, ekaikasya ca * pratyakṣatvābhāve
bahūnām api na syāt // kalpanāpoḍhasyaiva ca jñānasya
pratyakṣatvābhyupagamāt, tena ca lokasya saṃvyavahārābhāvāt,
laukikasya ca pramāṇaprameya[vyavahāra]sya vyākhyātum iṣṭatvāt,
vyarthaiva pratyakṣapramāṇakalpanā saṃjāyate // cakṣur-
vijñāna[4]samaṅgī nīlaṃ jānāti [5]no tu nīlam itīti *cāgamasya*
[75-1] pratyakṣalakṣaṇābhidhānārthasyāprastutatvāt, pañcā*nām indriya-

---

(1) -śabdasyāprasiddhatvād(acc. to R.) : LVP. -śabdasy[ā]prasiddhatvād

(2) lokaprasiddhaḥ(acc. to R.) : LVP. loke prasiddhaḥ

(3) prasiddhaśabdatiraskāro 'pi syāt(acc. to R.) : LVP. prasiddhaśabdatiraskāraḥ prasiddhaḥ syāt

(4) LVP. -sa[ma]ṅgī : R. -samaṃgī

(5) no tu nīlam itīti cāgamasya : LVP. no tu nīlam iti cāgamasya : We corrected *nīlam iti* to *nīlam itīti* according to the Tib. Text(sngon po'o snyam du ni ma yin no zhes bya ba'i lung yang). Cf. Tanji PP., Note (763)

vijñānānāṃ jaḍatvapratipādakatvāc ca, nāgamād api kalpanā-
poḍhasyaiva vijñānasya pratyakṣatvam iti na yuktam etat /

tasmāl loke yadi lakṣyaṃ yadi vā svalakṣaṇaṃ
sāmānyalakṣaṇaṃ vā sarvam eva sākṣād upalabhyamānatvād
aparokṣam, ataḥ pratyakṣaṃ vyavasthāpyate tadviṣayeṇa jñānena
saha / dvicandrādīnāṃ tv ataimirikajñānāpekṣayā 'pratyakṣatvaṃ,
[75-5] taimirikādyape*kṣayā tu pratyakṣatvam eva // parokṣaviṣayaṃ
tu jñānaṃ sādhyāvyabhicāriliṅgotpannam anumānam / sākṣād
atīndriyārthavidām āptānāṃ yad vacanaṃ sa āgamaḥ /
sādṛśyād ananubhūtārthādhigama upamānaṃ gaur iva gavaya
iti yathā / tad evaṃ pramāṇacatuṣṭayāl lokasyārthādhigamo
[75-10] vyavasthāpyate // * tāni ca parasparāpekṣayā sidhyanti, (1)satsu
pramāṇeṣu prameyārthāḥ, satsu prameyeṣv artheṣu pramāṇāni
/ no tu khalu svābhāvikī pramāṇaprameyayoḥ siddhir iti
tasmāl laukikam evāstu yathādṛṣṭam ity alaṃ prasaṅgena,
prastutam eva vyākhyāsyāmaḥ, laukika eva darśane sthitvā
buddhānāṃ bhagavatāṃ dharmadeśanā //

---

(1) satsu : LVP. satmu : LVP. is misprint. Cf. Vaidya MŚ. (p. 28, *l.* 23)

第三部

索　　引

凡　例

(1) 既に全巻に対する索引に“*Index to the Prasannapadā Madhyamaka-vṛtti*” by Susumu Yamaguchi, Heirakuji-Shoten, Kyoto. 1974 があるが，脱落箇所も見受けられるので，当該箇所に関して重複を厭わず新たに作成した。

(2) Tibetan-Sanskrit Index は，具格などのサンスクリットの格変化に対応した形は，重要と思われるもの以外は原則として収録していない。しかし代名詞と ལ་སོགས་པ་ (ādi) のみ代表として載せた。終辞や助辞などは原則として省略した。また，དང་ (ca)，ནི་ (tu)，འམ་ (vā)，ཡང་ (api) などは単独には収録していない。

(3) Sanskrit-Tibetan Index は，重要と思われるもの以外は原則として基本形で載せてある。格変化した形は基本形の下に一段下げて載せた。しかし代名詞と ādi (ལ་སོགས་པ་) のみ代表として収録した。その場合，見易さを考慮して，それぞれの語基の下に一括して載せてある。なお複合語の一部であることを示すハイフンは，必要と判断したもの以外は，原則として省略した。

(4) また，対応すると思われる語が一致していない場合は，最後に一括して Appendix として載せた。なお，チベットとサンスクリットのどちらかに対応する語が欠けている場合は収録していない。

(5) 頁行数はそれぞれデルゲ版とプサン刊行本によって示した。その場合，デルゲ版の頁行数の右肩にアスタリック記号 * が付してある場合は，どのテキストにもない読みを採用し訂正したことを示しており，テキストの該当個所の注に記した。また，プサン刊行本の頁行数の右肩にアスタリック記号 * が付してある場合は，プサン刊行本の読みを採用していないことを示しており，テキストの該当個所の注に記した。なお，プサンが [ ] で補っている箇所にも記号が付してあるが，R でそれが確認される場合や，明らかと思われる場合は付していない。また誤植の場合も付していない。また頁行数の右肩の数字は，その語が同じ頁行数に出る回数を示す。

Tibetan-Sanskrit Index

ཀ

ཀུན་ཏུ་བརྟགས་པ། : **parikalpita** 22b-6(67-1)

ཀུན་ཏུ་ཚོལ། : **paryeṣate** 21a-5(62-4~5)

ཀུན་རྫོབ། : **saṃvṛti** 23a-3(67-11) ; 23a-4(67-12) ; 23a-4(68-1) ; 23a-7(68-8) ; 23b-3(69-5)

ཀུན་རྫོབ་ཀྱི་བདེན་པ། : **saṃvṛti-...-satya** 23b-1(69-1)

ཀུན་རྫོབ་ཀྱི་བདེན་པ་རྣམ་པར་འཇོག་པ་ལ་མཁས་པ། :
saṃvṛtisatyavyavasthāvaicakṣaṇya 23b-2(69-2~3)

ཀུན་རྫོབ་ཀྱི་ཕྱོགས་གཅིག་བསལ་བའི་ཕྱིར་བཀོད་པའི་འཐད་པ་གཞན། :
saṃvṛtyekadeśanirākaraṇopakṣiptopapattyantara 23b-2(69-3*)

ཀུན་རྫོབ་ཏུ། : **saṃvṛtyā** 23a-2(67-9) ; 23a-5(68-3) ; 24a-7(71-4)

དཀའ། : **kaṣṭa**

ཤིན་ཏུ་དཀའ། : **atikaṣṭa** 23b-5(69-8~9)

དཀའ་བ་བརྒྱ་ཕྲག་དུ་མའི་རྒྱུ་ཅན། : **anekaduṣkaraśatahetu** 24a-2(70-5)

དཀྱུས་མ། : **prastuta** 25b-6(75-12)

བཀག་པ། : **niṣedha** 21a-3(61-11)

བཀག་པ་མེད་པ། : **apratiṣiddha** 19a-3(56-2)

བཀབ་པ། : **pracchādita** 19b-5(57-13)

བཀོད་པ། : **upakṣipta** 23b-2(69-3)

རྐྱེན་དང་མི་འགལ་བ། : **na pratyayaviruddhā** 21b-2(63-3)

ལྐོག་ཏུ་གྱུར་པའི་ཡུལ་ཅན། : **parokṣaviṣaya** 25b-4(75-6)

ལྐོག་ཏུ་མ་གྱུར་པ། : **aparokṣa** 24b-2(71-11) ; 25b-2(75-3)

ལྐོག་ཏུ་མ་གྱུར་པའི་དོན་གྱི་རྗོད་པར་བྱེད་པ། : **aparokṣārthavācin** 24b-2(71-10)

སྐད་ཅིག་གཅིག : **eka-...-kṣaṇa** 25a-6(74-4)

སྐབས་མ་ཡིན་པ། : **aprastuta** 25b-1(74-9)

སྐྱེ། : **samutpatti** 19a-6(57-2)

སྐྱེ་བ། : **utpatti** 19a-2(56-1)

སྐྱེ་བ་མ་ཡིན། : **na ... utpādaḥ** 19b-7(58-4)

སྐྱེ་བ་མེད། : **anutpanna** 18b-6(55-11) ; 19a-1(55-16*) ; 19a-2(55-16) ; 19a-2(55-17) ; 19a-3(56-1)

སྐྱེ་བ་མེད་པ། : **anutpanna** 20a-3(58-10)

སྐྱེ་བ་ཡོད་པ་མ་ཡིན། : **utpattir nāsti** 19b-7(58-5~6)

སྐྱེ་བ་ཡོད་པ་མ་ཡིན། : **nāsty utpādaḥ** 19b-7(58-5)

སྐྱེས་པ། : **utpanna** 25b-4(75-6)

སྐྱེས་པ། : **upajanana** 22b-4(66-5)

སྐྱེས་པ། : **-ja** 18b-6(55-12) ; 18b-7(55-13) ; 19a-4(56-4)

སྐྱེས་པ་ཞིག : **utpanna** 18b-7(55-13)

སྐྱེས་པ་ཞིག : **-ja** 18b-6(55-11) ; 18b-6(55-12) ; 19a-4(56-4) ; 25a-1(73-2)

སྐྱེས་པའི་སྔ་རོལ་ནས་ཡོད་པ་ལ། :

utpādāt pūrvaṃ vidyamānasya 19b-7(58-4)

སྐྱོན། : **dośa** 19b-5(57-13) ; 20a-7(59-5) ; 21a-3(61-9)

སྐྱོན་མེད། : **aduṣṭa** 22b-6(66-9)

སྐྲ། : **keśa** 19b-4(57-14)

ཁ

ཁས་བླང་བར་བྱ། : **abhyupeya** 23a-4(67-12)

ཁས་བླང་བར་བྱ་བ། : **abhyupagantavya** 24a-7(71-4~5)

ཁས་བླངས་པ། : **abhyupagama** 22a-5(65-4) ; 22b-6(66-9) ; 22b-6~7(67-2) ; 23b-7(69-14) ; 25a-2(73-4) ; 25a-7(74-6)

ཁས་བླངས་པ། : **abhyupeta** 19b-7(58-4) ; 20a-1(58-6)

ཁས་བླངས་པར། : **abhyupagantum** 22b-6(67-1)

ཁས་བླངས་པར་འགྱུར། : **āstheyaṃ syāt** 23a-5(68-3)

ཁས་བླངས་པས། : **abhyupagame sati** 25a-2(73-4)

ཁས་ལེན། : **abhyupagacchati** 20b-5(60-7)

ཁས་ལེན་པར་མི་བྱེད། : **nāṅgīkriyate** 23b-4~5(69-8)

ཁོ་ན། : **eva** 19a-2(55-17) ; 19b-3(57-10) ; 20b-5(60-8) ; 21a-1(61-5) ; 23a-5(68-2) ; 23b-3(69-4) ; 23b-5(69-9) ; 24a-7(71-5) ; 24b-1(71-6) ; 25a-4(73-8) ; 25a-4(73-9) ; 25b-2(75-1) ; 25b-3(75-5)

ཁོ་བོ་ཅག : **vayam** 23a-6(68-5) ; 23a-7(68-7) ; 25a-5(74-2)

ཁོ་བོ་ཅག་གི་བསྟན་བཅོས་སུ། : **asmābhiḥ śāstreṇa** 20a-4~5(58-14)

ཁོ་བོ་ཅག་གིས། : **asmākam** 20a-1(58-7)

ཁོ་བོ་ཅག་གིས། : **asmābhis** 19a-6(57-3) ; 20a-5(59-1) ; 25a-5(74-2)

ཁོ་བོ་ཅག་ལ། : **asmākam** 19a-3(56-4) ; 19a-5(56-6)

ཁོ་བོ་ནི། : **so 'ham** 23b-2(69-2)

ཁོང་དུ་ཆུད་པར་བྱེད་པ། : **pratyāyana** 19a-3(56-2*)

ཁོང་དུ་ཆུད་པར་མཛད། : **bodhayanti** 19b-3(57-11)

ཁོང་དུ་ཆུད་པར་མཛད། : **bodhayiṣyanti** 19b-2(57-9)

ཁོང་དུ་ཆུད་པར་མཛད་པ་ཡིན། : **paribodhayanti** 20a-2~3(58-3)

ཁོངས་སུ་འདུ་བ། : **antarbhāva** 20b-4(60-4) ; 21a-3(61-11)

ཁྱད་པར། : **viśeṣa** 19b-6(58-2) ; 20a-3^2(58-11^2) ; 20a-4(58-12) ; 22a-5(65-2) ; 22a-5(65-3) ; 22a-7(65-6~7) ; 22b-5(66-8)

ཁྱད་པར། : **viśeṣaṇa** 22b-2(66-2) ; 22b-4~5(66-6) ; 22b-6(66-9)

ཁྱད་པར། : **viśeṣya** 21a-2(61-6)

ཁྱད་པར་གྱི་གཞི། : **viśeṣya** 22b-2(66-2)

ཁྱད་པར་ཅན། : **viśeṣya** 22b-5(66-8)

ཁྱད་པར་དང་ཁྱད་པར་གྱི་གཞིའི་དངོས་པོ། : **viśeṣaṇaviśeṣyabhāva** 22b-2(66-2)

ཁྱད་པར་དང་ཁྱད་པར་ཅན་གྱི་དངོས་པོ། : **viśeṣaṇaviśeṣyabhāva** 22b-5(66-8)

ཁྱད་པར་དུ། : **viśeṣatas** 22a-3(64-12)

ཁྱད་པར་དུ། : **viśeṣatva-** 25a-2(73-5)

ཁྱད་པར་དུ་བྱེད་པ། : **viśeṣaṇa** 22b-7(67-4)

ཁྱད་པར་གཞན། : **viśeṣaṇāntara** 22b-4(66-6*)

ཁྱེད་ཀྱི། : **bhavatas** 19a-1~2(55-16)

ཁྱེད་ཅག་གི། : **bhavatām** 19a-7(57-4)

ཁྱོད། : **bhavatas** 23b-5(69-10)

ཁྱོད། : **bhavantam** 23b-3(69-4)

ཁྱོད། : **bhavān** 23b-1(69-1) ; 23b-5(69-9)

ཁྱོད་ཀྱི། : **te** 19a-2(55-17)

ཁྱོད་ཀྱིས། : **tvayā** 22a-1(64-6)

ཁྱོད་ལ། : **te** 19a-2(56-1)

མཁས་པ། : **vaicakṣaṇya** 23b-2(69-2~3)

མཁོ་བ། : **upakaroti**

མི་མགོ་བས། : **na ... upakarotīti** 25a-4(73-7~8)

འཁྲི་ཤིང་། : **latā** 21b-2(63-4)

འཁྲུག་པར་མི་བྱེད་པ། : **na ... virodhayati** 21b-3(63-5*)

ག

ག་ལ། : **kutas** 19a-5(56-6)

ག་ལ་འགྱུར། : **kutas** 19b-2(57-8) ; 23b-4(69-7)

ག་ལ་འགྱུར། : **kutaḥ ... bhaviṣyati** 19a-6(57-1~2)

ག་ལ་ཡོད། : **kutas** 21a-5(62-3)

ག་ལས་འགྱུར། : **kutas** 19a-1(55-15)

གང་། : **kim** 18b-7(55-12)

གང་། : **yā** 21b-1(63-2)

གང་གི། : **kasya** 22b-4[2](66-5[2])

གང་གི་ཚེ་... དེའི་ཚེ། : **yadā ... tadā** 56-7~57-1(19a-5) ; 69-11(23b-6)

གང་གི་ཚེ་... དེའི་ཚེ་ན། : **yadā tu ... tadā** 19a-5(56-6)

གང་གིས། : **kena** 20a-7(59-4) ; 21b-4(63-8)

གང་གིས་... དེ། : **yena ... tasya** 20b-3(60-2~3)

གང་དག་... དེ་གཉིས། : **yayoḥ ... tayoḥ** 22a-2(64-8~9)

གང་... དེ། : **yā ... tām** 21b-1~3(63-2~4)

གང་ན་... དེར་ནི། : **yatra ca ... tatra** 22a-3(64-11)

གང་ཞིག : **kas** 22a-4(64-14)

གང་ཞིག : **kim** 21b-4(63-8)

གང་ཞིག : **yasya** 24a-3(70-7)

གང་ཞིག་... དེ་ལྟར་ན་ནི། : **yas tu ... tasya** 24b-3(72-1~2)

གང་ཟག : **pudgala** 22b-7(67-3)

གང་ཡིན་པ་དེ་ཉིད། : **yad eva ... tad eva** 21a-6(62-6) ; 21a-7(62-7)

གང་ཡིན་པ་དེ་དག : **yā ... tām** 19b-3(57-10 ~11)

གང་ཡིན་པ་དེ་ནི། : **yat ... tat** 20b-5(60-5) ; 20b-7(61-3)

གང་ཡིན་པ་དེ་ནི། : **yat ... saḥ** 25b-4(75-7)

གང་ལ། : **yasya** 20b-1(59-7)

གང་ལ་... དེ་དག་ལ། : **tatra ... yat** 19b-1~2(57-8)

གང་ལས། : **kutaścit** 21a-5(62-5)

གང་ལས་... འདི་ཉིད་ལས། : **yataḥ ... tata eva** 19a-2(55-16~17)

གལ་ཏེ་... ན། : **yadi** 19a-6~7(57-4) ; 19b-2(57-9) ; 20a-6(59-4) ; 22a-4(64-14)

གལ་ཏེ་... ན། : **yadi hi** 19b-2(57-9)

གལ་ཏེ་... ན་ནི། : **yadi** 18b-6(55-12) ; 19a-3~4(56-4) ; 20a-7~20b-1(59-7) ; 20b-1(59-8) ; 20b-6(61-1) ; 21a-6~7(62-6) ; 21b-5(63-9) ; 23b-3(69-5) ; 24a-4~5(70-10)

གལ་ཏེ་... ན་ནི། : **yadi hi** 20a-5~6(59-1)

གལ་ཏེ་... ཞེ་ན། : **iti cet** 20a-5(59-1) ; 22b-5~6(66-9) ; 23a-1(67-7) ; 24a-3~4(70-8) ; 25a-4(74-1)

གལ་ཏེ་... འམ་... དམ་... ཀྱང་རུང་སྟེ། : **yadi ... yadi vā ... vā** 25b-2(75-2~3)

གྱུར། : **vikāra** 24b-5(72-5)

གྱུར་པ། : **upagamana** 22a-6(65-5*)

གྱུར་པ། : **bhaviṣyati** 19a-2(55-16)

གྱུར་པ། : **bhūta** 19b-7(58-5) ; 22b-7(67-4) ; 24a-4~5(70-10)

གྲགས་པ། : **prasiddha** 20a-2(58-3) ; 25a-5(74-1)

གྲངས། : **saṃkhyā** 19a-6(57-1) ; 25a-3(73-6)

གྲུབ་པ། : **prasiddha** 19a-7(57-6) ; 22b-7(67-4)

གྲུབ་པ། : **siddhi** 22a-2(64-9) ; 23a-4(67-12) ; 25b-6(75-11)

གྲུབ་པ་ཉིད། : **siddham eva** 23a-1(67-6)

གྲུབ་པ་མེད། : **nāsti siddhiḥ** 22a-4(64-13)

གྲུབ་པ་མེད། : **nāsti ... -siddhiḥ** 23a-3(67-9~10)

གྲུབ་པའི་སྒོ་ནས། : **siddhyā** 23a-4(67-11)

གྲུབ་པར་འགྱུར། : **siddhaṃ bhavati** 24b-2(71-11)

གྲུབ་པར་འགྱུར། : **siddho bhavati** 25a-2(73-3)

དགེ་བའི་རྩ་བ། : **kuśalamūla** 23b-1(68-8~69-1)

དགོས་པ། : **prayojana** 25a-3(73-5)

དགོས་པ། : **phala** 20a-5(58-15)

བགྲོད་པར་བྱ་བ། : **gantavya** 20a-4(58-12)

མགོ། : **śiras** 22b-2^{2}(66-1^{2}) ; 22b-3(66-3) ; 22b-4(66-4) ; 22b-4(66-5) ; 23a-1(67-6)

མགོའི་རྟེན་ཅན་བརྟེན་པ་པོ་སྒྲ་གཅན། :

śiraupādānasya ... rāhor upādātuḥ 22b-7(67-4~5)

འགའ་ཞིག : **kaṃcit** 19b-6(58-2)

འགའ་ཞིག : **kaścit** 19a-4(56-4) ; 20a-3(58-11)

འགའ་ཞིག་ཏུ། : **kvacit** 19b-6(58-2) ; 20a-3(58-11)

འགའ་ཞིག་དག : **kecit** 18b-6(55-11)

འགལ་བ། : **vidhura** 22b-6(67-1)

འགལ་བ། : **viruddha** 19a-5(56-6*) ; 21b-2(63-3)

འགྱུར། : **āpadyate** 21a-3(61-9)

འགྱུར། : **jāyate** 25a-1(73-2)

འགྱུར། : **bhavati** 20b-6(60-8) ; 22a-3(64-11) ; 24b-2(71-11) ; 25a-2(73-3)

འགྱུར། : **bhaviṣyati** 19a-2(56-1) ; 19a-6(57-2) ; 21a-7(62-7) ; 22a-2(64-10) ; 22b-3(66-3) ; 24b-6(72-7)

འགྱུར། : **vartate** 22b-4(66-5)

འགྱུར། : **saṃjāyate** 25a-7(74-8)

འགྱུར། : **syāt** 19a-4(56-4) ; 21b-4(63-9) ; 21b-6(64-1) ; 22a-1(64-5) ; 23a-4(68-1) ; 23a-5(68-3) ; 25a-5(74-3)

འགྱུར་བ། : **bhavati** 24b-5(72-5)

འགྱུར་བ། : **bhaviṣyati** 19a-2(56-1)

འགྱུར་བ། : **vikārin** 24b-5(72-5)

འགྱུར་བ། : **syāt** 24a-3(70-7)

འགྱུར་བ་ཞིག་ན། : **syāt** 20a-6(59-3)

འགྱུར་བར་བྱ་དགོས། : **bhavitavya** 23b-3~4(69-6)

འགྲུབ་པ། : **siddhi** 22a-1(64-7)

འགྲུབ་པར་འགྱུར། : **siddhir bhaviṣyati** 22a-2(64-10)

འགྲུབ་པར་འགྱུར། : **sidhyanti** 25b-5(75-10)

འགྲུབ་པར་འགྱུར་བ། : **siddhi** 22a-2(64-8)

འགྲུབ་པར་བྱ་བ། : **prasiddhi** 19a-5(57-1)

འགྲོ་བ། : **gamana** 20a-4(58-12)

འགྲོ་བ་པོ། : **gantṛ** 20a-4(58-12)

རྒན་རབས། : **vṛddha** 23b-3(69-4)

རྒོལ་བར་བྱེད། : **paricodayanti** 18b-6(55-11)

རྒྱས་པར། : **vistareṇa** 21a-3(61-11)

རྒྱུ། : **kāraṇa** 24a-1(70-3) ; 25a-2(73-5)

རྒྱུ། : **hetu** 23b-1(69-1)

རྒྱུ་ཅན། : **kāraṇa** 24b-3(72-1)

རྒྱུ་ཅན། : **nimittaka** 24a-1(70-3)

རྒྱུ་ཅན། : **hetu** 24a-2(70-5)

རྒྱུ་བ་མེད་པ། : **apracāratā** 21b-2(63-4)

རྒྱུ་མེད། : **ahetutas** 19a-7(57-5)

རྒྱུ་མེད་པ་མ་ཡིན་པ། : **nāhetukī** 21b-2(63-3)

རྒྱུ་མེད་པ་ལས། : **ahetutas** 18b-7(55-13) ; 19a-6(57-2*)

རྒྱུ་མེད་མིན། : **nāpy ahetutaḥ ... bhavanti** 19a-7(57-5)

རྒྱུ་ལ་འབྲས་བུ་བཏགས་པ་བྱས་ཏེ། :

kāraṇe kāryopacāraṃ kṛtvā 23b-7~24a-1(70-2)

རྒྱུན། : **dhārā** 21a-5(62-4)

སྒོ་ནས། : **dvāreṇa** 22a-6(65-5)

སྒྲ། : **dhvani** 22b-5(66-6)

སྒྲ། : **śabda** 22b-3(66-3) ; 23b-4(69-8) ; 23b-5(69-9) ; 24b-2(71-10) ; 24b-3(72-2) ; 24b-6(72-7) ; 25a-4^{2}(73-9^{2}) ; 25a-5(74-1) ; 25a-5(74-3)

སྒྲ་གཅན། : **rāhu** 22b-5(66-6) ; 22b-7(67-4) ; 23a-2(67-9)

སྒྲ་གཅན་གྱི་མགོ། : **rāhoḥ śiraḥ** 22b-2(66-1)

སྒྲ་ཙམ་ལ་དམིགས་པ། : **śabdamātrālambana** 22b-4(66-4)

སྒྲའི་དོན། : **śabdārtha** 23b-5(69-9)

སྒྲུབ་པ། : **nirvṛtti** 22a-6(65-4~5)

སྒྲུབ་པ། : **sādhana** 20b-5(60-7) ; 21a-2(61-7)

སྒྲོ་བཏགས་ནས། : **adhyāropya** 19b-4(57-12)

སྒྲོ་བཏགས་པ། : **adhyāropita** 20a-3(58-11)

བརྒྱ་ཕྲག : **śata** 24a-2(70-5)

བསྒྲུབ་པར་བྱ་བ། : **sādhya** 22a-6(65-4) ; 25b-4(75-6)

བསྒྲུབ་པར་བྱ་བ་དང་མཚུངས་པ་ཉིད། : **sādhyasamatva** 20a-2(58-8)

ང

ངག : **vākya** 19a-7(57-4) ; 19a-7(57-6)

ངན་པ། : **ku-** 20a-6(59-1)

ངའི། : **mama** 19a-2(55-17) ; 19a-2(56-1)

ངེས་པ། : **niścaya** 18b-6(55-11) ; 19a-1(55-15) ; 19a-2(55-16) ; 19a-2(55-17) ; 19a-3(56-1) ;19a-4(56-4) ;19a-4(56-5) ; 19a-5(56-6) ; 19a-5(56-7) ; 19a-6~7(57-4)

ངེས་པའི་རང་བཞིན་གྱི་ངག : **niścitarūpaṃ vākyam** 19a-7(57-4)

ངེས་པར་གྱིས་ཤིག : **avasīyatām** 19b-7(58-5) ; 20a-1(58-6)

ངེས་པར་གྱུར་པའི་ངག : **niścitam ... vākyam** 19a-7(57-5~6)

ངོ་བོ། : **bhāva** 20b-5(60-8) ; 20b-6(60-8~61-1) ; 21a-2(61-8) ; 22a-6(65-5) ; 23b-1(68-8) ; 25a-3(73-7)

ངོ་བོ། : **rūpa** 20b-5(60-5) ; 25a-3(73-7)

ངོ་བོ་ཉིད་ཀྱིས་གྲུབ་པ། : **svābhāvikī ... siddhiḥ** 25b-6(75-11)

ངོར། : **anurodhena** 22b-6(66-9)

དངོས་པོ། : **padārtha** 22b-6(67-1) ; 23a-2(67-7)

དངོས་པོ། : **bhāva** 18b-6(55-11) ; 19a-1(55-16) ; 19a-2(55-16) ; 19a-7(57-5) ;

19b-5(58-1) ; 20a-3(58-10) ; 22b-2(66-2) ; 22b-5(66-8)

དངོས་པོ་གཅིག་པ། : **ekībhāva** 22a-2(64-8)

དངོས་པོ་ཐམས་ཅད། : **sarvadharma** 19a-2(55-17)

དངོས་པོ་ཐམས་ཅད། : **sarvabhāva** 19a-2(55-17) ; 19a-2~3(56-1) ; 19a-3(56-2~3)

དངོས་པོ་ཐམས་ཅད་སྐྱེ་བ། : **sarvabhāvotpatti** 19a-2(56-1)

དངོས་པོ་གཞན། : **padārthāntara** 22b-3(66-4) ; 22b-4(66-5)

དངོས་པོ་གཞན་པ། : **nānābhāva** 22a-2(64-8)

མངའ་བ། : **saṃbhava** 19b-2(57-8)

མངར། : **madhura** 24b-1(71-8)

མངོན་དུ་ཕྱོགས་པ། : **pratigata** 24b-2(71-10)

མངོན་དུ་ཕྱོགས་པའི་དོན། : **abhimukho 'rthaḥ** 24b-2(71-10)

མངོན་པར་འདོད་པ། : **abhimata** 25a-2(73-5)

མངོན་སུམ། : **pratyakṣa** 23b-6(69-13) ; 23b-7(70-1) ; 24a-1(70-2) ; 24a-1(70-3) ; 24a-3(70-6) ; 24b-1(71-7) ; 24b-2(71-10) ; 25a-6(74-3) ; 25a-7(74-8)

མངོན་སུམ་གྱི་རྒྱུ་ཅན། : **pratyakṣakāraṇa** 24b-3(72-1)

མངོན་སུམ་གྱི་སྒྲ། : **pratyakṣaśabda** 24b-2(71-10) ; 24b-3(72-2) ; 25a-4(73-9) ; 25a-5(74-1)

མངོན་སུམ་གྱི་ཚད་མ། : **pratyakṣapramāṇa** 23b-7(70-1)

མངོན་སུམ་གྱི་མཚན་ཉིད་བརྗོད་པའི་དོན་ཅན། :
pratyakṣalakṣaṇābhidhānārtha 25b-1(74-9)

མངོན་སུམ་ཉིད། : **pratyakṣa** 24b-6(72-6~7) ; 25b-3(75-3)

མངོན་སུམ་ཉིད། : **pratyakṣatva** 24a-3(70-7) ; 24a-4(70-8) ; 24a-5(70-11) ; 24a-5(70-12) ; 24a-7(71-4) ; 24a-7(71-5) ;

24b-2(71-11) ; 24b-3(72-1) ; 25a-2(73-4) ;
25a-6(74-4) ; 25a-6(74-5) ; 25a-7(74-6) ;
25b-2(75-2) ; 25b-3(75-5)

མངོན་སུམ་ཉིད་མ་ཡིན། : **apratyakṣatva** 25b-3(75-4)

མངོན་སུམ་དུ། : **sākṣāt** 25b-2(75-3) ; 25b-4(75-6)

མངོན་སུམ་མ་ཡིན་པ། : **apratyakṣa** 24a-3(70-7)

རྔའི་སྒྲ། : **bherīśabda** 24b-6(72-7)

ལྔ་པོ། : **pañca** 25b-1(74-9)

སྔ་མ། : **pūrva** 24b-6(72-8)

སྔ་རོལ་ནས། : **pūrvam** 19b-7(58-4)

སྔར། : **prāk** 19b-4(57-13)

སྔོན་དུ་འགྲོ་བ་ཅན། : **pūrvika** 23b-4(69-8)

སྔོན་པོ། : **nīla** 23b-7(70-1) ; 24a-1(70-2~3) ; 24a-3(70-8) ; 24a-5(70-10) ;
24a-5(70-11) ; 24a-5(70-12) ; 24a-7(71-4) ; 24b-2(71-11) ;
24b-7(73-1) ; 25b-1(74-8) ; 25b-1(74-9)

ཅ

ཅང་མི་གསུང་བ། : **tuṣṇībhāva** 19b-1(57-8*)

ཅི། : **kim** 18b-7(55-13) ; 19b-1(57-7) ; 20b-1(59-7) ; 21a-6(62-5) ; 25a-1(73-2)

ཅི་དགོས། : **kim** 23a-7(68-7)

ཅི་སྟེ་... སྙམ་དུ་སེམས་ན། : **atha manyase ... iti** 21a-3(61-10~11)

ཅི་སྟེ་... སྙམ་ན། : **atha syāt** 23b-7~24a-1(70-1) ; 24b-4~6(72-4)

ཅི་སྟེ་... སྙམ་ན། : **atha syāt ... iti** 20a-4~5(58-14~15) ; 20b-3~4(60-4) ;
20b-6~7(61-3~4) ; 22b-1(65-9~10) ;

23a-6~7(68-5~6) ; 24b-4~6(72-4~7)

ཅི་སྟེ་... ན། : **atha** 22a-5(65-1)

ཅི་སྟེ་... ན་ནི། : **atha** 19a-2~3(56-1) ; 21a-2(61-7) ; 21b-6(64-2)

ཅི་སྟེ་... ཞེ་ན། : **atha** 23b-4~5(69-8)

ཅི་སྟེ་... ཞེ་ན། : **atha ... iti cet** 22a-2(64-10)

ཅི་སྟེ་ཡང་... སྙམ་ན། : **atha syāt** 20b-2~3(60-1)

ཅི་སྟེ་ཡང་... སྙམ་ན། : **athāpi syāt ... iti** 20a-1(58-7) ; 22b-2~3(66-1~3)

ཅི་ཞིག : **kasya** 19a-5(57-1)

ཅི་ཞིག : **kim** 18b-7(55-13)

ཅི་ཞིག་གིས། : **kena** 19b-2(57-9)

ཅི་ཞིག་བྱ། : **kim** 23a-6(68-5)

ཅིག : **eka** 22a-6(65-4)

ཅིག་ཤོས་ཀྱང་། : **itaro 'pi** 22b-4(66-5~6)

ཅིའི་ཕྱིར་ཞེ་ན། : **kiṃ kāraṇam** 19a-4(56-5)

ཅུང་ཟད་ཀྱང་། : **kiṃcit** 25a-3(73-5) ; 25a-3(73-7~8)

ཅུང་ཟད་ཅིག : **kiṃcit** 21a-1(61-6) ; 21a-2(61-7)

ཅེས། : **iti** 22a-2(64-9) ; 25a-1(73-2)

ཅེས་བྱ་བ་ལ་སོགས་པ། : **ityādi** 20a-7(59-5)

ཅེས་བྱ་བར། : **iti** 22b-3(66-2) ; 24b-4(72-3)

ཅེས་བྱ་བར། : **nāma** 22a-3(64-10)

གཅིག : **eka** 22a-7(65-5~6) ; 23b-2(69-3) ; 24b-7(72-9) ; 25a-6(74-4)

གཅིག་པ། : **ekī-** 22a-2(64-8)

གཅོད་པའི་བྱ་བ། : **chidikriyā** 22a-4(65-1)

བཅད་པར་མི་ནུས་པ། : **na śakyate chettum** 21a-7~21b-1(62-8~63-1)

བཅས། : **sa-** 22b-3(66-4)

བཅས་པ། : **sa-** 22b-4(66-5) ; 25a-1(73-1)

བཙུག་ནས། : **avatārya** 23b-2(69-2)

བཙུག་པ། : **avatārika** 23a-7(68-7)

ཆ

ཆད་པ་མ་ཡིན་པ། : **anuccheda** 21b-1(63-2)

ཆེས་ཤིན་ཏུ། : **atitarām** 19b-6*(58-2)

ཆེས་ཤིན་ཏུ། : **sutarām** 24a-4(70-8~9)

ཆོག : **alam** 25b-6(75-12)

ཆོས་ཐམས་ཅད་བདག་མེད་པ། : **anātmānaḥ sarvadharmāḥ** 22b-1(65-9)

ཆོས་ལུགས། : **ācāra** 23b-3(69-4)

མཆི་གུ། : **śilāputraka** 22b-5(66-6) ; 22b-7(67-3) ; 23a-2(67-9) ; 23a-5(68-2) ; 23a-5(68-3)

མཆི་གུའི་ལུས། : **śilāputrakasya śarīram** 22b-2(66-1)

མཆོག : **uttama** 24b-1(71-9)

འཆད་པར་འགྱུར། : **vakṣyati** 20b-2(59-9) ; 22a-2(64-7)

འཆད་པར་འགྱུར་བ། : **vakṣyamāṇa** 23a-5(68-2)

ཇ

ཇི་སྐད་དུ... ཞེས་བཤད་དོ། : **yathā coktam ... iti** 21b-7~22a-1(64-4~6)

ཇི་སྐད་དུ... ཞེས་བཤད་དོ། : **yathoktam ... iti** 24a-5~6(70-12~71-2) ;

24a-7~24b-1(71-5~9)

ཇི་ལྟ་བ་བཞིན་དུ། : **yathā-** 25b-6(75-12)

ཇི་ལྟ་བུ། : **yathā-** 22a-6(65-4)

ཇི་ལྟར། : **katham** 19a-7(57-4) ; 21a-7(62-7)

ཇི་ལྟར་... འགྱུར། : **katham** 20b-1~2(59-9)

ཇི་ལྟར་... ལྟར། : **tad yathā** 20b-4(60-5)

ཇི་ལྟར་... དེ་ཁོ་ན་ལྟར། : **yathā ... tathaiva** 19a-2(55-17)

ཇི་ལྟར་... དེ་ལྟར་... དེ་ལྟར། : **tathā ... tathā ... yathā** 21b-3(63-5)

ཇི་ལྟར་... དེ་ལྟར་ནི། : **yathā ... tathā** 25a-5(74-1~2)

ཇི་ལྟར་... དེ་བཞིན། : **yathā ... tathā** 24a-5~6(71-1~2)

ཇི་ལྟར་... དེ་བཞིན་དུ། : **yathā ... evam** 19b-7~20a-1(58-5~6) ; 24b-4~5(72-4~5)

ཇི་ལྟར་... དེ་བཞིན་དུ། : **yathaiva ... evam** 23b-7~24a-1(70-2)

ཇི་ལྟར་... དེ་བཞིན་དུ། : **yathaiva hi ... evam** 19b-3~5(57-11~58-1) ; 23a-2(67-8~9)

ཇི་ལྟར་གནས་པ། : **yathāsthita** 25a-5(74-2)

ཇི་ལྟར་... ཡིན། : **katham** 20b-1(59-8)

ཇི་ལྟར་ཡོད། : **katham ... vidyate** 22a-2(64-9)

ཇི་སྲིད་... དེ་སྲིད་དུ། : **tāvat ... yāvat** 23b-1(68-8~69-1)

འཇམ་པ། : **mṛdu** 24b-1(71-8)

འཇིག་རྟེན། : **loka** 19b-1(57-6) ; 19b-3(57-11) ; 20a-5(59-2) ; 24a-2(70-4) ; 24a-7(71-4) ; 25a-4(73-9) ; 25a-5(74-2) ; 25b-2(75-2)

འཇིག་རྟེན་ཁོ་ན་ལ། : **lokata eva** 19b-3(57-10)

འཇིག་རྟེན་གྱི་ཀུན་རྫོབ་ཏུ། : **lokasaṃvṛtyā** 23a-2(67-9) ; 24a-7(71-4)

འཇིག་རྟེན་གྱི་རྒན་རབས། : **lokavṛddha** 23b-3(69-4*)

འཇིག་རྟེན་གྱི་ཆོས་ལུགས། : **lokācāra** 23b-3(69-4)

འཇིག་རྟེན་གྱི་ཐ་སྙད། : **lokavyavahāra** 24a-6(71-3)

འཇིག་རྟེན་གྱི་ཐ་སྙད། : **lokasaṃvyavahāra** 19b-2(57-10)

འཇིག་རྟེན་གྱི་ཐ་སྙད་ཀྱི་ཡན་ལག་ཏུ་གྱུར་པ། :

lokavyavahārāṅgabhūta 24a-4~5(70-10)

འཇིག་རྟེན་གྱི་དོན་རྟོགས་པ། : **lokasyārthādhigamaḥ** 25b-5(75-9)

འཇིག་རྟེན་པ། : **loka** 19b-2(57-9) ; 25a-7(74-6~7)

འཇིག་རྟེན་པ། : **laukika** 20a-4(58-14) ; 25b-6(75-11~12)

འཇིག་རྟེན་པའི་དངོས་པོ། : **laukikapadārtha** 23a-2(67-7)

འཇིག་རྟེན་པའི་ཐ་སྙད། : **laukikavyavahāra** 23b-6(69-13)

འཇིག་རྟེན་པའི་ཐ་སྙད། : **laukiko vyavahāraḥ** 23b-3(69-5)

འཇིག་རྟེན་པའི་ཐ་སྙད་ཀྱི་ཡན་ལག་ཏུ་གྱུར་པ། :

laukikavyavahārāṅgabhūta 22b-7(67-3~4)

འཇིག་རྟེན་པའི་ཐ་སྙད་ལ། : **laukikavyavahāre** 23a-7(68-7)

འཇིག་རྟེན་པའི་ཐ་སྙད་ལ། : **laukike vyavahāre** 23a-1(67-7)

འཇིག་རྟེན་པའི་དོན་ཇི་ལྟར་གནས་པ། :

yathāsthitalaukikapadārtha 25a-5(74-2)

འཇིག་རྟེན་པའི་བརྡའི་རྗེས་སུ་བྱེད་པ། :

laukikasaṃketānuvidhāyin 22b-4(66-6~7)

འཇིག་རྟེན་པའི་ཕྱོགས་ཉིད་ལ་གནས་ཏེ། : **laukika eva pakṣe sthitvā** 23b-2(69-3)

འཇིག་རྟེན་པའི་ཚད་མ་དང་གཞལ་བྱའི་ཐ་སྙད། :

laukikasya ... pramāṇaprameyavyavahārasya 25a-7(74-7*)

འཇིག་རྟེན་ལ་གྲགས་པ། : **lokaprasiddha** 25a-5(74-1*)

འཇིག་རྟེན་ལ་རབ་ཏུ་གྲགས་པ། : **lokaprasiddhi** 23a-7(68-6)

འཇིག་པར་བྱེད་པ་ཡིན། : **nāśayati** 23b-2(69-2)

འཇིམ་པ། : **mṛd** 19b-6(58-4)

འཇུག : **vartate** 24b-5(72-6)

འཇུག་པ། : **pravṛtta** 24b-7(73-1)

འཇུག་པ། : **pravṛtti** 21a-5(62-2) ; 25a-2(73-3) ; 25a-3(73-6)

འཇུག་པ། : **vartate** 24b-3(72-2)

འཇུག་པ། : **vartamāna** 24b-5(72-6)

འཇུག་པ་ཉིད། : **pravṛttitā** 23b-5(69-10*)

འཇུག་པ་མ་ཡིན། : **asaṃpravṛtti** 20b-2(59-10)

འཇུག་པས། : **pravṛttau** 22b-3(66-4)

རྗེས་སུ་ལྟ་བ། : **anupaśyanā** 21b-4(63-6~7)

རྗེས་སུ་དཔག་པ། : **anumāna** 25b-4(75-6)

རྗེས་སུ་བྱེད་པ། : **anukāritā** 25a-3(73-6)

རྗེས་སུ་བྱེད་པ། : **anuvidhāna** 24b-5(72-4)

རྗེས་སུ་བྱེད་པ། : **anuvidhāyin** 22b-4(66-7)

རྗེས་སུ་འབྲེལ་བ། : **anugata** 20b-5(60-7)

རྗེས་སུ་སོང་བ། : **anugata** 19b-3(57-12)

རྗོད་པར་བྱེད། : **vyapadiśyate** 24b-3(72-1)

རྗོད་པར་བྱེད་པ། : **vācin** 24b-2(71-10)

བརྗོད། : **vyapadiśyate** 24a-1(70-3)

བརྗོད་དུ་མེད་པ་ཉིད། : **avācyatā** 22a-3(64-10)

བརྗོད་དུ་མེད་པ་ཉིད་དུ། : **avācyatayā** 22a-2(64-10*) ; 22a-4(64-12~13)

བརྗོད་ན་ནི། : ukte 24b-7~25a-1(73-1)

བརྗོད་པ། : anuvarṇana 20a-5(58-15)

བརྗོད་པ། : abhidhāna 20a-5(58-15~59-1) ; 22b-6(66-9) ; 25b-1(74-9)

བརྗོད་པ། : praṇayana 20a-6(59-2)

བརྗོད་པ། : vyapadiśyate 21a-2(61-7)

བརྗོད་པ། : vyapadiśyamāna 24a-2(70-5~6)

བརྗོད་པ་ཡིན། : anuvarṇita 20a-5(58-14~15)

བརྗོད་པ་ཡིན། : ukta 20a-5(59-1)

བརྗོད་པར་འདོད་པ། : vivakṣita 20a-1(58-6)

བརྗོད་པར་འདོད་པའི་དོན་ལ། : vivakṣite 'rthe 25a-4(73-9)

བརྗོད་པར་འདོད་པས། : vivakṣayā 25a-2(73-4)

བརྗོད་པར་བྱ། : vaktavya 18b-7(55-12)

བརྗོད་པར་བྱ་དགོས། : vaktavya 21a-2(61-6)

བརྗོད་པར་བྱ་སྟེ། : ucyate 19a-3(56-4) ; 19a-7(57-5)

བརྗོད་པར་བྱ་བ་མ་ཡིན་པ་ཞིག : na vaktavyam 19a-6(57-2~3)

ཉ

ཉམས་པ། : upahata 19b-5(58-1)

ཉམས་པ། : paribhraśyamāna 23b-3(69-4)

ཉམས་པར་འགྱུར། : vihīyate 21b-7(64-3)

ཉམས་སུ་མ་མྱོང་བའི་དོན་རྟོགས་པ། : ananubhūtārthādhigama 25b-4*(75-7)

ཉམས་སུ་མྱོང་བ། : anubhava 20a-1[2](58-7[2]) ; 20a-2[3](58-8[3])

ཉིད། : eva 19a-2(55-17) ; 19a-3(56-2) ; 19a-5(56-6) ; 19b-3(57-11) ; 20a-2(58-3) ;

20a-4(58-14) ; 20a-6(59-3) ; 20b-3(60-2*) ; 20b-3(60-3) ; 20b-6(61-2) ; 21a-6(62-6) ; 21a-7(62-7) ; 21a-7^{2}(62-8^{2}) ; 21b-1^{3}(63-1^{3}) ; 21b-1(63-2) ; 21b-2(63-3) ; 22a-4(64-12) ; 22b-1(65-7) ; 22b-1(65-10) ; 22b-4(66-5) ; 23a-1(67-6) ; 23a-4(68-1) ; 23b-2(69-3) ; 23b-4(69-6) ; 24a-2(70-5) ; 24a-2(70-6) ; 24a-7(71-3) ; 24b-1(71-8) ; 24b-5(72-5) ; 25a-1(73-1) ; 25a-5(74-2) ; 25a-7(74-6) ; 25a-7(74-8) ; 25b-6^{2}(75-12^{2})

ཉིད། : **-tā** 19a-5(56-7) ; 19b-3(57-12) ; 19b-5(58-2) ; 20b-5(60-8) ; 21a-3(61-10) ; 21b-2(63-4) ; 21b-3(63-5) ; 21b-3(63-6) ; 21b-7(64-3) ; 22a-2(64-10*) ; 22a-3(64-10) ; 22a-4(64-13) ; 23b-5(69-10*) ; 23b-7(69-14)

ཉིད། : **-tva** 20a-2(58-8) ; 20a-7(59-5) ; 20b-3(60-2) ; 20b-7(61-4) ; 22a-1^{2}(64-7^{2}) ; 22a-5(65-1) ; 22a-6(65-5) ; 22a-7(65-7) ; 23a-2(67-9) ; 23a-5(68-3) ; 23b-6(69-12) ; 24a-3(70-7) ; 24a-4(70-8) ; 24a-5(70-11) ; 24a-5(70-12) ; 24a-7(71-4) ; 24a-7(71-5) ; 24b-2(71-11) ; 24b-3(72-1) ; 25a-2(73-4) ; 25a-6(74-4) ; 25a-6(74-5) ; 25a-7(74-6) ; 25b-1^{2}(75-1^{2}) ; 25b-2(75-2) ; 25b-3(75-4) ; 25b-3(75-5)

ཉིད་ཀྱི་སྒོ་ནས། : **-tvena** 23b-6(69-11)

ཉིད་ཀྱི་ཕྱིར། : **-tvāt** 25b-1(74-9)

ཉིད་ཀྱིས། : **-tayā** 19b-5(58-2)

ཉིད་དུ། : **-tayā** 22a-2(64-10*) ; 22a-4(64-13)

ཉེ་བར་འཇལ་བ། : **upamāna** 25b-4~5(75-7)

ཉེ་བར་བཏགས་པ། : **upacāra** 24a-3(70-6)

ཉེ་བར་བཏགས་པ། : **aupacārika** 24a-5*(70-11)

ཉེ་བར་སྔོན་པར་བྱེད། : **upavarṇayet** 19b-5(57-13~14)

ཉེ་བར་འདོགས་པ་ནི་[1]རིགས་པ་མ་ཡིན། : **na hi ... upacaryate** 24a-4(70-9)

ཉེ་བར་གཞག་པ། : **upasthāna** 21b-4(63-7)

1) རིགས་པ་ See. Tib.Text p.36 Note (2)

ཉེ་བར་ལེན་པ། : **upādāna** 23b-7(70-1)

ཉེས་པ་དེ་ཉིད་དུ་འགྱུར། : **sa eva doṣaḥ** 20b-3(60-3) ; 20b-6(61-1~2) ; 22b-1(65-7~8) ; 23b-4(69-6)

ཉེས་པ་འདི་མེད། : **ayam adoṣaḥ** 20b-4(60-4)

ཉོན་མོངས་པར་འགྱུར། : **parikliśyanti** 19b-6(58-3)

གཉི་ག : **ubhaya** 24b-4(72-4)

གཉི་ག་ཡང་། : **dvayor api** 22a-3~4(64-12)

གཉི་ག་... ལས། : **ubhayatas** 18b-7(55-13) ; 19a-6(57-2)

གཉིས། : **dvaya** 20a-7(59-7) ; 20b-1(59-8) ; 20b-1(59-9) ; 23b-4(69-6) ; 23b-4(69-7) ; 23b-6(69-11)

གཉིས། : **dvi-** 20a-2(58-8) ; 21a-1(61-5) ; 21a-7(62-7) ; 25b-3(75-4)

གཉིས་ལས་མ་ཡིན། : **na dvābhyām ... bhavanti** 19a-7(57-5)

གཉེན་པོར། : **pratipakṣeṇa** 20a-3(58-10)

གཉེན་པོར་གྱུར་པ། : **pratipakṣa** 19a-4(56-5)

རྙེད་པ། : **āsādita** 23b-1(68-8)

རྙེད་པ། : **samāsādita** 25a-3(73-7)

སྙམ་དུ། : **iti** 21a-3(61-11) ; 22b-4(66-5) ; 25b-1(74-9*)

སྙམ་པ། : **iti** 25b-5(75-7)

སྙམ་པའི། : **iti** 18b-6(55-11) ; 19a-3(56-1)

བསྙད་པ། : **vyapadiśyate** 21a-1(61-6~7) ; 24a-1(70-2)

བསྙད་པར་བྱ་དགོས། : **vācya** 20a-5(58-15)

ཏ

གཏོགས་པ། : **gata** 20b-6~7(61-3)

བཏགས་ནས། : **upacārāt** 24a-3(70-7)

བཏགས་པ། : **upacāra** 24a-2(70-4) ; 24a-4(70-9)

བཏགས་པ། : **aupacārika** 24a-4(70-8) ; 24a-5*(70-12)

བཏགས་པ་བྱས་ཏེ། : **upacāraṃ kṛtvā** 24a-1(70-2)

བཏགས་པ་བྱས་ནས། : **upacāraṃ kṛtvā** 24a-1(70-3)

རྟག་པ་མ་ཡིན་པ། : **aśāśvatatā** 21b-1(63-2~3)

རྟགས་བསྒྲུབ་པར་བྱ་བ་ལ་མི་འཁྲུལ་བ་ལས་སྐྱེས་པའི་ཤེས་པ། :

jñānaṃ sādhyāvyabhicāriliṅgotpannam 25b-4(75-6)

རྟེན། : **āśraya** 24b-5(72-4) ; 24b-5(72-5) ; 24b-6(72-6) ; 25a-1(73-2) ; 25a-4(73-9)

རྟེན་ཅན། : **āśraya** 25a-6(74-4)

རྟེན་ཅན། : **upādāna** 22b-7(67-4)

རྟེན་ཅན། : **sa-...-upādāna** 22b-7(67-3)

རྟེན་ཅིང་འབྲེལ་པར་འབྱུང་བ། : **pratītyasamutpāda** 20a-4(58-12)

རྟེན་པ་པོ། : **upādātṛ** 22b-7(67-3)

རྟེན་པར་བྱེད། : **āśrīyate** 25a-4(74-1)

རྟེན་མེད་པ། : **nirāśraya** 20b-1(59-9)

རྟེན་མེད་པའི་མཚན་ཉིད། : **lakṣaṇaṃ nirāśrayam** 23a-3(67-11)

རྟེན་མེད་པའི་མཚན་ཉིད་འཇུག་པ་མེད་པ། :

nirāśrayalakṣaṇapravṛttyasaṃbhava 21a-4~5(62-2)

རྟོག : **parikalpyate** 22a-5(65-1) ; 24a-5(70-11)

རྟོག་གེ་ངན་པ། : **kutārkika** 20a-5~6(59-1~2)

རྟོག་གེ་པ། : **tārkika** 20a-5(58-15)

རྟོག་ན། : **parikalpanāyām** 21a-2~3(61-8)

རྟོག་པ། : **kalpanā** 25a-7(74-8)

རྟོག་པ་དང་བྲལ་བ། : **kalpanāpoḍha** 25a-2(73-4)

རྟོག་པ་དང་བྲལ་བའི་རྣམ་པར་ཤེས་པ། :

kalpanāpoḍhasya ... vijñānasya 25b-1~2(75-1~2)

རྟོག་པ་དང་བྲལ་བའི་ཤེས་པ། : **kalpanāpoḍhasya ... jñānasya** 25a-6~7(74-6)

རྟོགས་པ། : **adhigata** 19a-1(55-14)

རྟོགས་པ། : **adhigama** 18b-7(55-14) ; 19a-1(55-15) ; 20a-6(59-4) ; 25b-4(75-7) ; 25b-5(75-9)

རྟོགས་པ། : **pratipadyamāna** 20b-5(60-8)

རྟོགས་པ་པོ། : **pratipattṛ** 22b-5(66-7*)

རྟོགས་པར་བྱ་བ། : **avabodha** 19b-3(57-11)

རྟོགས་པར་བྱ་བ། : **gamya** 20b-7(61-3)

རྟོགས་པར་མ་གྱུར་པའི་དོན། : **anadhigataḥ ... arthaḥ** 19a-1(55-14)

རྟོགས་པར་མི་ནུས། : **na ... adhigantuṃ śakyate** 19a-1(55-14~15)

རྟོགས་ཤིག : **kalpyatām** 24a-5(70-12)

ལྟ་བ། : **darśana** 22a-5(65-2) ; 22a-5(65-2*)

ལྟར། : **iva** 23b-3(69-4)

ལྟར། : **-vat** 21b-5(63-10) ; 22b-3(66-4) ; 22b-7(67-3)

ལྟོས། : **apekṣa** 19a-4(56-5)

ལྟོས་ནས། : **apekṣayā** 24a-7(71-4) ; 25b-3(75-4) ; 25b-3(75-4~5)

ལྟོས་པ། : **apekṣā** 23a-4(67-11) ; 25b-5(75-10)

ལྟོས་པ་དང་བཅས་ཏེ། : **sāpekṣatā-** 22b-3(66-4)

ལྟོས་པ་མེད་པ། : **nirapekṣa** 21b-6(64-1) ; 21b-6(64-2)

སྟེ། : **iti** 25b-6(75-12)

སྟོན་པ། : **vyapadeśa** 24b-6(72-7)

སྟོན་པར་འགྱུར་བ། : **vyapadeśo bhavati** 24b-5(72-5)

སྟོན་པར་བྱེད་པ་ཉིད། : **pratipādakatva** 25b-1(75-1)

བརྟགས་པ། : **prajñapti** 22b-7(67-3)

བརྟེན་ནས། : **āśritya** 24b-5(72-6)

བརྟེན་ནས། : **upādāya** 23a-2(67-9)

བརྟེན་པ་པོ། : **upādātṛ** 22b-7(67-5)

བསྟན། : **kathita** 22a-1(64-6)

བསྟན། : **vyapadiśyamāna** 24b-7(72-8)

བསྟན། : **vyapadeśa** 25a-1(73-2)

བསྟན་བཅོས། : **śāstra** 20a-4(58-14)

བསྟན་བཅོས་རྩོམ་པ། : **śāstrārambha** 19a-3(56-2)

བསྟན་པ། : **vyapadeśa** 24b-6(72-6) ; 25a-3(73-7) ; 25a-4(73-8)

བསྟན་པ་ལ། : **vyapadeśe sati** 25a-2(73-5)

བསྟན་པར་བྱ་བ། : **pratipādana** 20a-4(58-12~13)

བསྟན་ཟིན། : **ukta** 22b-2(65-11)

ཐ

ཐ་སྙད། : **vyavahāra** 20a-4(58-14) ; 22b-1(65-10) ; 22b-7(67-4) ; 23a-1(67-7) ; 23a-7(68-5) ; 23a-7(68-7) ; 23b-3(69-5) ; 23b-6(69-13) ; 23b-7(69-13~14) ; 24a-4((70-10) ; 24a-6(71-3) ; 25a-7(74-7*)

ཐ་སྙད། : **saṃvyavahāra** 19b-2(57-10)

ཐ་སྙད་བྱེད། : **vyavaharati** 23b-5(69-9)

ཐ་སྙད་བྱེད་པ། : **saṃvyavahāra** 25a-7(74-7)

ཐ་དད་པ། : **antara** 20b-3(60-3)

ཐ་དད་པ། : **bhinna** 21b-5[2](63-10[2]) ; 21b-6(64-1)

ཐ་དད་པ། : **bhedena** 21b-5(63-9)

ཐ་དད་པ། : **vyatirikta** 22b-2(66-1~2) ; 22b-2(66-3) ; 22b-5(66-7) ; 22b-5~6(66-9) ; 23a-1(67-6) ; 23a-3(67-10) ; 24a-3(70-8) ; 24a-5(70-11)

ཐ་དད་པ། : **vyatirekeṇa** 24a-5(70-11)

ཐ་དད་པ་མ་ཡིན། : **avyatirikta** 20b-7(61-4)

ཐ་དད་པར། : **bhedena** 21b-4(63-9)

ཐ་དད་པར། : **vyatirekeṇa** 21a-4(62-2) ; 23a-2(67-8) ; 23a-3(67-11) ; 24a-2(70-4)

ཐ་དད་པར་གྱུར་པ། : **vyatirikta** 20b-6(61-1) ; 24a-5(70-10)

ཐ་དད་མེད་ན། : **ananyatve** 22a-1(64-6)

ཐ་མི་དད་པ། : **abhinna** 21b-6(64-2)

ཐ་མི་དད་པ། : **avyatirikta** 21b-7(64-2) ; 21b-7(64-3)

ཐ་མི་དད་པར། : **abhedena** 21b-4(63-9)

ཐབས། : **gati** 22a-1(64-7)

ཐམས་ཅད། : **sarva** 19a-2[2](55-17[2]) ; 19a-2(56-1) ; 19a-3(56-1) ; 19a-3(56-2) ; 19a-6(57-2) ; 22b-1(65-9) ; 23a-7(68-5) ; 24b-1(71-9) ; 25b-2(75-3)

ཐམས་ཅད་ཁོ་ན། : **sarva eva** 24b-1(71-6)

ཐར་པ་འདོད་པ། : **mumukṣu** 23b-1(68-8)

ཐར་པ་འདྲེན་པར་བྱེད་པའི་དགེ་བའི་རྩ་བ་གསོག་པའི་རྒྱུ། :

mokṣāvāhakakuśalamūlopacayahetu 23b-1(68-8~69-1)

ཐལ་བར་འགྱུར་བའི་ཕྱིར། : **prasaṅgāt** 22b-7(67-2)

ཐུག་པ་མེད་པའི་སྐྱོན། : **anavasthādoṣa** 21a-3(61-8~9)

ཐུང་བ། : **hrasva** 19a-5(56-7)

ཐུན་མོང་མ་ཡིན་པ། : **asādhāraṇa** 20b-5(60-5) ; 24b-6(72-7)

ཐུན་མོང་མ་ཡིན་པའི་རྒྱུ། : **asādhāraṇakāraṇa** 25a-2(73-5)

ཐེར་ཟུག་ཏུ་མི་གནས་པ། : **na kūṭasthatā** 21b-1~2(63-3)

ཐོབ་པར་འགྱུར་བ། : **āsādayeyur** 19b-5(57-14~58-1)

མཐོང་། : **dṛṣṭa** 24a-7(71-6)

མཐོང་། : **dṛṣṭi** 22a-5(65-3)

མཐོང་། : **paśyati** 21b-3(63-5)

མཐོང་བ། : **dṛṣṭi** 24a-7(71-6) ; 24b-1(71-6) ; 25b-6(75-12)

མཐོང་བ། : **paśyati** 21b-3(63-6)

མཐོང་བ་ཇི་ལྟ་བ་བཞིན་དུ། : **yathādṛṣṭam** 25b-6(75-12)

མཐོང་བ་ཡིན། : **dṛṣṭa** 24b-6(72-7)

མཐོང་བར་འགྱུར། : **samanupaśyati** 21a-7(62-7~8)

མཐོང་བར་མི་ནུས། : **na ... śakyaṃ draṣṭum** 21b-1(63-1~2)

མཐོང་བར་མི་རུང་། : **na ... samanupaśyati** 21a-7(62-8)

མཐོང་མི་འགྱུར། : **adṛṣṭaḥ ... jāyate** 24b-1(71-6)

འཐད་པ། : **upapatti** 19b-1(57-8) ; 19b-2(57-9) ; 19b-2(57-10) ; 19b-3(57-10) ; 23a-4(68-1) ; 23b-1~2(69-2)

འཐད་པ། : **yukti** 23a-5(68-2)

འཐད་པ་དང་ལྡན་པ་མ་ཡིན་ནམ། : **upapattyā na viyujyeta** 23a-4(67-12~68-1)

འཐད་པ་མ་ཡིན། : **anupapatti** 20b-2(59-11)

འཐད་པ་མ་ཡིན་པ། : **anupapatti** 19b-1(57-8)

འཐད་པ་གཞན། : **upapattyantara** 23b-2(69-3*) ; 23b-2(69-3~4)

འཐད་པའི་སྒོ་ནས། : **upapattyā** 19a-7~19b-1(57-6)

འཐད་པར་མི་འགྱུར། : **na ... upapadyate** 20b-2(59-10)

ད

ད། : **idānīm** 19b-2(57-9)

ད་ལྟར། : **idānīm** 19b-6(58-3)

དང་པོ། : **prathama** 20a-3(58-10)

དུ། : **iti** 24b-6(72-7)

དུ་མ། : **aneka** 24a-2(70-5)

དུ་ཞིག : **kati** 18b-6(55-12)

དེ། : **iti** 22a-4(64-12)

དེ། : **etat** 20a-6(59-3) ; 22a-2(64-10) ; 22b-3(66-3) ; 22b-6(67-1) ; 23a-1(67-7)

དེ། : **etām** 23b-2(69-1)

དེ། : **tat** 20b-1(59-7) ; 20b-1(59-8*) ; 20b-3(60-2*) ; 20b-4(60-6) ; 20b-5(60-5) ; 20b-7(61-3) ; 21a-6(62-5) ; 21a-7(62-7) ; 21b-4(63-9) ; 21b-6(64-1) ; 22a-1(64-5)

དེ། : **tad-** 20a-3(58-11) ; 20a-5(58-15) ; 20a-7(59-5) ; 21b-4(63-8) ; 24b-3(71-11) ; 25a-5(74-2)

དེ། : **tasya** 20b-3(60-3) ; 21a-5(62-5) ; 21b-1(63-2) ; 24a-5(70-11)

དེ། : **tām** 21b-3(63-4)

དེ། : **sas** 18b-7(55-13) ; 19a-4(56-4) ; 20a-5(58-15) ; 21a-5(62-4) ; 25a-5(74-1) ;

25b-4(75-7)

དེ་སྐད་དུ། : **evam** 23a-7(68-7)

དེ་སྐད་དུ།... ཅེས་འཆད་པར་འགྱུར་རོ། : **tathā ca vakṣyati ... iti** 22a-2(64-7~9)

དེ་སྐད་དུ་ཡང་... ཞེས་གསུངས་སོ། : **tathā coktam ... iti** 21a-5~21b-4(62-4~63-7)

དེ་ཁོ་ན་ཉིད་དུ་འགྱུར། : **tattvam eva syāt** 23a-4(68-1)

དེ་ཁོ་ན་ཉིད་མ་རྟོགས་པ། : **na tattvādhigamaḥ** 23b-1(69-1)

དེ་ཁོ་ན་ཉིད་གཟིགས་པ་ལ་ལྟོས་ནས། : **tattvavidapekṣayā** 24a-7(71-4)

དེ་ཁོ་ན་ལྟར། : **evam** 23a-4(67-12)

དེ་ཁོ་ན་ལྟར། : **tathaiva** 19a-2(55-17)

དེ་ཉིད། : **tad eva** 21a-6(62-6) ; 21a-7(62-7) ; 21b-1(63-1) ; 21b-1(63-2)

དེ་ཉིད། : **sa eva** 20b-3(60-3) ; 20b-6(61-1~2) ; 22b-1(65-7) ; 23b-4(69-6)

དེ་ཉིད། : **saiva** 21a-7(62-8)

དེ་ཉིད་ཀྱིས། : **tayaiva** 19b-3(57-11) ; 21a-7(62-8)

དེ་ཉིད་ཀྱིས། : **tenaiva** 20b-3(60-2*) ; 21b-1^{2}(63-1^{2})

དེ་ཉིད་དང་གཞན་ཉིད་ལས་མ་གཏོགས་པར། : **vinā tattvānyatvena** 22a-1(64-7)

དེ་ཉིད་... མ་ཡིན་པ། : **na saiva** 21b-2(63-3)

དེ་ཉིད་རིག་པ། : **tattvavid** 24b-1(71-7)

དེ་གཉིས། : **tayos** 22a-2(64-9)

དེ་ལྟ་ན་ནི། : **evaṃ sati** 24a-5(70-11)

དེ་ལྟ་ན་ནི་འོ་ན། : **evaṃ tarhi** 20b-7(61-4)

དེ་ལྟ་ན་ཡང་། : **evam api** 20b-3(60-2) ; 24a-4(70-8)

དེ་ལྟ་ན་ཡང་། : **tathāpi** 23a-3(67-11) ; 24b-5(72-6)

དེ་ལྟ་བུ། : **evam** 23b-4(69-8)

དེ་ལྟ་བུ། : **evam-** 24a-1(70-3) ; 24a-3(70-6)

དེ་ལྟ་བུ་ལ་སོགས་པ། : **evamādi** 24b-6(72-8~9)

དེ་ལྟ་བུ་ལ་སོགས་པ། : **evamādika** 23b-6(69-13) ; 24a-6(71-3)

དེ་ལྟ་མ་ཡིན་ན། : **anyathā hi** 23a-4(67-12)

དེ་ལྟར། : **evam** 19a-5(56-7) ; 19a-6(57-4) ; 20a-3(58-10) ; 20a-6(59-3) ; 21a-1(61-6) ; 21b-4(63-8) ; 22b-3(66-3) ; 22b-6(67-1) ; 23a-1(67-7) ; 23b-6(69-11) ; 25a-6(74-3) ; 25b-5(75-9)

དེ་ལྟར། : **tathā** 21b-3^{2}(63-5^{2}) ; 25a-5(74-2)

དེ་ལྟར་ན། : **tasya** 24b-3(72-2)

དེ་ལྟར་ནི། : **tathā** 25a-5(74-2)

དེ་ལྟར་རྣམ་པར་དཔྱོད་པ་མི་འཇུག་པ། : **itthaṃvicārāpravṛtti** 23a-1(67-7)

དེ་ལྟར་ཡང་མ་ཡིན་པས། : **na caitad evam iti** 23a-6(68-3~4)

དེ་དག : **tad-** 24b-5(72-5)

དེ་དག : **tayos** 22a-1(64-6)

དེ་དག : **tān** 19b-6(58-3)

དེ་དག : **tāni** 20a-7(59-4) ; 25b-5(75-10)

དེ་དག : **tām** 19b-3(57-11) ; 21b-3(63-5)

དེ་དག : **teṣām** 19b-4(57-13) ; 23a-5(68-3)

དེ་དག་ཀྱང་། : **te ca** 19b-5(57-14)

དེ་དག་ཁོ་ནས། : **tair eva** 23b-5(69-9)

དེ་དག་གི། : **eṣām** 19a-6(57-1)

དེ་དག་ལ། : **tatra** 19b-2(57-8)

དེ་དག་ལ། : **tad-** 20a-2(58-3)

དེ་དག་ལས་གཞན་པ། : **tadapara** 20b-1(59-8)

དེ་དང་། : **tad-** 19a-5(56-6)

དེ་དང་། : **tasyās** 19b-5(57-14)

དེ་འདི་སྙམ་དུ་སེམས། : **tasyaivaṃ bhavati** 21a-5~6(62-5)

དེ་ནས། : **idānīm** 20a-3(58-11)

དེ་ནི་དེ་ལྟར་མ་ཡིན། : **naitad evam** 22b-3(66-3) ; 22b-6(67-1) ; 23a-1(67-7)

དེ་ནི་དེ་ལྟར་ཡང་མ་ཡིན་པས། : **na caitad evam iti** 20a-6(59-3)

དེ་ནི་འདི་ལྟར་མ་ཡིན། : **naitad evam** 22a-2~3(64-10)

དེ་བས་ན། : **iti** 23a-3(67-11)

དེ་ཙམ་ཞིག : **tanmātra** 23a-1(67-6)

དེ་བཞིན། : **tathā** 24a-6(71-2)

དེ་བཞིན་ཉིད། : **tathatā** 21b-3(63-5)

དེ་བཞིན་དུ། : **evam** 19b-5(58-1) ; 19b-7(58-4) ; 20a-1(58-6) ; 22b-2(66-2) ;
23a-2(67-9) ; 23a-3(67-10) ; 24a-1(70-2) ; 24b-5(72-5)

དེ་བཞིན་དུ། : **evam eva** 21b-1(63-1)

དེ་བཞིན་དུ། : **tathā** 21b-3(63-6) ; 21b-5(64-1)

དེ་བཞིན་གཤེགས་པའི་སྤྲུལ་པ། : **tathāgatanirmita** 19b-4(57-13)

དེ་ཡང་། : **tac ca** 20b-7(61-4)

དེ་ཡང་། : **tad api** 21a-2(61-7) ; 21a-4^{2}(62-1^{2}) ; 22a-5(65-1)

དེ་ཡང་། : **tasya ca** 20b-4(60-4)

དེ་ཡང་། : **sa ca** 24a-2(70-4)

དེ་ཡི། : **tad-** 22a-5(65-3)

དེ་ལ། : **tatra** 18b-6(55-12) ; 20b-6(61-1) ; 21b-5(63-9) ; 22a-5(65-3)

དེ་ལ། : **tad-** 19a-4(56-5)

དེ་ལ། : **tasya** 20b-6(61-1) ; 21a-2(61-8)

དེ་ལ། : **sas** 24a-2(70-5)

དེ་ལས་... མ་ཡིན་པ། : **na tataḥ** 21b-2(63-3)

དེ་སྲིད་དུ། : **tāvat** 23b-1(68-8)

དེའི། : **tad-** 19a-4(56-5) ; 25b-3(75-3~4)

དེའི། : **tasya** 20a-5(59-1) ; 20b-7(61-3)

དེའི་ངོར། : **tadanurodhena** 22b-6(66-9)

དེའི་དོན་དུ། : **tadartham** 20a-6(59-2)

དེའི་ཕྱིར། : **atas** 25b-3(75-3)

དེའི་ཕྱིར། : **iti** 19a-1(55-15)

དེའི་ཕྱིར། : **iti tasmāt** 25b-6(75-11)

དེའི་ཕྱིར། : **tat** 21b-4(63-8) ; 25b-5(75-9)

དེའི་ཕྱིར། : **tataś ca** 20a-2(58-8) ; 21a-1(61-5) ; 21b-6(64-1) ; 22b-1(65-7) ; 23b-4(69-6) ; 23b-7(70-1) ; 25a-5(74-3)

དེའི་ཕྱིར། : **tatas** 19b-1(57-8)

དེའི་ཕྱིར། : **tasmāt** 20a-3(58-10) ; 22a-4(64-12) ; 23b-3(69-5) ; 24a-6(71-3) ; 25b-2(75-2)

དེའི་ཚེ། : **tadā** 19a-3(56-1) ; 19a-5(56-6) ; 19a-5(57-1) ; 20b-1(59-8) ; 20b-1(59-9) ; 21a-2(61-8) ; 21b-5(63-9) ; 21b-6(64-2) ; 23b-3(69-5) ; 23b-4(69-6) ; 23b-6(69-11)

དེར། : **tatra** 22a-3(64-11) ; 22a-5(65-1) ; 24b-6(72-8)

དེས། : **tena** 20a-2(58-8) ; 20b-4(60-6) ; 25a-7(74-6)

དེས་ན། : **iti** 19a-3(56-2) ; 22a-7(65-7) ; 23b-7(69-14)

དེས་ན། : **tatas** 21a-3(61-10)

དེས་ན། : **tadā** 23a-4(68-1*)

དོན། : **artha** 19a-1(55-14) ; 20a-6(59-2) ; 23b-5(69-9) ; 24b-2^{2}(71-10^{2}) ; 25a-4(73-9) ; 25a-6(74-4) ; 25b-1(74-9) ; 25b-4(75-6~7) ; 25b-4(75-7) ; 25b-5(75-10) ; 25b-6(75-10)

དོན། : **padārtha** 25a-5(74-2)

དོན་གྱི་ཁྱད་པར་ལྟ་བ། : **arthaviśeṣadarśana** 22a-5(65-2*)

དོན་གྱི་ཁྱད་པར་ཡོངས་སུ་གཅོད་པ། : **arthaviśeṣapariccheda** 22a-7(65-6~7)

དོན་ཅན། : **artha** 25b-1(74-9)

དོན་རྟོགས་པ། : **arthādhigama** 19a-1(55-15) ; 25b-5(75-9)

དོན་མཐོང་། : **arthadṛṣṭi** 22a-5(65-3)

དོན་དང་དོན་སོ་སོ་ལ། : **artham arthaṃ prati** 24b-5(72-6)

དོན་དམ་པ། : **paramārtha** 19b-1(57-7) ; 19b-2(57-9) ; 23b-4(69-6)

དོན་དམ་པ་དང་ཀུན་རྫོབ་ཀྱི་བདེན་པ། : **saṃvṛtiparamārthasatya** 23b-1(69-1)

དོན་དུ། : **-artham** 20a-4(58-13)

དོན་མེད་པ། : **vaiyarthya** 19a-3(56-2)

དོན་མེད་པ། : **vyartha** 20a-6(59-3) ; 25a-7(74-8)

དོན་ཙམ་ལྟ་བ། : **arthamātradarśana** 22a-5(65-2)

དོན་ཙམ་ཡོངས་སུ་གཅོད་པ། : **arthamātraparicchitti** 22a-7(65-6)

དོན་གཞན། : **arthāntara** 23a-1(67-6)

དོན་ཡང་དག་པར་མ་བཟུང་བ། : **samyagarthānavadhāraṇa** 22b-1~2(65-10~11)

དོན་སོ་སོ། : **pratyartha** 25a-4(73-9)

དོན་སོ་སོ་བ། : **pratyartha** 24b-4(72-3)

དྲན་པ་ཉེ་བར་གཞག་པ། : **smṛtyupasthāna** 21b-4(63-7)

དྲི་ཞིམ། : **sugandhi** 24b-1(71-8)

དྲུག : **ṣaṭka** 24b-7(72-9) ; 24b-7(73-1)

གདགས་བྱ། : **upacaryamāṇa** 24a-4(70-9)

གདོན་མི་ཟ་བར། : **avaśyam** 23a-4(67-12) ; 23b-3(69-5)

བདག་གི་ངོ་བོ། : **ātmabhāva** 23b-1(68-8)

བདག་ཉིད་ཀྱི་རང་གི་ངོ་བོ་གཞན་དང་ཐུན་མོང་མ་ཡིན་པ། :

anyāsādhāraṇam ātmīyam ... svarūpam 20b-4~5(60-5)

བདག་ཉིད་ཅན། : **ātmaka** 19b-6(58-1)

བདག་ཉིད་ཇི་ལྟ་བུ། : **yathāsvam** 22a-6(65-4)

བདག་མེད། : **ātmā na saṃbhavati** 23a-2(67-8)

བདག་མེད་པ། : **anātman** 22b-1(65-9)

བདག་ལས། : **svatas** 18b-7(55-13)

བདག་... ལས། : **svatas** 19a-6(57-2)

བདག་ལས་མ་ཡིན། : **na svataḥ ... bhavanti** 19a-7(57-5)

བདེ། : **sukha** 24a-1(70-2)

བདེ་བ། : **sukha** 24a-2(70-4) ; 24a-2(70-5)

བདེ་བ་མ་ཡིན་པ། : **asukha** 24a-2(70-5)

བདེན་པ། : **satya** 23a-7(68-5) ; 23b-1(69-1) ; 23b-2(69-2)

འདས་པ། : **ati-** 25b-4(75-6)

འདི། : **ayam** 18b-6(55-11) ; 19a-2(55-17) ; 20a-6(59-3) ; 20b-4(60-4) ; 25a-5(74-1)

འདི། : **asya** 23a-2(67-9)

འདི། : **idam** 18b-7(55-12) ; 19a-7(57-4) ; 19a-7(57-5) ; 20b-6(60-8*) ; 22a-3(64-11) ;

22a-3(64-12)

འདི། : **iyam** 21b-3(63-6) ; 23a-4(68-1*)

འདི། : **etat** 19a-1(55-16) ; 19b-1(57-7) ; 21a-2(61-6) ; 23a-1(67-5) ; 23a-4(67-12) ; 23a-6(68-4) ; 23b-7(69-14) ; 24b-6(72-8) ; 25a-1(73-2) ; 25b-2(75-2)

འདི། : **eṣas** 20a-1(58-7)

འདི། : **eṣā** 23a-3(67-11*) ; 23a-7(68-6) ; 23b-1(68-8)

འདི། : **tat** 20b-3(60-2)

འདི། : **tad-** 25a-2(73-5)

འདི་ཉིད། : **eṣa eva** 20a-4(58-14)

འདི་ཉིད་ཀྱིས། : **etenaiva** 24b-1(71-8)

འདི་ཉིད་ལས། : **tata eva** 19a-2(55-17)

འདི་སྙམ་དུ་སེམས། : **evaṃ bhavati** 21a-5~6(62-5)

འདི་ལྟ་སྟེ་དཔེར་ན་... དེ་བཞིན་དུ། :

tad yathā 'pi nāma ... evam eva 21a-7~21b-1(62-8~63-1)

འདི་ལྟར། : **evam** 21b-1(63-2) ; 22a-2(64-10)

འདི་ལྟར། : **tathā hi** 24b-7(73-1)

འདི་ལྟར། : **yasmāt** 22a-5(65-2)

འདི་ལྟར་... དེའི་ཕྱིར། : **yasmāt ... tataś ca** 20a-1~2(58-7~8)

འདི་དག་ཐམས་ཅད། : **sarvam etat** 19a-6(57-2)

འདི་ན། : **iha** 19b-5(58-1)

འདི་ནི། : **tad idam** 23b-5(69-8)

འདི་ཡང་། : **etac ca** 22b-2(65-11*)

འདི་ཡང་། : **etad api** 20a-1(58-7) ; 20a-5(59-1) ; 22b-1(65-10)

འདི་ལ། : **asmin** 19b-4(57-14) ; 24b-2(71-11)

འདིར། : **atra** 18b-6(55-11) ; 24a-3(70-6)

འདིར། : **iha** 19a-4(56-5) ; 20b-4(60-5) ; 22a-6(65-5) ; 22b-5(66-7) ; 25a-2(73-4)

འདིས། : **anayā** 23a-6(68-5) ; 23a-7(68-7)

འདིས། : **anena** 20b-2(60-1) ; 21a-2(61-7)

འདིས། : **amunā** 23a-7(68-6)

འདུ་ཤེས། : **saṃjñā** 19b-4~5(57-13) ; 19b-5(57-14)

འདུས་བྱས་ཀྱི་མཚན་ཉིད་ཀྱི་རང་བཞིན། :

saṃskṛtalakṣaṇasvabhāva 24a-2(70-4~5)

འདོད། : **iṣyate** 18b-6(55-12)

མི་འདོད། : **neṣyate** 24a-7(71-4)

འདོད་ཆགས་ཅན། : **rāgin** 19b-3(57-12)

འདོད་ཆགས་དང་བྲལ་བ། : **vairāgya** 19b-5(57-14)

འདོད་ཆགས་དང་བྲལ་བར་བྱ་བ། : **vairāgya** 19b-4(57-13)

འདོད་པ། : **icchati**

མི་འདོད་པས། : **necchatīti** 23b-5(69-10)

འདོད་པ། : **iṣṭa** 25a-7(74-7~8)

འདོད་པ་ཙམ་ལ་རག་ལས་ཏེ་འཇུག་པ་ཉིད། :

icchāmātrapratibaddhapravṛttitā 23b-5(69-10*)

འདྲ། : **iva** 25b-5(75-7)

འདྲ་བ། : **sādṛśya** 25b-4(75-7)

འདྲེན་པར་བྱེད་པ། : **āvāhaka** 23b-1(68-8)

ལྡན་པ། : **samaṅgin** 25b-1(74-8)

ལྡན་པ་མ་ཡིན་ནམ། : **na viyujyeta** 23a-4(68-1)

བརྡ། : **saṃketa** 22b-4(66-6~7)

ན

ནམ་མཁའི་མེ་ཏོག : **khapuṣpa** 21b-6(64-2)

ནས་ཀྱི་མྱུ་གུ། : **yavāṅkura** 24b-6(72-7)

གནས་ཏེ། : **sthitvā** 23b-2(69-3)

གནས་པ། : **sthita** 25a-5(74-2)

གནས་པ་མེད་པ། : **avyavasthita** 23b-6(69-11)

གནས་པར་འགྱུར། : **tiṣṭhatu** 23b-1(68-8)

རྣམ་པ། : **ākāra** 19b-4(57-12) ; 25a-3(73-6)

རྣམ་པ་གཉིས། : **dvividha** 21a-1(61-5)

རྣམ་པ་ཐམས་ཅད་དུ། : **sarvathā** 21a-5(62-2) ; 22b-1(65-9) ; 25a-4(73-8)

རྣམ་པ་ཐམས་ཅད་དུ། : **sarvathāpi** 19b-6(58-1)

རྣམ་པ་དེ་ལྟ་བུ། : **evaṃvidha** 24a-1(70-3) ; 24a-3(70-6*)

རྣམ་པར་འཇོག་པ། : **vyavasthā** 23b-2(69-2)

རྣམ་པར་འཇོག་པ། : **vyavasthāpana** 25a-3(73-7)

རྣམ་པར་འཇོག་པ་ཡིན། : **vyavasthāpyate** 25b-5(75-9)

རྣམ་པར་འཇོག་པར་བྱེད་པར་འགྱུར། : **vyavasthāpyate** 23a-7(68-6)

རྣམ་པར་རྟོག་པ། : **vikalpaka** 25a-2(73-4~5)

རྣམ་པར་དཔྱད། : **vicāryamāṇa** 23a-2(67-8) ; 23a-3(67-10)

རྣམ་པར་དཔྱད་པ། : **vicāra** 24b-1(71-8)

རྣམ་པར་དཔྱད་པ། : **vicāryamāṇa** 23a-4~5(68-1~2)

རྣམ་པར་དཔྱོད་པ། : **vicāra** 23a-1(67-7)

རྣམ་པར་དབྱེ་བ། : **bheda** 24b-7(72-9)

རྣམ་པར་དབྱེ་བ། : **vibhāga** 22a-3(64-11)

རྣམ་པར་དབྱེ་བ་ཡོངས་སུ་ཤེས་པར་འགྱུར་བ། : **vibhāgaparijñāna** 22a-3(64-11)

རྣམ་པར་གཞག : **vyavasthāpyate** 25b-3(75-3)

རྣམ་པར་གཞག་པ་མཛད། : **vyavasthāpayāṃ babhūvuḥ** 23a-4(67-12)

རྣམ་པར་ཤེས། : **vijñāna** 22a-5(65-3)

རྣམ་པར་ཤེས་པ། : **jñāna** 25b-3(75-4)

རྣམ་པར་ཤེས་པ། : **vijñāna** 20b-5(60-7) ; 22a-6(65-5) ; 24b-4~5(72-4~5) ;
24b-5~6(72-6) ; 24b-6^2(72-8^2) ; 24b-7(72-9) ;
24b-7(73-1) ; 25a-1(73-2) ; 25a-1(73-3) ; 25b-2(75-1~2)

རྣམ་པར་ཤེས་པ་དྲུག : **vijñānaṣaṭka** 24b-7(72-9) ; 24b-7(73-1)

རྣམ་པར་ཤེས་པ་འབྱུང་བ། : **vijñānapravṛtti** 24b-4(72-4)

རྣམ་པར་ཤེས་པའི་གཙོ་བོར་གྱུར་པའི་བྱ་བ། :
vijñānasya pradhānakriyā 22a-7(65-6)

རྣམ་པར་ཤེས་པའི་ཡུལ་སོ་སོར་རྣམ་པར་རིག་པ། :
vijñānasya viṣayaprativijñaptiḥ 20b-4(60-6)

རྣམ་པར་ཤེས་པའི་རང་གི་མཚན་ཉིད། : **vijñānasvalakṣaṇa** 20b-6(61-1) ;
20b-7(61-4)

རྣམ་པར་ཤེས་པས་རྟོགས་པར་བྱ་བ། : **vijñānagamya** 20b-7(61-3)

རྣོན་པོ། : **taikṣṇya** 24a-4(70-9)

སྣང་བ་མེད་པ། : **adṛśyatā** 21b-3(63-4)

པ

དཔེ། : **nidarśana** 23a-1(67-5) ; 23a-1(67-6) ; 23a-3(67-9~10)

དཔེར་ན་... སྙམ་པ་ལྟ་བུའོ། : **iti yathā** 25b-5(75-7~8)

དཔེར་ན་... དེ་བཞིན་དུ། : **yathā ... evam** 22b-2(66-1~2)

དཔྱད་པ་ཞིབ་མོ། : **sūkṣmekṣikā** 23a-7(68-7)

སྤངས་ནས། : **tiraskāreṇa** 25a-5(74-2)

སྤོང་བར་འགྱུར། : **tiraskāraḥ ... syāt** 25a-5(74-3)

སྤྱིའི་མཚན་ཉིད། : **sāmānyalakṣaṇa** 20a-7(59-7) ; 21a-1(61-5~6) ; 23b-6(69-11) ; 25b-2(75-2~3)

སྤྱོད་པ། : **cārin** 22b-4*(66-5)

སྤྲུལ་པ། : **nirmita** 19b-4(57-13)

སྤྲོས་པ་མངའ་བ། : **prapañcasaṃbhava** 19b-2(57-8)

སྤྲོས་པས་ཆོག : **alaṃ prasaṅgena** 25b-6(75-12)

ཕ

ཕན་ཚུན་ལྟོས་པ་ཙམ་གྱིས། : **parasparāpekṣāmātratayā** 23a-4(67-11*)

ཕན་ཚུན་ལྟོས་པས། : **parasparāpekṣayā** 25b-5(75-10)

ཕན་ཚུན་རྣམ་པར་དབྱེ་བ་ཡོངས་སུ་ཤེས་པ། :

parasparavibhāgaparijñāna 22a-3(64-11)

ཕན་ཚུན་དབྱེ་བ། : **parasparabheda** 25a-2(73-3)

ཕལ་ཆེ། : **bahula** 20b-3(60-1)

ཕལ་པ། : **guṇa** 22a-6(65-4)

ཕུང་པོ། : **skandha** 23a-2(67-9)

ཕྱིན་ཅི་ལོག : **viparīta** 19b-6(58-2) ; 20a-3(58-10) ; 20a-5(58-15) ; 20a-6(59-2)

ཕྱིན་ཅི་ལོག : **vaiparītya** 20a-6(59-2)

ཕྱིན་ཅི་ལོག་གི་རྗེས་སུ་སོང་བ། : **viparyāsānugata** 19b-3(57-12)

ཕྱིན་ཅི་ལོག་ཙམ་གྱིས་བདག་གི་ངོ་བོ་ཡོད་པར་རྙེད་པ། :

viparyāsamātrāsāditātmabhāvasattāka 23b-1(68-8)

ཕྱིར། : **-artham** 19a-5(57-1) ; 19b-3(57-11) ; 19b-4(57-13) ; 20a-3(58-11)

ཕྱིར། : **iti kṛtvā** 24a-5(70-10)

ཕྱིར། : **-tvāt** 18b-7(55-14) ; 19a-5(56-7) ; 19b-7(58-5) ; 21b-5[2](63-10[2]) ;
21b-6(64-1) ; 21b-6(64-2) ; 21b-7(64-2) ; 21b-7(64-3) ; 22b-3(66-3) ;
23a-2(67-8) ; 24b-5(72-5) ; 24b-7(73-1) ; 25a-2(73-5) ; 25a-4[2](73-9[2])

ཕྱིར་ན། : **-tvāt** 25a-7(74-8)

ཕྱིར་བཟློག་པ། : **pratyavasthāna** 20a-2(58-9)

ཕྱོགས། : **pakṣa** 23b-2(69-3)

ཕྱོགས་གཅིག : **ekadeśa** 23b-2(69-3)

འཕགས་པ། : **ārya** 19b-1(57-6) ; 19b-1(57-7) ; 19b-1(57-8) ; 19b-2(57-9) ;
19b-2(57-10) ; 19b-6(58-1) ; 19b-6(58-3) ; 21a-5(62-4)

འཕགས་པ་མ་ཡིན་པའི་ཐ་སྙད་ཁས་བླངས་པ། :

anāryavyavahārābhyupagama 23b-6~7(69-13~14)

བ

བ་མེན། : **gavaya** 25b-5(75-7)

བ་ལང་། : **go** 25b-5(75-7)

བུ། : **putra**

རིགས་ཀྱི་བུ། : **kulaputra** 21b-3(63-6)

བུམ་པ། : **kumbha** 24a-6(71-1)

བུམ་པ། : **ghaṭa** 23b-6(69-13) ; 24a-1(70-3) ; 24a-3^{2}(70-6^{2}) ; 24a-4(70-8) ; 24a-5(70-10) ; 24a-7(71-4) ; 24a-7(71-5) ; 24b-1(71-6) ; 24b-1(71-7) ; 24b-2(71-11)

བུམ་པ་ཡོད་པ། : **vidyamānasya ghaṭasya** 19b-6(58-4)

བུམ་པའི་ཉེ་བར་ལེན་པ་སྔོན་པོ། : **ghaṭopādānanīla** 23b-7(70-1)

བོང་བུའི་རྭ། : **kharaviṣāṇa** 19a-5(56-7) ; 24a-4(70-9)

བོར་ནས། : **avadhūya** 20b-5(60-7)

བྱ་བ། : **kriyā** 22a-4(65-1) ; 22a-6(65-4) ; 22a-7(65-6) ; 22a-7(65-6) ; 22b-1(65-10)

བྱ་བ། : **vyāpāra** 22a-5(65-2)

བྱ་བ་དང་བྱེད་པ་པོ། : **kriyākaraṇa** 23b-5(69-9)

བྱ་བ་དང་བྱེད་པ་པོའི་འབྲེལ་བ། : **kriyākārakasaṃbandha** 23b-4(69-8) ; 23b-5(69-9)

བྱ་བ་ཕལ་པ། : **guṇakriyā** 22a-6(65-4)

བྱང་ཆུབ་སེམས་དཔའ། : **bodhisattva** 21b-3(63-6*)

བྱས་ཏེ། : **kṛtvā** 24a-1(70-2)

བྱས་ནས། : **kṛtvā** 20b-3(60-2) ; 24a-1(70-3) ; 24b-2(71-11)

བྱས་པ། : **kṛta** 20a-6(59-2)

བྱུང་། : **utpatti** 21a-5(62-5)

བྱེ་བྲག་ཏུ་འཆད་པར་བྱེད་ན། : **vyutpāde kriyamāṇe** 25a-5(74-2~3)

བྱེ་བྲག་ཏུ་འཆད་པར་བྱེད་པ། : **vyutpādayati** 24b-3(72-2)

བྱེ་བྲག་ཏུ་བཤད་པ། : **vyutpatti** 20b-5(60-7) ; 23b-4(69-8) ; 24b-4(72-3) ; 25a-4(74-1)

བྱེད། : **kriyamāṇa** 25a-5(74-2~3)

བྱེད་པ། : **karaṇa** 20b-3(60-3) ; 20b-3(60-4) ; 20b-6(61-1) ; 22a-4(64-14) ; 22a-4(65-1) ; 22a-6(65-5)

བྱེད་པ་ཉིད། : **karaṇatva** 22a-7(65-7)

བྱེད་པ་དང་ལྱུ་ཊ། : **kṛtyalyuṭ** 20b-2(60-1)

བྱེད་པ་པོ། : **karaṇa** 23b-5(69-9)

བྱེད་པ་པོ། : **kartṛ** 22a-4(64-14) ; 22b-1(65-9)

བྱེད་པ་པོ། : **kāraka** 23b-4(69-8) ; 23b-5(69-9)

བྱེད་པ་པོ་ཉིད། : **kartṛtva** 22a-5(65-1) ; 22a-7(65-7)

བྱེད་པ་པོ་མེད་ཀྱང་། : **kartāram antareṇāpi** 22b-1(65-9~10)

བྱེད་པ་པོ་མེད་པར། : **kartāram antareṇa** 22a-4(64-14)

བྱེད་པ་གཞན་ཞིག : **anyena karaṇena** 21a-2(61-8)

བྱེད་པ་ལ་སོགས་པ་ཉིད། : **karaṇāditva** 22a-6(65-5)

བྱེད་པའི་དངོས་པོ། : **karaṇabhāva** 20b-5(60-7~8) ; 20b-6(60-8~61-1)

བྱེད་པའི་དངོས་པོར་རྟོག : **karaṇabhāvaparikalpanā** 21a-2(61-8)

བྲལ་བ། : **apoḍha** 25a-2(73-4) ; 25a-7(74-6) ; 25b-2(75-1)

བྲལ་བ། : **vigama** 19b-5(57-14*)

བླུན་པ་ཉིད། : **jaḍatva** 25b-1(75-1)

བློ། : **buddhi** 22b-3(66-4)

བློ་སྐྱེས་པ། : **buddhyupajanana** 22b-4(66-5)

བློ་གྲོས་ཀྱི་མིག : **matinayana** 19b-5(58-2)

བློ་མཆོག་ལྡན་པ། : **uttamabuddhin** 24b-1(71-9)

དབང་གིས། : **anurodhena** 20a-7(59-7)

དབང་པོ། : **akṣa** 24b-2(71-11)

དབང་པོ། : **indriya** 25a-3(73-7)

དབང་པོ། : **sākṣāt** 24b-2(71-10)

དབང་པོ་དང་དབང་པོ་ལ། : **akṣam akṣam** 24b-5(72-6)

དབང་པོ་དང་དབང་པོ་སོ་སོ་ལ། : **akṣam akṣaṃ prati** 24b-3(72-1~2)

དབང་པོ་གཟུགས་ཅན་ལས་སྐྱེས་པ་ཞིག : **rūpīndriyaja** 25a-1(73-2)

དབང་པོ་ལས་འདས་པའི་དོན། : **atīndriyārtha** 25b-4(75-6~7)

དབང་པོའི་སྐད་ཅིག་གཅིག་གི་རྟེན་ཅན། : **ekendriyakṣaṇāśraya** 25a-6(74-4)

དབང་པོའི་རྣམ་པར་ཤེས་པ་ལྔ་པོ་རྣམས། :

pañcānām indriyavijñānānām 25b-1(74-9~75-1)

དབང་པོའི་ཡུལ་ཅན་མ་ཡིན་པ། : **indriyāviṣaya** 24b-4(72-2)

དབུ་མ་ལ་འཇུག་པ། : **madhyamakāvatāra** 21a-3(61-11) ; 22b-2(65-11)

དབེན་པ་ཉིད། : **vivekatā** 21b-3(63-6)

དབྱེ་བ། : **bheda** 25a-2(73-3)

འབད་པ། : **prayatna** 20a-6(59-2) ; 20a-6(59-3)

འབྱུང་བར་འགྱུར། : **utpadyate** 21a-6(62-5)

འབྱུང་བ། : **utpāda** 24a-1(70-2) ; 24a-2(70-4)

འབྱུང་བ། : **pravṛtti** 24b-4(72-4)

འབྱུང་བ། : **bhāvin** 22b-3(66-4)

འབྲས་བུ། : **kārya** 23b-7~24a-1(70-2)

འབྲས་བུ་དང་བཅས་པ། : **sāphalya** 20a-6(59-2~3)

འབྲས་བུ་ལ་རྒྱུ་བཏགས་པ་བྱས་ནས། : **kārye kāraṇopacāraṃ kṛtvā** 24a-1(70-3)

འབྲེལ་པ། : **saṃbandha** 22b-4(66-6)

འབྲེལ་པ་ཅན་གཞན་ལ་མ་ལྟོས་པ། : **saṃbandhyantaranirapekṣa** 19a-5(56-7)

འབྲེལ་པ་མེད་པ། : **asaṃbaddha** 24a-2(70-6)

འབྲེལ་བ། : **saṃbandha** 23b-4(69-8) ; 23b-5(69-9)

མ

མ། : **a-** 19a-3(56-2) ; 19a-4(56-5) ; 19a-5(56-6) ; 19b-5(58-1) ; 20a-7(59-5) ; 20b-7(61-4) ; 21a-4(62-2) ; 21a-5(62-4) ; 22b-7(67-4) ; 23a-1(67-6) ; 23a-2(67-7) ; 23b-6(69-13) ; 23b-7(69-14) ; 24a-6^{2}(71-3^{2}) ; 24b-2(71-10) ; 24b-2(71-11) ; 25a-4(73-9) ; 25b-2(75-3)

མ། : **an-** 19a-1(55-14) ; 19b-6(58-1) ; 22b-2(65-10) ; 25b-4*(75-7)

མ། : **na** 19a-7^{2}(57-5^{2}) ; 20b-2(60-1) ; 22a-4(64-14) ; 23a-5(68-3) ; 23b-1(69-1) ; 24b-7(72-9) ; 25a-3(73-5)

མ། : **nir-** 19a-5(56-7)

མ་ཁྱབ་པ། : **avyāpitā** 24a-6~7(71-3)

མ་ཁྱབ་པ་ཉིད། : **avyāpitā** 23b-7(69-14)

མ་གྲགས་པ། : **aprasiddha** 25a-4(73-9)

མ་གྲུབ། : **asiddhi** 21a-4(62-2)

མ་གྲུབ་པའི་ཕྱིར། : **asiddhes** 23a-1(67-6)

མ་...འགྱུར། : **na ... syāt** 24b-7(72-9)

མ་ངེས་པ། : **aniścita** 19a-3(56-2) ; 19a-4(56-5) ; 19a-5(56-6)

མ་གཏོགས། : **vyatirekeṇa** 24a-6(71-2)

མ་གཏོགས་པར། : **vinā** 22a-1(64-7)

མ་གཏོགས་པར། : **vyatirekeṇa** 24a-6(71-1)

མ་རྟོགས་པ། : **na ... -adhigamaḥ** 23b-1(69-1)

མ་ལྟོས་པ། : **nirapekṣa** 19a-5(56-7)

མ་བརྟགས་ནས་གྲུབ་པ། : **avicāraprasiddha** 22b-7(67-4)

མ་བརྟགས་པར། : **avicāratas** 23a-2(67-7)

མ་བསྟན་པར་འགྱུར། : **nopadarśitaḥ syāt** 24b-7(72-9)

མ་མཐོང་། : **na ... upalakṣyate** 25a-3(73-5~6)

མ་བསྡུས་པ། : **asaṃgraha** 23b-6(69-13) ; 24a-6(71-3)

མ་སྤངས་པ། : **aparihāra** 20a-7(59-5)

མ་དམིགས་པའི་བདག་ཉིད་ཅན། : **anupalabhyamānātmaka** 19b-6(58-1)

མ་བཟུང་བ། : **anavadhāraṇa** 22b-2(65-10~11)

མ་ཡིན། : **a-** 19b-4(57-12) ; 20b-2(59-10) ; 20b-2(59-11) ; 20b-7(61-4) ; 21a-2(61-7) ; 23a-1(67-5) ; 23a-6(68-4) ; 25b-3(75-4)

མ་ཡིན། : **an-** 20b-2(59-11)

མ་ཡིན། : **na** 19a-1(55-15) ; 19a-4(56-5) ; 19a-7(57-4) ; 19b-1(57-6) ; 19b-7(58-4) ; 19b-7(58-5) ; 19b-7(58-6) ; 20a-1(58-6) ; 20a-2(58-9) ; 20a-4(58-12) ; 20a-7(59-6) ; 20b-2(60-1) ; 21a-4(62-1) ; 21b-6(64-1) ; 22a-2(64-7) : 22a-3(64-10) ; 22a-4(64-14) ; 22a-5(65-1) ; 22a-7~22b-1(65-7) ; 22b-1(65-10) ; 22b-3(66-3) ; 22b-6(67-1) ; 23a-1(67-7) ; 23a-4(68-1) ; 23a-5(68-1) ; 23b-3(69-4) ; 24a-3(70-6) ; 24a-4*(70-9) ; 24a-6(71-2)

མ་ཡིན། : **na ... asti** 22a-4(64-14)

མ་ཡིན། : **na ... bhavanti** 19a-7^{2}(57-5^{2})

མ་ཡིན། : **nāsti** 22a-7(65-7) ; 23a-5(68-3)

མ་ཡིན། : **no** 25b-1(74-9)

མ་ཡིན། : **syān na** 20b-2(60-1)

མ་ཡིན་པ། : **a-** 18b-6(55-11) ; 18b-7(55-13) ; 19a-4(56-4) ; 20b-5(60-5) ; 21b-1(63-2) ; 21b-5^{2}(63-10^{2}) ; 23b-2(69-2) ; 23b-6(69-11*) ; 24a-2(70-5) ; 24a-3(70-7) ; 24b-4(72-2) ; 24b-6(72-7) ; 25a-2(73-5) ;

25b-1(74-9) ; 25b-3(75-4)

མ་ཡིན་པ། : **an-** 19b-1(57-8) ; 21b-1(63-2) ; 23b-7(69-13*)

མ་ཡིན་པ། : **na** 19a-5(56-6) ; 19a-6(57-2) ; 20b-1(59-9) ; 21a-5(62-2) ; 21b-2^{5}(63-3^{5}) ; 23a-5^{2}(68-3^{2}) ; 24a-6(71-1)

མ་ཡིན་པའི་ཕྱིར། : **abhāvāt** 20b-7(61-4)

མ་ཡིན་པར་འགྱུར། : **na** 21b-5(63-10)

མ་ཡིན་པས། : **na ... iti** 20a-6(59-3) ; 23a-6(68-3~4) ; 25b-2(75-1~2)

མ་ཡིན་པས། : **nāsti ... iti** 23a-5(68-3)

མ་རིག་པའི་རབ་རིབ་ཀྱིས་བློ་གྲོས་ཀྱི་མིག་ཉམས་པ། :

avidyātimiropahatamatinayana 19b-5(58-1~2)

མང་པོ། : **bahu** 25a-6(74-5)

མི། : **a-** 19a-3(56-2) ; 19b-3(57-11) ; 20a-1(58-7) ; 20a-5(59-1) ; 20b-3(60-2) ; 21a-4(62-2) ; 22b-3(66-3) ; 23a-1(67-7) ; 23a-5(68-2) ; 24b-1(71-6) ; 25b-4(75-6)

མི། : **an-** 21b-1(63-2) ; 21b-2(63-4)

མི། : **na** 18b-7(55-13) ; 19a-1(55-14) ; 19b-1(57-7) ; 19b-2(57-9) ; 19b-2(57-10) ; 19b-4(57-12) ; 20b-2(59-10) ; 20b-7(61-5) ; 21b-1(62-8) ; 21b-1^{2}(63-1^{2}) ; 21b-2(63-3) ; 21b-3(63-5) ; 22b-5(66-8) ; 22b-6(67-1) ; 23a-7(68-5) ; 23b-5(69-8) ; 23b-5(69-10) ; 23b-7(69-14) ; 24a-2(70-3) ; 24a-4(70-9) ; 24a-7(71-4) ; 24b-6(72-8) ; 25a-4(73-7) ; 25a-6(74-3*) ; 25a-6(74-4) ; 25a-6(74-5) ; 25b-2(75-2)

མི་མཁོ་བས། : **na ... upakarotīti** 25a-4(73-7~8)

མི་འཁྲུལ་བ། : **avyabhicārin** 25b-4(75-6)

མི་འགྱུར། : **a-... jāyate**

མཐོང་མི་འགྱུར། : **adṛṣṭaḥ ... jāyate** 24b-1(71-6)

མི་འགྱུར། : **na** 21b-5(63-10) ; 21b-7(64-4) ; 23a-4(68-1)

མི་འགྱུར། : **na syāt** 20b-7(61-5) ; 25a-6(74-3*) ; 25a-6(74-4) ; 25a-6(74-5)

མི་... འགྱུར། : **na** 24b-4(72-3)

མི་མངའ། : **nāsti** 19b-1(57-7)

མི་འཇུག་པ། : **apravṛtti** 23a-1(67-7)

མི་འདོད། : **neṣyate** 24a-7(71-4)

མི་འདོད་པས། : **necchatīti** 23b-5(69-10)

མི་འདྲ་བ་ཡིན། : **na ... tulyam** 24b-6(72-8)

མི་ནུས། : **na ... śakyate** 19a-1(55-14~15)

མི་ནུས། : **na ... śakyam** 21b-1(63-1~2)

མི་ནུས་པ། : **na śakyate** 21b-1(62-8~63-1) ; 21b-1(63-1)

མི་ནུས་པ། : **na ... śakyate** 21b-1(63-1)

མི་གནས་པ། : **anavasthānatā** 21b-1(63-2)

མི་གནས་པ། : **anavasthitatā** 21b-2(63-4)

མི་སྨྲ། : **na ... ācakṣmahe** 23a-7(68-5~6)

མི་གཙང་བ་ཉིད། : **aśucitā** 19b-3(57-11~12)

མི་མཚུངས་པ། : **atulya** 22b-3(66-3)

མི་རིགས། : **ayukta** 20a-1(58-7) ; 20a-5(59-1)

མི་རིགས། : **na ... nyāyyāḥ** 22b-6(67-1)

མི་རིགས། : **na yuktaḥ** 18b-7(55-13~14) ; 22b-5(66-8) ; 24a-4(70-9)

མི་རིགས། : **na ... yuktaḥ** 24a-2(70-3~4)

མི་རིགས། : **na yuktam** 23b-7(69-14) ; 25b-2(75-2)

མི་རིགས་པར་འགྱུར། : **na yuktā** 24b-4(72-3)

མི་སྲིད་པ་ནི་མ་ཡིན། : **na ca ... asaṃbhavaḥ** 23a-5(68-1~2)

མི་སྲིད་པའི་ཕྱིར། : **asaṃbhavāt** 19a-3(56-2) ; 20b-3(60-2) ; 21a-4(62-2)

མི་གསུང་། : **na ... varṇayanti** 19b-2(57-10)

མིག : **nayana** 19b-5(58-2)

མིག་གི་རྣམ་པར་ཤེས་པ། : **cakṣurvijñāna** 24b-5(72-5) ; 25a-6(74-4) ; 25a-7(74-8)

མིག་ལ་སོགས་པའི་རྣམ་པར་ཤེས་པ། : **cakṣurādivijñāna** 24b-7(72-9) ; 25a-1(73-3)

མིན། : **na** 22a-2(64-9)

མིན། : **na ... bhavanti** 19a-7^2(57-5^2)

མུ་སྟེགས་པ། : **tīrthika** 22b-5(66-9) ; 22b-6(67-1)

མེ། : **agni** 24b-3(72-1)

མེ། : **jvāla** 19b-7(58-5)

མེ་ཏོག : **puṣpa**

ནམ་མཁའི་མེ་ཏོག : **khapuṣpa** 21b-6(64-2)

མེད། : **a-** 19a-7(57-5) ; 20b-4(60-4) ; 22b-6(66-9)

མེད། : **an-** 18b-6(55-11) ; 19a-1(55-16*) ; 19a-2(55-16) ; 19a-2(55-17) ; 19a-3(56-1) ; 22a-1(64-6)

མེད། : **na** 22a-7(65-5)

མེད། : **na saṃbhavati** 23a-2(67-8)

མེད། : **nāsti** 19a-3(56-1) ; 20b-1(59-8) ; 20b-1(59-9) ; 21b-4 (63-8) ; 22a-4(64-13) ; 23a-3(67-9) ; 23a-3(67-10)

མེད་ཀྱང་། : **antareṇāpi** 22b-1(65-9~10)

མེད་ཀྱང་། : **asaṃbhave 'pi** 22b-2(66-2) ; 22b-3(66-3)

མེད་ན། : **abhāve** 21a-4(62-2) ; 25a-6(74-5)

མེད་ན། : **abhāve sati** 19a-1(55-15)

མེད་པ། : **a-** 18b-7(55-13) ; 19a-3(56-2) ; 19a-6(57-2*) ; 21b-2(63-3) ; 21b-2(63-4) ; 21b-3(63-4) ; 22a-1(64-5) ; 22a-2(64-10) ; 22a-3(64-10) ; 22a-4(64-12) ; 23b-6(69-11) ; 24a-2(70-6)

མེད་པ། : **an-** 20a-3(58-10) ; 22b-1(65-9)

མེད་པ། : **abhāva** 19a-5(56-7~57-1) ; 22a-1(64-6)

མེད་པ། : **nāsti** 19b-1(57-7) ; 22a-3(64-11)

མེད་པ། : **nir-** 20b-1(59-9) ; 21a-4(62-2) ; 21b-6(64-1) ; 21b-6(64-2) ; 23a-3(67-11)

མེད་པ། : **vi-** 20a-6(59-3) ; 25a-7(74-8)

མེད་པ། : **vai-** 19a-3(56-2)

མེད་པ་ཉིད། : **abhāva eva** 22a-4(64-12)

མེད་པ་ཡིན་ན། : **abhāve sati** 22a-3(64-11)

མེད་པའི་ཕྱིར། : **abhāvāt** 22b-1(65-9) ; 24a-4(70-8) ; 24a-4(70-9) ; 25a-6(74-4) ; 25a-7(74-7)

མེད་པའི་ཕྱིར། : **asaṃbhavāt** 21a-5(62-2)

མེད་པའི་ཕྱིར། : **nāstīti kṛtvā** 24a-5(70-10)

མེད་པར། : **antareṇa** 22a-4(64-14)

མེད་པར། : **vinā** 19a-1(55-14)

མེད་པས། : **abhāvāt** 19a-1(55-15) ; 21b-4(63-8) ; 23b-4(69-6)

མེད་པས། : **asaṃbhave sati** 22a-3(64-12) ; 22b-5(66-8)

མེད་པས། : **nāstīti** 23b-4(69-6) ; 24a-5(70-12)

མོད་ཀྱི། : **tu** 25a-5(74-1)

མོད་ཀྱི། དེ་ལྟ་ན་ཡང་། : **yady api ... tathāpi** 23a-3(67-10~11) ; 24b-5(72-5~6)

མོད་ཀྱི། འོན་ཀྱང་། : **api ca** 23a-2(67-8)

མྱུ་གུ། : **aṅkura** 19b-7(58-5) ; 24b-6(72-7)

མྱོང་བ། : **anubhava** 20b-4(60-6)

དམིགས། : **upalabdha** 24a-2(70-4)

དམིགས། : **upalabhyate** 19a-7(57-4)

དམིགས་པ། : **ālambana** 21a-6^{3}(62-6^{3}) ; 21a-7(62-7) ; 22b-4(66-4)

དམིགས་པ། : **upalabdha** 24a-3(70-7)

དམིགས་པ། : **upalambha** 23a-1(67-6)

དམིགས་པ་ཡོད་པ་ལས། : **ālambane sati** 21a-6(62-5)

དམིགས་པར་བྱ་བ། : **upalabhyamāna** 25b-2(75-3)

དམིགས་པར་མི་འགྱུར། : **nopalabhante** 19b-3~4(57-12)

སྨྲ། : **ācakṣmahe**

  མི་སྨྲ། : **na ... ācakṣmahe** 23a-7(68-5~6)

སྨྲ། : **brūmas** 23a-7(68-7)

སྨྲ། : **brūyāt** 24b-1(71-7)

སྨྲས། : **ukta** 19b-1(57-7) ; 20b-1(59-7)

སྨྲས་པ། : **ucyate** 25a-5(74-2)

སྨྲས་པར་འགྱུར། : **uktaṃ bhavati** 20b-6(60-8)

ཙ

ཙམ། : **mātra** 22a-5(65-2) ; 22a-7(65-6) ; 22b-4(66-4) ; 23a-4(67-11*) ; 23b-1(68-8) ; 23b-5(69-10) ; 25a-3(73-6)

ཙམ་ཞིག : **mātra** 23a-1(67-6) ; 25a-2(73-4)

གཙང་བའི་འདུ་ཤེས། : **śubhasaṃjñā** 19b-4~5(57-13) ; 19b-5(57-14)

གཙང་བའི་རྣམ་པ། : **śubhākāra** 19b-4(57-12)

གཙུག་ན་རིན་པོ་ཆེས་ཞུས་པ། : **ratnacūḍaparipṛcchā** 21a-5(62-4)

གཙོ་བོར་གྱུར་པའི་བྱ་བ། : **pradhānakriyā** 22a-6(65-4) ; 22a-6~7(65-6) ; 22a-7(65-6)

རྩ་བ། : **mūla**

དགེ་བའི་རྩ་བ། : **kuśalamūla** 23b-1(68-8~69-1)

རྩེ་མོ། : **agra**

སོར་མོའི་རྩེ་མོ། : **aṅgulyagra** 21b-1^{2}(63-1^{2})

རྩོམ་པ། : **ārambha** 19a-3(56-2)

རྩྭ་དང་སོག་མའི་མེ། : **tṛṇatuṣāgni** 24b-3(72-1)

བརྩམས་པ། : **ārambha** 20a-3(58-10~11) ; 20a-4(58-11)

ཚ

ཚད་མ། : **pramāṇa** 18b-6(55-12) ; 19a-1(55-14~15) ; 19a-1(55-15) ; 19a-6(57-1) ; 20a-7(59-4) ; 23b-7(70-1) ; 25a-3(73-7) ; 25a-7(74-8) ; 25b-6(75-11)

ཚད་མ་གཉིས། : **pramāṇadvaya** 20a-7*(59-7) ; 20b-1(59-8) ; 20b-1(59-9) ; 23b-4(69-7)

ཚད་མ་དག་ཡོད་ན། : **satsu pramāṇeṣu** 25b-5(75-10)

ཚད་མ་དང་གཞལ་བྱ། : **pramāṇaprameya** 25b-6(75-11)

ཚད་མ་དང་གཞལ་བྱའི་ཐ་སྙད། : **pramāṇaprameyavyavahāra** 23a-6~7(68-5) ; 25a-7(74-7*)

ཚད་མ་དང་གཞལ་བྱའི་ཐ་སྙད་འཇིག་རྟེན་པ། :

pramāṇaprameyavyavahāro laukikaḥ 20a-4(58-14)

ཚད་མ་མ་ཡིན་པ་ལས་སྐྱེས་པ། : **apramāṇaja** 18b-7(55-13)

ཚད་མ་མ་ཡིན་པ་ལས་སྐྱེས་པ་ཞིག : **apramāṇaja** 18b-6(55-11~12) ; 19a-4(56-4)

ཚད་མ་གཞན། : **pramāṇāntara** 22b-6(67-2)

ཚད་མ་གཞན་ཉིད། : **pramāṇāntaratva** 23b-6(69-12)

ཚད་མ་བཞི། : **pramāṇacatuṣṭaya** 25b-5(75-9)

ཚད་མ་ལ་རག་ལས་པ། : **pramāṇādhīna** 18b-7(55-14) ; 20a-6(59-4)

ཚད་མ་ལས་སྐྱེས་པ། : **pramāṇaja** 18b-6(55-12) ; 19a-4(56-4)

ཚད་མ་ལས་སྐྱེས་པ་ཞིག : **pramāṇaja** 18b-6(55-11)

ཚད་མའི་གྲངས་སུ་འཇུག་པ། : **pramāṇasaṃkhyāpravṛtti** 25a-3(73-6)

ཚད་མའི་མཚན་ཉིད། : **pramāṇalakṣaṇa** 25a-2(73-4)

ཚིག : **vacana** 25b-4(75-7)

ཚུལ། : **nyāya** 23a-7(68-6)

ཚུལ་བཞིན། : **yoniśas** 21b-1(63-2)

ཚོར་བ། : **vedanā** 23a-5(68-2)

ཚོར་བའི་མྱོང་བ། : **vedanāyā anubhavaḥ** 20b-4(60-6*)

མཚན་ཉིད། : **lakṣaṇa** 18b-6~7(55-12) ; 19a-6(57-1) ; 20a-7(59-5) ; 20b-1(59-7) ; 20b-1(59-9) ; 20b-2(59-11) ; 20b-2(60-1) ; 20b-3(60-2) ; 21a-4~5(62-2) ; 21b-4(63-9) ; 21b-5^{3}(63-10^{3}) ; 21b-5(64-1) ; 21b-6(64-2) ; 21b-6~7(64-2) ; 21b-7(64-3) ; 22a-1(64-5) ; 22a-1(64-7) ; 22a-3(64-11~12) ; 23a-3(67-11) ; 23b-3(69-5) ; 23b-6(69-11) ; 23b-7(69-14) ; 24a-2(70-4~5) ; 24a-6^{2}(71-3^{2}) ; 25a-2(73-4) ; 25b-1(74-9)

མཚན་ཉིད་ཀྱི་གཞི། : **lakṣya** 21b-6(64-2)

མཚན་ཉིད་ཀྱི་རང་གི་བདག་ཉིད། : **lakṣaṇasvātman** 21b-7(64-2~3)

མཚན་ཉིད་ཀྱི་རང་བཞིན། : **lakṣaṇasvabhāva** 21b-7(64-4)

མཚན་ཉིད་འཇུག་པ་མ་ཡིན། : **lakṣaṇāsaṃpravṛtti** 20b-2(59-10)

མཚན་ཉིད་གཉིས། : **lakṣaṇadvaya** 23b-4(69-6)

མཚན་ཉིད་ཕྱིན་ཅི་ལོག་བརྗོད་པ། : **viparītalakṣaṇābhidhāna** 20a-5(58-15~59-1)

མཚན་ཉིད་ཕྱིན་ཅི་ལོག་བརྗོད་པས་བྱས་པའི་མཚོན་བྱ་ཕྱིན་ཅི་ལོག :

viparītalakṣaṇapraṇayanakṛtaṃ lakṣyavaiparītyam 20a-6(59-2*)

མཚན་ཉིད་མ་ཡིན་པ། : **alakṣaṇa** 21b-5(63-10)

མཚན་ཉིད་ཡང་དག་པར། : **samyaglakṣaṇam** 20a-5(59-1)

མཚན་ཉིད་ལ་ལྟོས་པ་མེད་པ། : **lakṣaṇanirapekṣa** 21b-6(64-1) ; 21b-6(64-1~2)

མཚན་མེད་པ། : **alakṣaṇa** 22a-1(64-5)

མཚན་གཞི། : **lakṣya** 20b-1(59-8) ; 20b-1(59-9) ; 20b-2(59-10) ; 20b-2(59-11) ; 21a-4(62-2) ; 21b-4(63-9) ; 21b-5^{2}(63-10^{2}) ; 21b-5(64-1) ; 21b-6^{3}(64-1^{3}) ; 21b-7(64-3) ; 22a-1^{2}(64-5^{2}) ; 22a-3(64-12) ; 22b-5(66-9) ; 23a-3(67-10) ; 23a-3(67-11) ; 23b-3(69-5) ; 23b-4(69-6) ; 25b-2(75-2)

མཚན་གཞི་ཉིད། : **lakṣyatā** 21b-7(64-3)

མཚན་གཞི་དང་མཚན་ཉིད་འགྲུབ་པ། : **lakṣyalakṣaṇasiddhi** 22a-1(64-7)

མཚན་གཞི་མ་ཡིན་པ། : **alakṣya** 21b-5(63-10)

མཚན་གཞིའི་མཚན་གཞི་ཉིད། : **lakṣyasya lakṣyatā** 21b-7(64-3)

མཚན་གཞིའི་རང་གི་བདག་ཉིད། : **lakṣyasvātman** 21b-7(64-3)

མཚུངས་པ་ཉིད། : **samatva** 20a-2(58-8)

མཚོན་པར་བྱ་བ་ཉིད། : **lakṣyamāṇatva** 20b-3(60-2)

མཚོན་པར་བྱས་ན། : **yal lakṣyate** 21a-1(61-6)

མཚོན་པར་བྱས་ན། : **lakṣyate ... iti** 20b-3(60-2)

མཚོན་པར་བྱེད། : **lakṣyate** 21b-4(63-8)

མཚོན་པར་བྱེད་པ། : **lakṣyate** 20b-3(60-2) ; 21a-4(62-1)

མཚོན་པར་བྱེད་པས། : **lakṣyata iti kṛtvā** 20b-4(60-6~7)

མཚོན་པར་བྱེད་པས་ན། : **yal lakṣyate** 21a-2(61-7)

མཚོན་པར་བྱེད་པས་ནི། : **lakṣyate ... iti** 20b-2(60-1)

མཚོན་བྱ་ཕྱིན་ཅི་ལོག : **lakṣyavaiparītya** 20a-6(59-2)

ཛ

འཛིན་པ། : **grahaṇa** 21a-3(61-10)

བརྫུན་པ། : **mṛṣā** 20a-1(58-7)

ཞ

ཞན་པ། : **manda**

  གསལ་བ་དང་ཞན་པ། : **paṭumandatā** 24b-5(72-4)

ཞལ་གྱིས་བཞེས་ནས། : **abhyupetya** 19b-3(57-11)

ཞིབ་མོ། : **sūkṣma**

  དཔྱད་པ་ཞིབ་མོ། : **sūkṣmekṣikā** 23a-7(68-7)

ཞིབ་མོར་དཔྱད་པ། : **sūkṣmekṣikā** 23a-6(68-5)

ཞེ་ན། : **iti** 19a-3(56-3)

ཞེས། : **iti** 19b-7(58-4) ; 20a-1(58-6) ; 20a-2(58-9) ; 20a-4(58-12) ; 20b-2(59-11) ; 21a-1(61-6) ; 21a-2^{2}(61-7^{2}) ; 21a-5(62-5) ; 21b-4(63-7) ; 22a-1(64-6) ; 22a-3(64-12) ; 22a-5(65-4) ; 23a-7(68-6) ; 23a-7(69-1*) ; 24a-1(70-2) ; 24a-2(70-5) ; 24a-6(71-2) ; 24b-1(71-9) ; 24b-5(72-5) ; 24b-6(72-7) ; 24b-7(73-1)

ཞེས་བྱ། : **iti** 24b-1(71-7)

ཞེས་བྱ་བ། : **iti** 18b-7(55-13) ; 19a-1(55-16) ; 19a-2(55-17) ; 20b-6(61-1) ; 21a-4(62-1) ; 23b-6(69-13) ; 24a-3(70-6) ; 24b-6(72-8) ; 25a-6(74-3)

ཞེས་བྱ་བ། : **nāma** 19a-4(56-4) ; 24a-3(70-6)

ཞེས་བྱ་བ་ལ། : **iti** 22b-2(66-1)

ཞེས་བྱ་བ་ལ་སོགས་པ། : **ityādi** 19b-4(57-14)

ཞེས་བྱ་བའི། : **iti** 19a-2(55-16) ; 19a-2(55-17) ; 19a-7(57-5) ; 22b-1(65-9) ; 25b-1(74-9*)

ཞེས་བྱ་བར། : **iti** 19a-6(57-2) ; 19b-7(58-5) ; 19b-7~20a-1(58-6) ; 21a-1(61-6) ; 22b-5(66-7) ; 24a-1(70-3)

ཞེས་བྱ་བས། : **iti** 20b-3(60-1) ; 24b-3(72-2)

ཞེས་བྱས་ནས། : **iti kṛtvā** 24b-2(71-11)

གཞན། : **antara** 19a-5(56-7) ; 20b-6(60-8) ; 21a-4(62-1) ; 22b-3(66-4) ; 22b-4(66-5) ; 22b-4(66-6*) ; 22b-6(67-2) ; 23a-1(67-6) ; 23b-2(69-3*) ; 23b-2(69-3~4) ; 23b-6(69-12)

གཞན། : **anya** 21a-6(62-5~6) ; 21a-6^{2}(62-6^{2}) ; 21a-7(62-6) ; 22a-2(64-7)

གཞན་ཁོང་དུ་ཆུད་པར་བྱེད་པ། : **parapratyāyana** 19a-3(56-2)

གཞན་གྱི་དབང་། : **paratantra** 25a-3(73-6)

གཞན་ཉིད། : **anyatva** 22a-1(64-7)

གཞན་རྟོགས་པར་བྱ་བ། : **parāvabodha** 19b-3(57-11)

གཞན་དང་ཐུན་མོང་མ་ཡིན་པ། : **anyāsādhāraṇa** 20b-5(60-5)

གཞན་དུ་གྱུར་པ། : **parabhūta** 19b-7(58-5)

གཞན་ན། : **anyac cet** 22a-1(64-5)

གཞན་པ། : **apara** 20b-1(59-8)

གཞན་པ། : nānā- 22a-2(64-8)

གཞན་... མ་ཡིན་པ། : nānyā 21b-2(63-3~4)

གཞན་ཞིག : antara 21a-2(61-8)

གཞན་ཞིག : anya 21a-2(61-8)

གཞན་ཡང་། : api ca 20a-6(59-4) ; 21a-4(62-1) ; 22a-4(64-14) ; 22b-7(67-3) ; 24a-4(70-10) ; 24b-1~2(71-10)

གཞན་ཡང་། : kiṃ ca 20a-7(59-7) ; 21b-4(63-9) ; 23b-6(69-13)

གཞན་... ལས། : paratas 18b-7(55-13) ; 19a-6(57-2)

གཞན་ལས་... མ་ཡིན་པ། : nānyataḥ 21b-2(63-3)

གཞན་ལས་མིན། : nāpi parataḥ ... bhavanti 19a-7(57-5)

གཞལ་བྱ། : prameya 20a-4(58-14) ; 20b-1(59-8) ; 21a-1[2](61-5[2]) ; 21a-1(61-6) ; 23a-6(68-5) ; 25a-7(74-7) ; 25b-6(75-11)

གཞལ་བྱ་ཉིད། : prameyatva 20b-7(61-4)

གཞལ་བྱ་གཉིས། : prameyadvaya 23b-6(69-11)

གཞལ་བྱ་རྟོགས་པ། : prameyādhigama 18b-7(55-14) ; 20a-6(59-4)

གཞལ་བྱ་མ་ཡིན། : aprameya 21a-2(61-7)

གཞལ་བྱའི་ཁོངས་སུ་འདུ་བ། : prameyāntarbhāva 21a-3(61-11)

གཞལ་བྱའི་དོན། : prameyārtha 25b-5(75-10)

གཞལ་བྱའི་དོན་དག་ཡོད་ན། : satsu prameyeṣv artheṣu 25b-5~6(75-10)

གཞལ་བྱའི་རྣམ་པའི་རྗེས་སུ་བྱེད་པ། : prameyākārānukāritā 25a-3(73-6)

གཞལ་བྱའི་གཞན་གྱི་དབང་། : prameyaparatantra 25a-3(73-6)

གཞི་གདགས་བྱ། : upacaryamāṇasyāśrayasya 24a-4(70-9)

གཞུང་ལུགས། : samaya 22b-6(67-1)

བཞི། : **catuṣṭaya** 25b-5(75-9)

བཞིན། : **iva** 22a-4(65-1)

བཞིན། : **-vat** 19a-5(56-7) ; 20a-2(58-8) ; 21b-6(64-2) ; 21b-7(64-3)

བཞིན་དུ། : **-vat** 21b-5(63-10) ; 21b-7(64-3) ; 23a-5(68-3*) ; 23b-3(69-5) ; 24b-3(72-1)

ཟ

ཟླ་བ་གཉིས། : **dvicandra** 20a-2(58-8) ; 25b-3(75-4)

ཟློག་པར་བྱེད། : **vinivartayat** 23b-2~3(69-4)

ཟློག་པར་བྱེད་པ་ཡིན། : **nivartayāmi** 23b-3(69-4)

ཟློས་པའི་དོན། : **vīpsārtha** 25a-6(74-4)

གཟིགས་པ། : **-vid** 24a-7(71-4)

གཟུགས། : **rūpa** 23a-2(67-8) ; 23a-5(68-2) ; 24a-6(71-1) ; 24a-6(71-2)

གཟུགས་ཀྱི་རྣམ་པར་ཤེས་པ། : **rūpavijñāna** 24b-6(72-8)

གཟུགས་ཅན། : **rūpin** 25a-1(73-2)

གཟུགས་མཐོང་ཚེ་ན། : **rūpe dṛṣṭe** 24a-7~24b-1(71-6)

འ

འོ་ན་ཅི་ཞེ་ན། : **kiṃ tarhi** 20b-2(60-1) ; 22a-7(65-6) ; 23a-5(68-2)

འོ་ན་ནི། : **tarhi** 20a-5(58-15)

འོན་ཀྱང་། : **kiṃ tu** 19b-2(57-10) ; 23a-7(68-6)

འོན་ཏེ། : **atha** 20b-1(59-8) ; 21a-6(62-6)

འོན་ཏེ། : **āhosvit** 25a-1(73-2)

འོན་ཏེ། : **uta** 18b-6(55-11)

འོན་ཏེ་... ན་ནི། : **atha** 18b-7(55-13) ; 20b-1(59-8) ; 21a-7(62-7) ; 23b-4(69-6)

ཡ

ཡང་ཇི་ལྟར་... དེ་ཁོ་ན་ལྟར། : **yathā ca ... tathaiva** 19a-2(55-17)

ཡང་ཇི་ལྟར་... དེ་བཞིན་དུ། : **yathā ca ... evam** 19b-7~20a-1(58-5~6)

ཡང་དག་པ། : **samyak** 20a-5(59-1) ; 22b-1~2(65-10)

ཡང་དག་པ་མ་ཡིན། : **abhūta** 19b-4(57-12)

ཡང་དག་པའི་ངེས་པ། : **samyagniścaya** 19a-1(55-15)

ཡང་དག་པའི་མཚན་ཉིད་གསལ་བར་བྱེད་པ་ཉིད། :

samyaglakṣaṇadyotakatva 20a-7(59-5)

ཡང་དག་པར་རྗེས་སུ་མ་མཐོང་བ། : **asamanupaśyat** 21a-5(62-4)

ཡན་ལག་གི་ངོ་བོར་གྱུར་པ། : **aṅgabhāvopagamana** 22a-6(65-5*)

ཡན་ལག་ཏུ་གྱུར་པ། : **aṅgabhūta** 22b-7(67-4) ; 24a-4~5(70-10)

ཡིད་ཀྱི་རྣམ་པར་ཤེས་པ། : **manovijñāna** 24b-7(72-9) ; 25a-1(73-3)

ཡིད་ཆེས་པར་གྱུར་པ། : **āpta** 25b-4(75-7)

ཡིད་ལས་བྱུང་བ་ཞིག : **mānasa** 25a-1(73-2)

ཡིན། : **asti** 20b-7(61-3)

ཡིན། : **sat** 22a-3(64-11)

ཡིན། : **satī** 21a-3(61-10)

ཡིན་པའི་ཕྱིར། : **-tvāt** 20a-2^{2}(58-8^{2}) ; 20b-3(60-3) ; 20b-3~4(60-4) ; 21a-1(61-5) ; 23b-7(70-1) ; 24a-2^{2}(70-5^{2}) ; 24b-2(71-10) ; 24b-3(72-1) ; 24b-4(72-3*)

ཡིན་པའི་ཕྱིར་ན། : **-tvāt** 25b-2(75-3)

ཡིན་པས། : **iti** 23a-2~3(67-9) ; 24a-3(70-6)

ཡིན་ཡང་། : **saṃbhave 'pi** 25a-2(73-3)

ཡིན་ལ་རག : **astu** 25b-6(75-12)

ཡུལ། : **viṣaya** 18b-7(55-13) ; 19a-6(57-2) ; 24a-1(70-4) ; 24a-3(70-6) ; 24b-6(72-8) ; 25a-1(73-3) ; 25a-4(73-8) ; 25b-4(75-6)

ཡུལ་གྱི་ཡུལ་ཅན། : **viṣayaviṣaya** 24b-4(72-2*)

ཡུལ་ཅན། : **viṣaya** 24b-4(72-2*) ; 25b-3(75-4) ; 25b-4(75-6)

ཡུལ་ཅན་མ་ཡིན་པ། : **aviṣaya** 23b-6(69-11*) ; 24b-4(72-2)

ཡུལ་གཅིག : **ekaviṣaya** 24b-7(72-9~73-1)

ཡུལ་ཡོངས་སུ་གཅོད་པའི་བྱེད་པ་པོ། :

viṣayasya paricchede ... kartā 22a-4(64-14)

ཡུལ་སོ་སོ་བ། : **prativiṣaya** 24b-4(72-3)

ཡུལ་སོ་སོར་རྣམ་པར་རིག་པ། : **viṣayaprativijñapti** 20b-4(60-6)

ཡོངས་སུ་གཅད་པར་བྱ་བ། : **paricchedya** 23b-7(70-1)

ཡོངས་སུ་གཅོད་པ། : **paricchitti** 22a-7(65-6)

ཡོངས་སུ་གཅོད་པ། : **pariccheda** 22a-3(64-12) ; 22a-4(64-14) ; 22a-7(65-7)

ཡོངས་སུ་གཅོད་པར་བྱེད། : **paricchidyante** 20a-7(59-4)

ཡོངས་སུ་གཅོད་པར་བྱེད་པ། : **paricchedaka** 24b-3(71-11~72-1)

ཡོངས་སུ་ཉོན་མོངས་པར་འགྱུར། : **parikliśyante** 19b-4(57-12)

ཡོངས་སུ་རྟོག་པར་བྱེད། : **parikalpayiṣyāmas** 19a-6(57-1)

ཡོངས་སུ་ཤེས་པ། : **parijñāna** 22a-3(64-11)

ཡོངས་སུ་ཤེས་པར་འགྱུར་བ། : **parijñāna** 22a-3(64-11)

ཡོད། : **asti** 20b-1^{2}(59-8^{2}) ; 21a-3(61-10) ; 25a-5(74-1)

ཡོད། : **vidyate** 22a-2(64-9)

ཡོད། : **sat** 25b-5(75-10) ; 25b-6(75-10)

ཡོད་དུ་ཟིན། : **vidyamāṇa** 19b-3(57-11)

ཡོད་ན་ནི། : **saṃbhave sati** 19a-4(56-5)

ཡོད་པ། : **asti** 22b-2(66-2)

ཡོད་པ། : **vidyamāna** 19b-6(58-4) ; 19b-7(58-4)

ཡོད་པ། : **sat** 21a-6(62-5)

ཡོད་པ། : **sattāka** 23b-1(68-8) ; 25a-3(73-7)

ཡོད་པ་ཉིད། : **astitva** 23a-2(67-9)

ཡོད་པ་ཉིད། : **vidyata eva** 22b-1(65-10)

ཡོད་པ་ནི་མ་ཡིན། : **na tv asti** 19a-4(56-5)

ཡོད་པ་མ་ཡིན། : **asat** 23a-6(68-4)

ཡོད་པ་མ་ཡིན། : **nāsti** 19a-7(57-4) ; 19b-7(58-5) ; 19b-7(58-6) ; 20a-1(58-6) ; 20a-4(58-12) ; 20a-7(59-6) ; 22b-1(65-10)

ཡོད་པ་མ་ཡིན། : **no** 25b-6(75-11)

ཡོད་པ་མ་ཡིན་པ། : **na vidyate** 24a-6(71-1)

ཡོད་པ་མ་ཡིན་པ། : **nāsti** 19a-5(56-6)

ཡོད་པ་མ་ཡིན་པ་ཉིད། : **nāstitva** 23a-5(68-3)

ཡོད་པ་མ་ཡིན་པས། : **nāsti saṃbhava iti** 23a-5(68-3)

ཡོད་པ་མ་ཡིན་པས། : **nāstīti** 20b-1(59-9) ; 21a-5(62-2~3)

ཡོད་པ་འམ་མེད་པ། : **asti vā nāsti vā** 19b-1(57-7)

ཡོད་པ་ཡང་མ་ཡིན། : **na ca ... asti** 22a-2(64-7)

ཡོད་པ་ཡང་མ་ཡིན། : **na ca ... asti ... saṃbhavaḥ** 22a-4(64-14~65-1)

ཡོད་པ་ཡིན། : **asti** 21a-3(61-10)

ཡོད་པ་ཡིན། : **santi** 19a-2(55-17) ; 19a-3(56-2)

ཡོད་པའི་ཕྱིར། : **astitvāt** 23a-2(67-8)

ཡོད་པའི་ཕྱིར། : **vidyamānatvāt** 19b-7(58-4~5)

ཡོད་པའི་ཕྱིར། : **sadbhāvāt** 22b-7~23a-1(67-4, 5)

ཡོད་པར་ག་ལ་འགྱུར། : **kutaḥ ... syāt** 19a-5(56-6~7)

ཡོད་པར་འགྱུར། : **syāt** 19a-4(56-4) ; 20a-6(59-2)

ཡོད་པར་འགྱུར་དགོས་པས། : **bhavitavyam iti** 20b-6(61-1)

ཡོད་པར་འགྱུར་བ་ཞིག : **syāt** 19a-4(56-5)

ཡོད་པར་བྱ་དགོས། : **bhavitavya** 21a-2(61-8)

ཡོད་པས། : **astīti** 20b-1(59-8)

ཡོད་མ་ཡིན། : **asaṃbhava** 20b-2(59-11)

ཡོད་མ་ཡིན། : **na vidyate** 24a-6(71-2)

ཡོད་མིན། : **na vidyate** 22a-2(64-9)

ར

རག་ལས། : **pratibaddha** 23b-5(69-10)

རག་ལས་པ། : **adhīna** 18b-7(55-14) ; 20a-6(59-4) ; 24b-4(72-4)

རང་གི་ངོ་བོ། : **svarūpa** 20b-4~5(60-5) ; 25a-3(73-7)

རང་གི་ངོ་བོ་ཡོད་པར་རྙེད་པ། : **samāsāditātmabhāvasattāka** 25a-3(73-7)

རང་གི་བདག་ཉིད། : **svātman** 21b-7^{2}(64-3^{2})

རང་གི་མཚན་ཉིད། : **svalakṣaṇa** 20b-5(60-5) ; 20b-5(60-8) ; 20b-6(61-1) ; 20b-7(61-4) ; 20b-7~21a-1(61-5) ; 21a-1(61-5) ; 21a-1(61-6) ; 21a-3(61-11) ; 22b-2(66-2~3) ;

22b-3(66-2) ; 25b-2(75-2)

རང་གི་མཚན་ཉིད། : **svalakṣaṇatā** 21b-3(63-5)

རང་གི་མཚན་ཉིད་ཀྱི་ཁོངས་སུ་འདུ་བ། : **svalakṣaṇāntarbhāva** 20b-4(60-4)

རང་གི་མཚན་ཉིད་གཞན། : **svalakṣaṇāntara** 20b-6(60-8) ; 21a-4(62-1)

རང་གི་མཚན་ཉིད་ལས་ཐ་དད་པ་མ་ཡིན། : **svalakṣaṇāvyatirikta** 20b-7(61-4)

རང་གི་མཚན་ཉིད་ལས་ཐ་དད་པར། : **svalakṣaṇavyatirekeṇa** 21a-4(62-2)

རང་གི་གཞུང་ལུགས། : **svasamaya** 22b-6(67-1)

རང་ཉིད་ཀྱིས། : **svayam** 19a-3(56-2)

རང་དང་སྤྱིའི་མཚན་ཉིད་ཀྱི་ཡུལ་ཅན་མ་ཡིན་པ། :

svasāmānyalakṣaṇāviṣaya 23b-6(69-11*)

རང་དང་སྤྱིའི་མཚན་ཉིད་གཉིས་ཀྱི་དབང་གིས། :

svasāmānyalakṣaṇadvayānurodhena 20a-7(59-7)

རང་བཞིན། : **rūpa** 19a-7(57-4) ; 20b-7(61-5)

རང་བཞིན། : **svabhāva** 21b-7(64-4) ; 24a-2(70-5)

རང་བཞིན་ཕྱིན་ཅི་ལོག : **viparītaṃ svabhāvam** 19b-5~6(58-2)

རང་བཞིན་ཕྱིན་ཅི་ལོག་ལྷག་པར་སྒྲོ་བཏགས་པའི་གཉེན་པོར། :

viparītasvarūpādhyāropapratipakṣeṇa 20a-3(58-10)

རང་རིག་པ། : **svasaṃvitti** 21a-3^2(61-10^2) ; 21a-3(61-11) ; 21a-4(62-1) ;
21a-5(62-3) ; 21b-4(63-8)

རང་ལ་གྲུབ་པའི་འཐད་པའི་སྒོ་ནས། :

svaprasiddhayā ... upapattyā 19a-7~19b-1(57-6)

རབ་ཏུ་གྲགས་པ། : **prasiddha** 25a-4(73-9)

རབ་ཏུ་གྲགས་པ། : **prasiddhi** 23a-7(68-6)

རབ་ཏུ་གྲགས་པ་དང་རྗེས་སུ་འབྲེལ་བ། : **prasiddhyanugata** 20b-5(60-7*)

རབ་ཏུ་གྲགས་པའི་སྒྲ། : **prasiddhaśabda** 25a-5(74-3)

རབ་ཏུ་གྲགས་པའི་འཐད་པ། : **prasiddhopapatti** 19b-3(57-10)

རབ་ཏུ་བྱེད་པ་དང་པོ་བརྩམས་པ། :

prathamaprakaraṇārambha 20a-3(58-10~11)

རབ་ཏུ་བྱེད་པ་ལྷག་མ་བརྩམས་པ། : **śeṣaprakaraṇārambha** 20a-3~4(58-11)

རབ་ཏུ་སྦྱོར་བ། : **prayukta** 21b-1(63-2)

རབ་ཏུ་ཞུགས་པ། : **pravṛtta** 23b-5(69-9)

རབ་ཏུ་ཤེས། : **prajānāti** 21b-3(63-6)

རབ་རིབ། : **timira** 19b-5(58-1)

རབ་རིབ་ཅན། : **taimirika** 20a-2(58-8) ; 25b-3(75-4)

རབ་རིབ་ཅན་མ་ཡིན་པའི་ཤེས་པ། : **ataimirikajñāna** 25b-3(75-4)

རལ་གྲིའི་སོ། : **asidhārā** 21a-7^{2}(62-8^{2})

རིག : **-vid** 25b-4(75-7)

རིག་པ། : **-vid** 24b-1(71-7)

རིགས། : **nyāyya** 25a-4(73-8)

རིགས། : **yukta** 22b-5(66-7) ; 24a-3(70-6)

རིགས་ཀྱི་བུ། : **kulaputra** 21b-3(63-6)

རིགས་པ། : **upapatti** 19b-1(57-7)

རིགས་པ་དང་འགལ་བ། : **yuktividhura** 22b-6(67-1)

རིགས་པ་མ་ཡིན། : **ayukta** 23a-1(67-5)

རིགས་པ་མ་ཡིན། : **na yuktam** 19a-1(55-15~16) ; 20a-2(58-9) ; 22a-5(65-1~2)

རིགས་པ་མ་ཡིན། : **na yujyate** 21a-4(62-1)

རིགས་པ་མ་ཡིན་པ་ལས། : **anyāyatas** 23b-2(69-2)

རིང་པོ་དང་ཐུང་བ་ཉིད། : **hrasvadīrghatā** 19a-5(56-7)

རེ་བ། : **kāṅkṣā** 22b-5(66-7)

རེ་བ་དང་བཅས་པ། : **sākāṅkṣa** 22b-4(66-5) ; 25a-1(73-1)

རེ་ཞིག : **tāvāt** 19a-5(56-6) ; 20a-3(58-10) ; 21a-6(62-6) ; 21b-5(63-9)

རེ་རེ་ལ། : **ekaikasya** 25a-6(74-4)

རེག་པར་མི་ནུས་པ། : **na śakyate ... spraṣṭum** 21b-1(63-1)

རོ་ཅོག་མ་ལུས་པ། : **niravaśeṣa** 20a-4(58-12)

རྭ། : **viṣāṇa**

    བོང་བུའི་རྭ། : **kharaviṣāṇa** 19a-5(56-7) ; 24a-4(70-9)

རླུང་། : **vāyu** 24a-6(71-2)

བརླག་པར་བྱས་པ། : **nāśita** 20a-5(58-15)

ལ

ལ་ལར། : **kvacit** 23b-1(69-2)

ལ་སོགས་པ། : **-ādi-** 22a-6(65-5) ; 22b-3(66-4) ; 22b-5(66-8) ; 23a-5(68-3*) ; 24a-1(70-3) ; 24a-6(71-2)

ལ་སོགས་པ། : **-ādikam** 20b-7(61-3) ; 23b-5(69-9) ; 24a-5(70-11~12)

ལ་སོགས་པ། : **-ādikas** 20a-4(58-12)

ལ་སོགས་པ། : **-ādikasya** 23b-6(69-13) ; 24a-6(71-3)

ལ་སོགས་པ། : **-ādinā** 20a-7(59-5)

ལ་སོགས་པ། : **-ādīnām** 23b-6(69-11) ; 24a-7(71-4)

ལ་སོགས་པ། : **-ādes** 22b-6(67-2) ; 24a-5(70-12)

ལ་སོགས་པ་དག། : **-ādayas** 23b-7(70-1)

ལ་སོགས་པ་དག། : **-ādīnām** 23a-5(68-2) ; 25b-3(75-4)

ལ་སོགས་པ་དག་ལ། : **-ādīnām** 23a-3(67-10)

ལ་སོགས་པ་དག་ལས། : **-ādibhyas** 19b-6~7(58-4)

ལ་སོགས་པ་... དག་ལས། : **-ādibhyas** 19b-7(58-5) ; 20a-1(58-6)

ལ་སོགས་པ་རྣམས། : **-ādīnām** 22a-4(65-1) ; 22a-6(65-5) ; 23a-5(68-2) ; 24a-7(71-4) ; 24a-7(71-5)

ལ་སོགས་པ་... རྣམས། : **-ādīnām** 24b-2(71-11)

ལ་སོགས་པ་ལ། : **-ādi-** 25b-3(75-4)

ལ་སོགས་པ་ལས། : **-ādi-** 22b-5(66-7) ; 23a-2(67-8) ; 23a-3(67-10) ; 24a-3(70-8) ; 24a-5(70-10) ; 24a-5(70-11)

ལ་སོགས་པའི། : **-ādi-** 22b-1(65-10) ; 24b-7(72-9) ; 24b-7(73-1) ; 25a-1(73-3)

ལ་སོགས་པའི། : **-ādikasya** 24a-6(71-3)

ལ་སོགས་པར། : **-ādi-** 20b-6(61-3) ; 22b-7(67-3)

ལ་སོགས་པས། : **-ādinā** 19b-4(57-14) ; 24b-6(72-8~9)

ལག་པ། : **pāṇi** 22b-3(66-4)

ལས། : **karmatva** 20b-7(61-4)

ལས། : **karman** 20b-3(60-3) ; 20b-6(61-1) ; 20b-7(61-3) ; 25b-4(75-7)

ལས་ཀྱི་རང་བཞིན་གྱི་རང་གི་མཚན་ཉིད། :

karmarūpasya ... svalakṣaṇasya 20b-7~21a-1(61-5)

ལས་ཉིད། : **karmatā** 20b-5(60-8) ; 21a-3(61-10)

ལས་ལ་ལྱུ་ཊ་བྱས་ནས། : **karmaṇi lyuṭaṃ kṛtvā** 20b-3(60-1~2)

ལས་སུ་སྒྲུབ་པ། : **karmasādhana** 20b-5(60-7) ; 21a-2(61-7)

ལྱུ་ཊ། : **lyuṭ** 20b-2(60-1)

ལུང་། : **āgama** 23b-6(69-11) ; 25b-1(74-9) ; 25b-1(75-1) ; 25b-4(75-7)

ལུང་གི་དོན་ཡང་དག་པར་མ་བཟུང་བའི་ཕྱིར། :

āgamasya samyagarthānavadhāraṇāt 22b-1~2(65-10~11)

ལུང་ལས་ན། : **āgamāt** 22b-1(65-9)

ལུས། : **kāya** 19b-4(57-14)

ལུས། : **śarīra** 19b-3(57-11) ; 22b-2²(66-1²) ; 22b-3(66-3) ; 22b-3(66-4) ;
22b-4(66-5) ; 23a-1(67-6)

ལུས་ཀྱི་སྐྱོན། : **kāyadoṣa** 19b-5(57-13)

ལུས་ཀྱི་རྟེན་ཅན། : **saśarīropādāna** 22b-7(67-3)

ལོགས་ཤིག་ཏུ། : **pṛthak** 24a-3(70-7)

ལྱྱུ་ཊ། : **lyuṭ** 20b-3(60-2)

ཤ

ཤིན་ཏུ་དཀའ། : **atikaṣṭa** 23b-5(69-8~9)

ཤེས། : **jānāti** 21b-3(63-5) ; 25b-1(74-8~9)

ཤེས་པ། : **jñāna** 20b-3(60-4) ; 21a-4(62-1) ; 22a-4(64-14) ; 22a-7(65-6) ;
22a-7(65-7) ; 24b-3(72-1) ; 24b-3(72-2) ; 25a-7(74-6) ; 25b-3(75-4) ;
25b-4(75-6)

ཤེས་པ། : **pratyaya** 25a-1(73-1~2)

ཤེས་པ་དང་རྣམ་པར་ཤེས་པ་གཉིས་ལ། : **jñānavijñānayos** 22a-6(65-5)

ཤེས་པ་གཞན་ཞིག : **jñānāntara** 21a-2(61-8)

བཤད། : **ukta** 22a-1(64-4) ; 24a-6(70-12) ; 24b-1(71-5)

བཤད་པ། : **vihita** 20a-7(59-5)

བཤད་པར་འདོད་པའི་ཕྱིར་ན། : **vyākhyātum iṣṭatvāt** 25a-7(74-7~8)

བཤད་པར་བྱ། : **vyākhyāsyāmas** 25b-6(75-12)

བཤད་པར་བྱ་སྟེ། : **ucyate** 20b-4(60-4~5) ; 21a-3(61-11) ; 23a-7(68-7) ; 25a-4(74-1)

ས།

ས། : **pṛthivī** 20b-6(61-3) ; 22b-2(66-3) ; 22b-5(66-7~8) ; 23a-3(67-10) ; 24a-5(70-11)

ས་བོན། : **bīja** 20a-1(58-6)

སངས་རྒྱས། : **buddha** 24a-1(70-2)

སའི་རང་གི་མཚན་ཉིད། : **pṛthivyāḥ svalakṣaṇam** 22b-3(66-2)

སའི་སྲ་བ། : **pṛthivyāḥ kāṭhinyam** 20b-4(60-5~6)

སུ་ཞིག : **kas** 24b-1(71-7)

སུས། : **kena** 19b-1(57-7)

སེམས། : **citta** 21a-5(62-4) ; 21a-6(62-5) ; 21a-6^{3}(62-6^{3}) ; 21a-7^{3}(62-7^{3}) ; 21a-7^{2}(62-8^{2}) ; 21b-1(63-1) ; 21b-1^{2}(63-2^{2}) ; 21b-3(63-6) ; 22a-5(65-1) ; 22a-7(65-7)

སེམས། : **manyase** 21a-3(61-10)

སེམས་ཀྱི་འཁྲི་ཤིང་། : **cittalatā** 21b-2(63-4)

སེམས་ཀྱི་རྒྱུ་བ་མེད་པ། : **cittāpracāratā** 21b-2(63-4)

སེམས་ཀྱི་རྒྱུད། : **cittadhārā** 21b-2(63-4)

སེམས་ཀྱི་རྒྱུན། : **cittadhārā** 21a-5(62-4)

སེམས་ཀྱི་ཆོས་ཉིད། : **cittadharmatā** 21b-2(63-4)

སེམས་ཀྱི་རྗེས་སུ་ལྟ་བ། : **cittānupaśyanā** 21b-4(63-6~7)

སེམས་ཀྱི་བྱ་བ། : **cittasya vyāpāraḥ** 22a-5(65-2)

སེམས་ཀྱི་མི་གནས་པ། : **cittānavasthitatā** 21b-2(63-4)

སེམས་ཀྱི་རང་གི་མཚན་ཉིད། : **cittasvalakṣaṇatā** 21b-3(63-5)

སེམས་... གཉིས་སུ་འགྱུར། : **dvicittatā bhaviṣyati** 21a-7(62-7)

སེམས་སྣང་བ་མེད་པ། : **cittādṛśyatā** 21b-3(63-4)

སེམས་... དབེན་པ་ཉིད། : **cittavivekatā** 21b-3(63-5~6)

སེམས་ལས་བྱུང་། : **caitasa** 22a-5(65-3)

སེམས་ལས་བྱུང་བ། : **caitasa** 22a-5(65-2)

སེལ་བར་བྱེད། : **upahanti** 22b-5(66-7*)

སོ་སོ། : **prati** 24b-3(72-2) ; 24b-5(72-6)

སོ་སོ་བ། : **prati-** 24b-4^{2}(72-3^{2})

སོ་སོའི་སྐྱེ་བོ། : **pṛthagjana** 19b-5(58-3)

སོ་སོར་དགག་པར་བྱ་བ་ཡིན། : **pratiṣedhayitavyāni** 24b-1(71-9)

སོ་སོར་རྣམ་པར་རིག་པ། : **prativijñapti** 20b-4(60-6)

སོག་མ། : **tuṣa** 24b-3(72-1)

སོགས། : **-ādi-** 24a-6(71-1)

སོར་མོའི་རྩེ་མོ། : **aṅgulyagra** 21b-1^{2}(63-1^{2})

སོལ་བ། : **aṅgāra** 19b-7(58-5)

སྲ་བ། : **kāṭhinya** 20b-4(60-6) ; 20b-7(61-3) ; 22b-5(66-7) ; 23a-3(67-10)

སློབ་དཔོན། : **ācārya** 23a-3(67-12)

གསལ་བ་དང་ཞན་པ། : **paṭumandatā** 24b-5(72-4)

གསལ་བར། : **viṣpaṣṭam** 22a-1(64-6)

གསལ་བར་བྱེད་པ་ཉིད། : **dyotakatva** 20a-7(59-5)

གསུང་། : **varṇayanti**

མི་གསུང་། : **na ... varṇayanti** 19b-2(57-10)

གསུང་བར་མི་མཛད། : **na varṇayanti** 19b-2(57-9)

གསུངས། : **ukta** 21b-4(62-4)

གསོག་པ། : **upacaya** 23b-1(69-1)

བསལ་བ། : **nirākaraṇa** 23b-2(69-3)

བསལ་བར་འདོད་པ། : **nirācikīrṣā** 22b-4(66-6)

བསལ་བར་བྱ་བ། : **apākaraṇa** 20a-3(58-11)

ཧ

ལྷ། : **deva** 19b-4(57-13)

ལྷག་པར་སྒྲོ་བཏགས་ནས། : **adhyāropya** 19b-6(58-2)

ལྷག་པར་སྒྲོ་བཏགས་པ། : **adhyāropa** 20a-3(58-10)

ལྷག་མ། : **śeṣa** 20a-3~4(58-11)

ལྷན་ཅིག : **saha** 24b-7(72-9)

ལྷན་ཅིག་ཏུ། : **saha** 25b-3(75-4)

ལྷན་ཅིག་སྤྱོད་པ། : **sahacārin** 22b-4*(66-5)

ལྷན་ཅིག་འབྱུང་བ། : **sahabhāvin** 22b-3(66-4)

ཨ

ཨེ་མ་ཀྱི་ཧུད། : **aho bata** 23b-5(69-10)

Sanskrit-Tibetan Index

A

a- : མ། 56-2(19a-3) ; 56-5(19a-4) ; 56-6(19a-5) ; 58-1(19b-5) ; 59-5(20a-7) ; 61-4(20b-7) ; 62-2(21a-4) ; 62-4(21a-5) ; 67-4(22b-7) ; 67-6(23a-1) ; 67-7(23a-2) ; 69-13(23b-6) ; 69-14(23b-7) ; 71-3^{2}(24a-6^{2}) ; 71-10(24b-2) ; 71-11(24b-2) ; 73-9(25a-4) ; 75-3(25b-2)

a- : མ་ཡིན། 57-12(19b-4) ; 59-10(20b-2) ; 59-11(20b-2) ; 61-4(20b-7) ; 61-7(21a-2) ; 67-5(23a-1) ; 68-4(23a-6) ; 75-4(25b-3)

a- : མ་ཡིན་པ། 55-11(18b-6) ; 55-13(18b-7) ; 56-4(19a-4) ; 60-5(20b-5) ; 63-2(21b-1) ; 63-10^{2}(21b-5^{2}) ; 69-2(23b-2) ; 69-11*(23b-6) ; 70-5(24a-2) ; 70-7(24a-3) ; 72-2(24b-4) ; 72-7(24b-6) ; 73-5(25a-2) ; 74-9(25b-1) ; 75-4(25b-3)

a- : མི། 56-2(19a-3) ; 57-11(19b-3) ; 58-7(20a-1) ; 59-1(20a-5) ; 60-2(20b-3) ; 62-2(21a-4) ; 66-3(22b-3) ; 67-7(23a-1) ; 68-2(23a-5) ; 71-6(24b-1) ; 75-6(25b-4)

a- : མེད། 57-5(19a-7) ; 60-4(20b-4) ; 66-9(22b-6)

a- : མེད་པ། 55-13(18b-7) ; 56-2(19a-3) ; 57-2*(19a-6) ; 63-3(21b-2) ; 63-4(21b-2) ; 63-4(21b-3) ; 64-5(22a-1) ; 64-10(22a-2) ; 64-10(22a-3) ; 64-12(22a-4) ; 69-11(23b-6) ; 70-6(24a-2)

akṣa : དབང་པོ། 71-11(24b-2)

akṣam akṣaṃ prati : དབང་པོ་དང་དབང་པོ་སོ་སོ་ལ། 72-1~2(24b-3)

akṣam akṣam : དབང་པོ་དང་དབང་པོ་ལ། 72-6(24b-5)

agni : མེ། 72-1(24b-3)

agra : རྩེ་མོ།

aṅgulyagra : སོར་མོའི་རྩེ་མོ། 63-1^{2}(21b-1^{2})

aṅkura : མྱུ་གུ། 58-5(19b-7)

yavāṅkura : ནས་ཀྱི་མྱུ་གུ། 72-7(24b-6)

aṅgabhāvopagamana : ཡན་ལག་གི་ངོ་བོར་གྱུར་པ། 65-5*(22a-6)

aṅgabhūta : ཡན་ལག་ཏུ་གྱུར་པ། 67-4(22b-7) ; 70-10(24a-4~5)

aṅgāra : སོལ་བ། 58-5(19b-7)

aṅgīkriyate : ཁས་ལེན་པར་... བྱེད།

nāṅgīkriyate : ཁས་ལེན་པར་མི་བྱེད། 69-8(23b-4~5)

aṅgulyagra : སོར་མོའི་རྩེ་མོ། 63-1^{2}(21b-1^{2})

atas : དེའི་ཕྱིར། 75-3(25b-3)

atikaṣṭa : ཤིན་ཏུ་དཀའ། 69-8~9(23b-5)

atitarām : ཆེས་ཤིན་ཏུ། 58-2(19b-6*)

atīndriyārtha : དབང་པོ་ལས་འདས་པའི་དོན། 75-6~7(25b-4)

atulya : མི་མཚུངས་པ། 66-3(22b-3)

ataimirikajñāna : རབ་རིབ་ཅན་མ་ཡིན་པའི་ཤེས་པ། 75-4(25b-3)

atra : འདིར། 55-11(18b-6) ; 70-6(24a-3)

atha : ཅི་སྟེ་... ན། 65-1(22a-5)

atha : ཅི་སྟེ་... ན་ནི། 56-1(19a-2~3) ; 61-7(21a-2) ; 64-2(21b-6)

atha : ཅི་སྟེ་... ཞེ་ན། 69-8(23b-4~5)

atha : འོན་ཏེ། 59-8(20b-1) ; 62-6(21a-6)

atha : འོན་ཏེ་... ན་ནི། 55-13(18b-7) ; 59-8(20b-1) ; 62-7(21a-7) ; 69-6(23b-4)

atha ... iti cet : ཅི་སྟེ་... ཞེ་ན། 64-10(22a-2)

atha manyase ... iti : ཅི་སྟེ་... སྙམ་དུ་སེམས་ན། 61-10~11(21a-3) atha syāt : ཅི་སྟེ་... སྙམ་ན། 70-1(23b-7~24a-1) ; 72-4(24b-4~6)

atha syāt : ཅི་སྟེ་ཡང་... སྙམ་ན། 60-1(20b-2~3)

atha syāt ... iti : ཅི་སྟེ་... སྙམ་ན། 58-14~15(20a-4~5) ; 60-4(20b-3~4) ; 61-3~4(20b-6~7) ; 65-9~10(22b-1) ; 68-5~6(23a-6~7) ; 72-4~7(24b-4~6)

athāpi syāt ... iti : ཅི་སྟེ་ཡང་... སྙམ་ན། 58-7(20a-1) ; 66-1~3(22b-2~3)

adas

amunā : འདིས། 68-6(23a-7)

aduṣṭa : སྐྱོན་མེད། 66-9(22b-6)

adṛśyatā : སྣང་བ་མེད་པ། 63-4(21b-3)

adṛṣṭa

adṛṣṭaḥ ... jāyate : མཐོང་མི་འགྱུར། 71-6(24b-1)

adoṣa : ཉེས་པ་... མེད།

ayam adoṣaḥ : ཉེས་པ་འདི་མེད། 60-4(20b-4)

adhigantum : རྟོགས་པར།

na ... adhigantuṃ śakyate : རྟོགས་པར་མི་ནུས། 55-14~15(19a-1)

adhigama : རྟོགས་པ། 55-14(18b-7) ; 55-15(19a-1) ; 59-4(20a-6) ; 75-7(25b-4) ; 75-9(25b-5)

na ...-adhigamaḥ : མ་རྟོགས་པ། 69-1(23b-1)

adhīna : རག་ལས་པ། 55-14(18b-7) ; 59-4(20a-6) ; 72-4(24b-4)

adhyāropa : ལྷག་པར་སྒྲོ་བཏགས་པ། 58-10(20a-3)

adhyāropita : སྒྲོ་བཏགས་པ། 58-11(20a-3)

adhyāropya : སྒྲོ་བཏགས་ནས། 57-12(19b-4)

adhyāropya : ལྷག་པར་སྒྲོ་བཏགས་ནས། 58-2(19b-6)

an- : མ། 55-14(19a-1) ; 58-1(19b-6) ; 65-10(22b-2) ; 75-7(25b-4*)

an- : མ་ཡིན། 59-11(20b-2)

an- : མ་ཡིན་པ། 57-8(19b-1) ; 63-2(21b-1) ; 69-13*(23b-7)

an- : མི། 63-2(21b-1) ; 63-4(21b-2)

an- : མེད། 55-11(18b-6) ; 55-16*(19a-1) ; 55-16(19a-2) ; 55-17(19a-2) ; 56-1(19a-3) ; 64-6(22a-1)

an- : མེད་པ། 58-10(20a-3) ; 65-9(22b-1)

anadhigata : རྟོགས་པར་མ་གྱུར་པ།

anadhigataḥ ... arthaḥ : རྟོགས་པར་མ་གྱུར་པའི་དོན། 55-14(19a-1)

ananubhūtārthādhigama : ཉམས་སུ་མ་མྱོང་བའི་དོན་རྟོགས་པ། 75-7(25b-4*)

ananyatva : ཐ་དད་མེད།

ananyatve : ཐ་དད་མེད་ན། 64-6(22a-1)

anavadhāraṇa : མ་བཟུང་བ། 65-10~11(22b-2)

anavasthādoṣa : ཐུག་པ་མེད་པའི་སྐྱོན། 61-8~9(21a-3)

anavasthānatā : མི་གནས་པ། 63-2(21b-1)

anavasthitatā : མི་གནས་པ། 63-4(21b-2)

anātman : བདག་མེད་པ།

anātmānaḥ sarvadharmāḥ : ཆོས་ཐམས་ཅད་བདག་མེད་པ། 65-9(22b-1)

anāryavyavahārābhyupagama :

འཕགས་པ་མ་ཡིན་པའི་ཐ་སྙད་ཁས་བླངས་པ། 69-13~14(23b-6~7)

aniścita : མ་ངེས་པ། 56-2(19a-3) ; 56-5(19a-4) ; 56-6(19a-5)

anukāritā : རྗེས་སུ་བྱེད་པ། 73-6(25a-3)

anugata : རྗེས་སུ་འབྲེལ་བ། 60-7(20b-5)

anugata : རྗེས་སུ་སོང་བ། 57-12(19b-3)

anuccheda : ཆད་པ་མ་ཡིན་པ། 63-2(21b-1)

anutpanna : སྐྱེ་བ་མེད། 55-11(18b-6) ; 55-16*(19a-1) ; 55-16(19a-2) ; 55-17(19a-2) ; 56-1(19a-3)

anutpanna : སྐྱེ་བ་མེད་པ། 58-10(20a-3)

anupapatti : འཐད་པ་མ་ཡིན། 59-11(20b-2)

anupapatti : འཐད་པ་མ་ཡིན་པ། 57-8(19b-1)

anupalabhyamānātmaka : མ་དམིགས་པའི་བདག་ཉིད་ཅན། 58-1(19b-6)

anupaśyanā : རྗེས་སུ་ལྟ་བ། 63-6~7(21b-4)

anubhava : ཉམས་སུ་མྱོང་བ། 58-7[2](20a-1[2]) ; 58-8[3](20a-2[3])

anubhava : མྱོང་བ། 60-6(20b-4)

anumāna : རྗེས་སུ་དཔག་པ། 75-6(25b-4)

anurodha : ངོ་།

    anurodhena : ངོར། 66-9(22b-6)

anurodha : དབང་།

    anurodhena : དབང་གིས། 59-7(20a-7)

anuvarṇana : བརྗོད་པ། 58-15(20a-5)

anuvarṇita : བརྗོད་པ་ཡིན། 58-14~15(20a-5)

anuvidhāna : རྗེས་སུ་བྱེད་པ། 72-4(24b-5)

anuvidhāyin : རྗེས་སུ་བྱེད་པ། 66-7(22b-4)

anekaduṣkaraśatahetu : དཀའ་བ་བརྒྱ་ཕྲག་དུ་མའི་རྒྱུ་ཅན། 70-5(24a-2)

antara : ཐ་དད་པ། 60-3(20b-3)

antara : གཞན། 56-7(19a-5) ; 60-8(20b-6) ; 62-1(21a-4) ; 66-4(22b-3) ; 66-5(22b-4) ;

66-6*(22b-4) ; 67-2(22b-6) ; 67-6(23a-1) ; 69-3*(23b-2) ;
69-3~4(23b-2) ; 69-12(23b-6)

antara : གཞན་ཞིག 61-8(21a-2)

antara

antareṇa : མེད་པར། 64-14(22a-4)

antareṇāpi : མེད་ཀྱང་། 65-9~10(22b-1)

antarbhāva : ཡོངས་སུ་འདུ་བ། 60-4(20b-4) ; 61-11(21a-3)

anya : གཞན། 62-5~6(21a-6) ; 62-6^2(21a-6^2) ; 62-6(21a-7) ; 64-7(22a-2)

anyac cet : གཞན་ན། 64-5(22a-1)

nānyā : གཞན་... མ་ཡིན་པ། 63-3~4(21b-2)

anya : གཞན་ཞིག

anyena karaṇena : བྱེད་པ་གཞན་ཞིག 61-8(21a-2)

anyatas : གཞན་ལས།

nānyataḥ : གཞན་ལས་... མ་ཡིན་པ། 63-3(21b-2)

anyatva : གཞན་ཉིད། 64-7(22a-1)

anyathā hi : དེ་ལྟ་མ་ཡིན་ན། 67-12(23a-4)

anyāyatas : རིགས་པ་མ་ཡིན་པ་ལས། 69-2(23b-2)

anyāsādhāraṇa : གཞན་དང་ཐུན་མོང་མ་ཡིན་པ།

anyāsādhāraṇam ātmīyam ... svarūpam :

བདག་ཉིད་ཀྱི་རང་གི་ངོ་བོ་གཞན་དང་ཐུན་མོང་མ་ཡིན་པ། 60-5(20b-4~5)

apara : གཞན་པ། 59-8(20b-1)

aparihāra : མ་སྤངས་པ། 59-5(20a-7)

aparokṣa : ལྐོག་ཏུ་མ་གྱུར་པ། 71-11(24b-2) ; 75-3(25b-2)

aparokṣārtha : ལྐོག་ཏུ་མ་གྱུར་པའི་དོན། 71-10(24b-2)

apākaraṇa : བསལ་བར་བྱ་བ། 58-11(20a-3)

api ca : མོད་ཀྱི། འོན་ཀྱང་། 67-8(23a-2)

api ca : གཞན་ཡང་། 59-4(20a-6) ; 62-1(21a-4) ; 64-14(22a-4) ; 67-3(22b-7) ; 70-10(24a-4) ; 71-10(24b-1~2)

apekṣa : ལྟོས། 56-5(19a-4)

apekṣā : ལྟོས།

  apekṣayā : ལྟོས་ནས། 71-4(24a-7) ; 75-4(25b-3) ; 75-4~5(25b-3)

apekṣā : ལྟོས་པ། 67-11(23a-4) ; 75-10(25b-5)

apoḍha : བྲལ་བ། 73-4(25a-2) ; 74-6(25a-7) ; 75-1(25b-2)

apracāratā : རྒྱུ་བ་མེད་པ། 21b-2(63-4)

apratiṣiddha : བཀག་པ་མེད་པ། 56-2(19a-3)

apratyakṣa : མངོན་སུམ་མ་ཡིན་པ། 70-7(24a-3)

apratyakṣatva : མངོན་སུམ་ཉིད་མ་ཡིན། 75-4(25b-3)

apramāṇaja : ཚད་མ་མ་ཡིན་པ་ལས་སྐྱེས་པ། 55-13(18b-7)

apramāṇaja : ཚད་མ་མ་ཡིན་པ་ལས་སྐྱེས་པ་ཞིག 55-11~12(18b-6) ; 56-4(19a-4)

aprameya : གཞལ་བྱ་མ་ཡིན། 61-7(21a-2)

apravṛtti : མི་འཇུག་པ། 67-7(23a-1)

aprasiddha : མ་གྲགས་པ། 73-9(25a-4)

aprastuta : སྐབས་མ་ཡིན་པ། 74-9(25b-1)

abhāva : མ་ཡིན་པ།

  abhāvāt : མ་ཡིན་པའི་ཕྱིར། 61-4(20b-7)

abhāva : མེད།

abhāve : མེད་ན། 62-2(21a-4) ; 74-5(25a-6)

abhāve sati : མེད་ན། 55-15(19a-1)

abhāva : མེད་པ། 56-7~57-1(19a-5) ; 64-6(22a-1)

abhāva eva : མེད་པ་ཉིད། 64-12(22a-4)

abhāvāt : མེད་པའི་ཕྱིར། 65-9(22b-1) ; 70-8(24a-4) ; 70-9(24a-4) ; 74-4(25a-6) ; 74-7(25a-7)

abhāvāt : མེད་པས། 55-15(19a-1) ; 63-8(21b-4) ; 69-6(23b-4)

abhāve sati : མེད་པ་ཡིན་ན། 64-11(22a-3)

abhidhāna : བརྗོད་པ། 58-15~59-1(20a-5) ; 66-9(22b-6) ; 58-15~59-1(20a-5) ; 74-9(25b-1)

abhinna : ཐ་མི་དད་པ། 64-2(21b-6)

abhimata : མངོན་པར་འདོད་པ། 73-5(25a-2)

abhimukha : མངོན་དུ་ཕྱོགས་པ།

abhimukho ’rthaḥ : མངོན་དུ་ཕྱོགས་པའི་དོན། 71-10(24b-2)

abhūta : ཡང་དག་པ་མ་ཡིན། 57-12(19b-4)

abheda : ཐ་མི་དད་པ།

abhedena : ཐ་མི་དད་པར། 63-9(21b-4)

abhyupagacchati : ཁས་ལེན། 60-7(20b-5)

abhyupagantavya : ཁས་བླང་བར་བྱ་བ། 71-4~5(24a-7)

abhyupagantum : ཁས་བླངས་པར། 67-1(22b-6)

abhyupagama : ཁས་བླངས་པ། 65-4(22a-5) ; 66-9(22b-6) ; 67-2(22b-6~7) ; 69-14(23b-7) ; 74-6(25a-7)

abhyupagame sati : ཁས་བླངས་པས། 73-4(25a-2)

abhyupeta : ཁས་བླངས་པ། 58-4(19b-7) ; 58-6(20a-1)

abhyupetya : ཞལ་གྱིས་བཞེས་ནས། 57-11(19b-3)

abhyupeya : ཁས་བླང་བར་བྱ། 67-12(23a-4)

ayukta : མི་རིགས། 58-7(20a-1) ; 59-1(20a-5)

ayukta : རིགས་པ་མ་ཡིན། 67-5(23a-1)

artha : དོན། 55-14(19a-1) ; 59-2(20a-6) ; 65-10(22b-1) ; 71-10(24b-2) ; 74-9(25b-1) ; 75-7(25b-4)

- **atīndriyārtha** : དབང་པོ་ལས་འདས་པའི་དོན། 75-6~7(25b-4)
- **aparokṣārtha** : ལྐོག་ཏུ་མ་གྱུར་པའི་དོན། 71-10(24b-2)
- **artham arthaṃ prati** : དོན་དང་དོན་སོ་སོ་ལ། 72-6(24b-5)
- **pratyartha** : དོན་སོ་སོ། 73-9(25a-4)
- **pratyartha** : དོན་སོ་སོ་བ། 72-3(24b-4)
- **prameyārtha** : གཞལ་བྱའི་དོན། 75-10(25b-5)
- **vivakṣite 'rthe** : བརྗོད་པར་འདོད་པའི་དོན་ལ། 73-9(25a-4)
- **vīpsārtha** : ཟློས་པའི་དོན། 74-4(25a-6)
- **śabdārtha** : སྒྲའི་དོན། 69-9(23b-5)
- **satsu prameyeṣv artheṣu** : གཞལ་བྱའི་དོན་དག་ཡོད་ན། 75-10(25b-5~6)

artha : དོན་ཅན། 74-9(25b-1)

arthadṛṣṭi : དོན་མཐོང་། 65-3(22a-5)

artham : དོན་དུ། 58-13(20a-4)

artham : ཕྱིར། 57-1(19a-5) ; 57-11(19b-3) ; 57-13(19b-4) ; 58-11(20a-3)

arthamātradarśana : དོན་ཙམ་ལྟ་བ། 65-2(22a-5)

arthamātraparicchitti : དོན་ཙམ་ཡོངས་སུ་གཅོད་པ། 65-6(22a-7)

arthaviśeṣadarśana : དོན་གྱི་ཁྱད་པར་ལྟ་བ། 65-2*(22a-5)

arthaviśeṣaparicchedа : དོན་གྱི་ཁྱད་པར་ཡོངས་སུ་གཅོད་པ། 65-6~7(22a-7)

arthādhigama : དོན་རྟོགས་པ། 55-15(19a-1) ; 75-9(25b-5)

arthāntara : དོན་གཞན། 67-6(23a-1)

alakṣaṇa : མཚན་ཉིད་མ་ཡིན་པ། 63-10(21b-5)

alakṣaṇa : མཚན་མེད་པ། 64-5(22a-1)

alakṣya : མཚན་གཞི་མ་ཡིན་པ། 63-10(21b-5)

alam : ཆོག

  alaṃ prasaṅgena : སྤྲོས་པས་ཆོག 75-12(25b-6)

avatārika : བཙུག་པ། 68-7(23a-7)

avatārya : བཙུག་ནས། 69-2(23b-2)

avadhūya : བོར་ནས། 60-7(20b-5)

avabodha : རྟོགས་པར་བྱ་བ། 57-11(19b-3)

avaśyam : གདོན་མི་ཟ་བར། 67-12(23a-4) ; 69-5(23b-3)

avasīyatām : ངེས་པར་གྱིས་ཤིག 58-5(19b-7) ; 58-6(20a-1)

avācyatā : བརྗོད་དུ་མེད་པ་ཉིད། 64-10(22a-3)

  avācyatayā : བརྗོད་དུ་མེད་པ་ཉིད་དུ། 64-10*(22a-2) ; 64-12~13(22a-4)

avicāratas : མ་བརྟགས་པར། 67-7(23a-2)

avicāraprasiddha : མ་བརྟགས་ན་གྲུབ་པ། 67-4(22b-7)

avidyātimiropahatamatinayana :

  མ་རིག་པའི་རབ་རིབ་ཀྱིས་བློ་གྲོས་ཀྱི་མིག་ཉམས་པ། 58-1~2(19b-5)

aviṣaya : ཡུལ་ཅན་མ་ཡིན་པ། 69-11*(23b-6) ; 72-2(24b-4)

avyatirikta : ཐ་དད་པ་མ་ཡིན། 61-4(20b-7)

avyatirikta : ཐ་མི་དད་པ། 64-2(21b-7) ; 64-3(21b-7)

avyabhicārin : མི་འཁྲུལ་བ། 75-6(25b-4)

avyavasthita : གནས་པ་མེད་པ། 69-11(23b-6)

avyāpitā : མ་ཁྱབ་པ། 71-3(24a-6~7)

avyāpitā : མ་ཁྱབ་པ་ཉིད། 23b-7(69-14)

aśāśvatatā : རྟག་པ་མ་ཡིན་པ། 63-2~3(21b-1)

aśucitā : མི་གཙང་བ་ཉིད། 57-11~12(19b-3)

asaṃgraha : མ་བསྡུས་པ། 69-13(23b-6) ; 71-3(24a-6)

asat : ཡོད་པ་མ་ཡིན། 68-4(23a-6)

asamanupaśyat : ཡང་དག་པར་རྗེས་སུ་མ་མཐོང་བ། 62-4(21a-5)

asaṃpravṛtti : འཇུག་པ་མ་ཡིན། 59-10(20b-2)

asaṃbaddha : འབྲེལ་པ་མེད་པ། 70-6(24a-2)

asaṃbhava : མི་སྲིད་པ།

  asaṃbhavāt : མི་སྲིད་པའི་ཕྱིར། 56-2(19a-3) ; 60-2(20b-3) ; 62-2(21a-4)

  na ca ... asaṃbhavaḥ : མི་སྲིད་པ་ནི་མ་ཡིན། 68-1~2(23a-5)

asaṃbhava : མེད།

  asaṃbhave 'pi : མེད་ཀྱང་། 66-2(22b-2) ; 66-3(22b-3)

asaṃbhava : མེད་པ།

  asaṃbhavāt : མེད་པའི་ཕྱིར། 62-2(21a-5)

  asaṃbhave sati : མེད་པས། 64-12(22a-3) ; 66-8(22b-5)

asaṃbhava : ཡོད་མ་ཡིན། 59-11(20b-2)

asādhāraṇa : ཐུན་མོང་མ་ཡིན་པ། 60-5(20b-5) ; 72-7(24b-6)

asādhāraṇakāraṇa : ཐུན་མོང་མ་ཡིན་པའི་རྒྱུ། 73-5(25a-2)

asiddhi : མ་གྲུབ། 62-2(21a-4)

asiddhi : མ་གྲུབ་པ།

asiddhes : མ་གྲུབ་པའི་ཕྱིར། 67-6(23a-1)

asidhārā : རལ་གྲིའི་སོ། 62-8^2(21a-7^2)

asukha : བདེ་བ་མ་ཡིན་པ། 70-5(24a-2)

asti : ཡིན། 61-3(20b-7)

na ... asti : མ་ཡིན། 64-14(22a-4)

asti : ཡོད། 59-8^2(20b-1^2) ; 61-10(21a-3) ; 74-1(25a-5)

asti : ཡོད་པ། 57-7(19b-1) ; 66-2(22b-2)

astitvāt : ཡོད་པའི་ཕྱིར། 67-8(23a-2)

astīti : ཡོད་པས། 59-8(20b-1)

na ca ... asti : ཡོད་པ་ཡང་མ་ཡིན། 64-7(22a-2)

na tv asti : ཡོད་པ་ནི་མ་ཡིན། 56-5(19a-4)

asti : ཡོད་པ་ཡིན། 61-10(21a-3)

astitva : ཡོད་པ་ཉིད། 67-9(23a-2)

astu : ཡིན་ལ་རག 75-12(25b-6)

asmad

asmākam : ཁོ་བོ་ཅག་གིས། 58-7(20a-1)

asmākam : ཁོ་བོ་ཅག་ལ། 56-4(19a-3) ; 56-6(19a-5)

asmābhis : ཁོ་བོ་ཅག་གིས། 57-3(19a-6) ; 59-1(20a-5) ; 74-2(25a-5)

asmābhis

asmābhiḥ śāstreṇa : ཁོ་བོ་ཅག་གི་བསྟན་བཅོས་སུ། 58-14(20a-4~5)

vayam : ཁོ་བོ་ཅག 68-5(23a-6) ; 68-7(23a-7) ; 74-2(25a-5)

ahetukī : རྒྱུ་མེད་པ།

nāhetukī : རྒྱུ་མེད་པ་མ་ཡིན་པ། 63-3(21b-2)

ahetutas : རྒྱུ་མེད།

nāpy ahetutaḥ ... bhavanti : རྒྱུ་མེད་མིན། 57-5(19a-7)

ahetutas : རྒྱུ་མེད་པ་ལས། 55-13(18b-7) ; 57-2*(19a-6)

aho bata : ཨེ་མ་ཀྱི་ཧུད། 69-10(23b-5)

Ā

ākāra : རྣམ་པ། 57-12(19b-4) ; 73-6(25a-3)

āgama : ལུང་། 69-11(23b-6) ; 74-9(25b-1) ; 75-7(25b-4)

āgamasya samyagarthānavadhāraṇāt :

ལུང་གི་དོན་ཡང་དག་པར་མ་བཟུང་བའི་ཕྱིར། 65-10~11(22b-1~2)

āgamāt : ལུང་ལས། 75-1(25b-1)

āgamāt : ལུང་ལས་ནི། 65-9(22b-1)

ācakṣmahe : སྨྲ།

na ... ācakṣmahe : མི་སྨྲ། 68-5~6(23a-7)

ācāra : ཆོས་ལུགས། 69-4(23b-3)

ācārya : སློབ་དཔོན། 67-12(23a-3~4)

ātmaka : བདག་ཉིད་ཅན། 58-1(19b-6)

ātman : བདག

ātmā na saṃbhavati : བདག་མེད། 67-8(23a-2)

ātmabhāva : བདག་གི་ངོ་བོ། 68-8(23b-1)

ātmabhāva : རང་གི་ངོ་བོ། 73-7(25a-3)

ātmīya : བདག་ཉིད་ཀྱི། 60-5(20b-4)

-ādi

-ādayas : ལ་སོགས་པ་དག 70-1(23b-7)

-ādinā : ལ་སོགས་པ། 59-5(20a-7)

-ādinā : ལ་སོགས་པས། 57-14(19b-4) ; 72-8~9(24b-6)

-ādibhyas : ལ་སོགས་པ་དག་ལས། 58-4(19b-6~7)

-ādibhyas : ལ་སོགས་པ་... དག་ལས། 58-5(19b-7) ; 58-6(20a-1)

-ādīnām : ལ་སོགས་པ། 69-11(23b-6) ; 71-4(24a-7)

-ādīnām : ལ་སོགས་པ་དག 68-2(23a-5) ; 75-4(25b-3)

-ādīnām : ལ་སོགས་པ་དག་ལ། 67-10(23a-3)

-ādīnām : ལ་སོགས་པ་རྣམས། 65-1(22a-4) ; 65-5(22a-6) ; 68-2(23a-5) ; 71-4(24a-7) ; 71-5(24a-7)

-ādīnām : ལ་སོགས་པ་... རྣམས། 71-11(24b-2)

-ādes : ལ་སོགས་པ། 67-2(22b-6) ; 70-12(24a-5)

-ādi- : ལ་སོགས་པ། 65-5(22a-6) ; 66-4(22b-3) ; 66-8(22b-5) ; 68-3*(23a-5) ; 70-3(24a-1) ; 71-2(24a-6)

-ādi- : ལ་སོགས་པ་ལ། 75-4(25b-3)

-ādi- : ལ་སོགས་པ་ལས། 66-7(22b-5) ; 67-8(23a-2) ; 67-10(23a-3) ; 70-8(24a-3) ; 70-10(24a-5) ; 70-11(24a-5)

-ādi- : ལ་སོགས་པའི། 65-10(22b-1) ; 72-9(24b-7) ; 73-1(24b-7) ; 73-3(25a-1)

-ādi- : ལ་སོགས་པར། 61-3(20b-6) ; 67-3(22b-7)

-ādi- : སོགས། 71-1(24a-6)

-ādika

-ādikam : ལ་སོགས་པ། 61-3(20b-7) ; 69-9(23b-5) ; 70-11~12(24a-5)

-ādikas : ལ་སོགས་པ། 58-12(20a-4)

-ādikasya : ལ་སོགས་པ། 69-13(23b-6) ; 71-3(24a-6)

-ādikasya : ལ་སོགས་པའི། 71-3(24a-6)

āpadyate : འགྱུར། 61-9(21a-3)

āpta : ཡིད་ཆེས་པར་གྱུར་པ། 75-7(25b-4)

ārambha : རྩོམ་པ། 56-2(19a-3)

ārambha : བརྩམས་པ། 58-10~11(20a-3) ; 58-11(20a-4)

ārya : འཕགས་པ། 57-6(19b-1) ; 57-7(19b-1) ; 57-8(19b-1) ; 57-9(19b-2) ; 57-10(19b-2) ; 58-1(19b-6) ; 58-3(19b-6) ; 62-4(21a-5)

ālambana : དམིགས་པ། 62-6^{3}(21a-6^{3}) ; 62-7(21a-7) ; 66-4(22b-4)

ālambane sati : དམིགས་པ་ཡོད་པ་ལས། 62-5(21a-6)

āvāhaka : འདྲེན་པར་བྱེད་པ། 68-8(23b-1)

āśraya : རྟེན། 72-4(24b-5) ; 72-5(24b-5) ; 72-6(24b-6) ; 73-2(25a-1) ; 73-9(25a-4)

āśraya : རྟེན་ཅན། 74-4(25a-6)

āśraya : གཞི། 70-9(24a-4)

āśritya : བརྟེན་ནས། 72-6(24b-5)

āśrīyate : རྟེན་པར་བྱེད། 74-1(25a-4)

āsādayeyur : ཐོབ་པར་འགྱུར་བ། 57-14~58-1(19b-5)

āsādita : རྙེད་པ། 68-8(23b-1)

āstheya : ཁས་བླངས་པ།

āstheyaṃ syāt : ཁས་བླངས་པར་འགྱུར། 68-3(23a-5)

āhosvit : འོན་ཏེ། 73-2(25a-1)

I

icchati : འདོད་པ།

necchatīti : མི་འདོད་པས། 69-10(23b-5)

icchāmātrapratibaddhapravṛttitā :

འདོད་པ་ཙམ་ལ་རག་ལས་ཏེ་འཇུག་པ་ཉིད། 69-10*(23b-5)

itara : ཅིག་ཤོས།

itaro 'pi : ཅིག་ཤོས་ཀྱང་། 66-5~6(22b-4)

iti : ཅེས། 64-9(22a-2) ; 73-2(25a-1)

iti : ཅེས་བྱ་བ། 59-5(20a-7)

iti : ཅེས་བྱ་བར། 66-2(22b-3) ; 72-3(24b-4)

iti : སྙམ་དུ། 61-11(21a-3) ; 66-5(22b-4) ; 74-9*(25b-1)

iti : སྙམ་པའི། 55-11(18b-6) ; 56-1(19a-3)

iti : སྙེ། 75-12(25b-6)

iti : དུ། 72-7(24b-6)

iti : དེ། 64-12(22a-4)

iti : དེ་བས་ན། 67-11(23a-3)

iti : དེའི་ཕྱིར། 55-15(19a-1)

iti : དེས་ན། 56-2(19a-3) ; 65-7(22a-7) ; 69-14(23b-7)

iti : ཞེ་ན། 56-3(19a-3)

iti : ཞེས། 58-4(19b-7) ; 58-6(20a-1) ; 58-9(20a-2) ; 58-12(20a-4) ; 59-11(20b-2) ; 61-6(21a-1) ; 61-7[2](21a-2[2]) ; 62-5(21a-5) ; 63-7(21b-4) ; 64-6(22a-1) ; 64-12(22a-3) ; 65-4(22a-5) ; 68-6(23a-7) ; 69-1*(23a-7) ; 70-2(24a-1) ; 70-5(24a-2) ; 71-2(24a-6) ; 71-9(24b-1) ; 72-5(24b-5) ; 24b-6(72-7) ; 73-1(24b-7)

iti : ཞེས་བྱ། 71-7(24b-1)

iti : ཞེས་བྱ་བ། 55-13(18b-7) ; 55-16(19a-1) ; 55-17(19a-2) ; 61-1(20b-6) ; 62-1(21a-4) ; 69-13(23b-6) ; 70-6(24a-3) ; 72-8(24b-6) ; 74-3(25a-6)

iti : ཞེས་བྱ་བ་ལ། 66-1(22b-2)

iti : ཞེས་བྱ་བའི། 55-16(19a-2) ; 55-17(19a-2) ; 57-5(19a-7) ; 65-9(22b-1) ; 74-9*(25b-1)

iti : ཞེས་བྱ་བར། 57-2(19a-6) ; 58-5(19b-7) ; 58-6(19b-7~20a-1) ; 61-6(21a-1) ; 66-7(22b-5) ; 70-3(24a-1)

iti : ཞེས་བྱ་བས། 60-1(20b-3) ; 72-2(24b-3)

iti : ཡིན་པས། 67-9(23a-2~3) ; 70-6(24a-3)

iti kṛtvā : ཕྱིར། 70-10(24a-5)

iti kṛtvā : ཞེས་བྱས་ནས། 71-11(24b-2)

iti cet : གལ་ཏེ་... ཞེ་ན། 59-1(20a-5) ; 66-9(22b-5~6) ; 67-7(23a-1) ; 70-8(24a-3~4) ; 74-1(25a-4)

iti tasmāt : དེའི་ཕྱིར། 75-11(25b-6)

iti yathā : དཔེར་ན་... སྨྲས་པ་ལྟ་བུའོ། 75-7~8(25b-5)

itthaṃvicārāpravṛtti : དེ་ལྟར་རྣམ་པར་དཔྱོད་པ་མི་འཇུག་པ། 67-7(23a-1)

ityādi : ཅེས་བྱ་བ་ལ་སོགས་པ། 59-5(20a-7)

ityādi : ཞེས་བྱ་བ་ལ་སོགས་པ། 57-14(19b-4)

idam

- **anayā :** འདིས། 68-5(23a-6) ; 68-7(23a-7)
- **anena :** འདིས། 60-1(20b-2) ; 61-7(21a-2)
- **ayam :** འདི། 55-11(18b-6) ; 55-17(19a-2) ; 59-3(20a-6) ; 74-1(25a-5)
    - **ayam adoṣaḥ :** ཉེས་པ་འདི་མེད། 60-4(20b-4)
- **asmin :** འདི་ལ། 57-14(19b-4) ; 71-11(24b-2)
- **asya :** འདི། 67-9(23a-2)

idam : འདི། 55-12(18b-7) ; 57-4(19a-7) ; 57-5(19a-7) ; 60-8(20b-6) ; 64-11(22a-3) ; 64-12(22a-3)

　　tad idam : འདི་ནི། 69-8(23b-5)

　iyam : འདི། 63-6(21b-3) ; 68-1*(23a-4)

　eṣām : དེ་དག་གི། 57-1(19a-6)

idānīm : ད། 57-9(19b-2)

idānīm : ད་ལྟར། 58-3(19b-6)

idānīm : དེ་ནས། 58-11(20a-3)

indriya : དབང་པོ། 73-2(25a-1) ; 73-7(25a-3)

　atīndriyārtha : དབང་པོ་ལས་འདས་པའི་དོན། 75-6~7(25b-4)

　ekendriyakṣaṇāśraya : དབང་པོའི་སྐད་ཅིག་གཅིག་གི་རྟེན་ཅན། 74-4(25a-6)

indriyavijñāna : དབང་པོའི་རྣམ་པར་ཤེས་པ།

　pañcānām indriyavijñānānām :

　　དབང་པོའི་རྣམ་པར་ཤེས་པ་ལྔ་པོ་རྣམས། 74-9~75-1(25b-1)

indriyāviṣaya : དབང་པོའི་ཡུལ་ཅན་མ་ཡིན་པ། 72-2(24b-4)

iva : ལྟར། 69-4(23b-3)

iva : འདྲ། 75-7(25b-5)

iva : བཞིན། 65-1(22a-4)

iṣṭa : འདོད་པ།

　iṣṭatvāt : འདོད་པའི་ཕྱིར་ན། 74-7~8(25a-7)

iṣyate : འདོད། 55-12(18b-6)

　neṣyate : མི་འདོད། 71-4(24a-7)

iha : འདི་ན། 58-1(19b-5)

iha : འདིར། 56-5(19a-4) ; 60-5(20b-4) ; 65-5(22a-6) ; 66-7(22b-5) ; 73-4(25a-2)

Ī

īkṣikā : དཔྱད་པ།

sūkṣmekṣikā : དཔྱད་པ་ཞིབ་མོ། 68-7(23a-7)

sūkṣmekṣikā : ཞིབ་མོར་དཔྱད་པ། 68-5(23a-6)

U

ukta : བརྗོད།

ukte : བརྗོད་ན་ནི། 73-1(24b-7~25a-1)

ukta : བརྗོད་པ་ཡིན། 59-1(20a-5)

ukta : བསྟན་ཟིན། 65-11(22b-2)

ukta : སྨྲས། 57-7(19b-1) ; 59-7(20b-1)

ukta : སྨྲས་པ།

uktaṃ bhavati : སྨྲས་པར་འགྱུར། 60-8(20b-6)

ukta : བཤད། 64-4(22a-1) ; 70-12(24a-6) ; 71-5(24b-1)

ukta : གསུངས། 62-4(21b-4)

ucyate : བརྗོད་པར་བྱ་སྟེ། 56-4(19a-3) ; 57-5(19a-7)

ucyate : སྨྲས་པ། 74-2(25a-5)

ucyate : བཤད་པར་བྱ་སྟེ། 60-4~5(20b-4) ; 61-11(21a-3) ; 68-7(23a-7) ; 74-1(25a-4)

uta : འོན་ཏེ། 55-11(18b-6)

uttamabuddhin : བློ་མཆོག་ལྡན་པ། 71-9(24b-1)

utpatti : སྐྱེ་བ། 56-1(19a-2)

utpattir nāsti : སྐྱེ་བ་ཡོད་པ་མ་ཡིན། 58-5~6(19b-7)

utpatti : བྱུང་། 62-5(21a-5)

utpadyate : འབྱུང་བར་འགྱུར། 62-5(21a-6)

utpanna : སྐྱེས་པ། 75-6(25b-4)

utpanna : སྐྱེས་པ་ཞིག 55-13(18b-7)

utpāda : སྐྱེ་བ།

na ... utpādaḥ : སྐྱེ་བ་མ་ཡིན། 58-4(19b-7)

nāsty utpādaḥ : སྐྱེ་བ་ཡོད་པ་མ་ཡིན། 58-5(19b-7)

utpāda : སྐྱེས་པ།

utpādāt pūrvaṃ vidyamānasya :

སྐྱེས་པའི་སྔ་རོལ་ནས་ཡོད་པ་ལ། 58-4(19b-7)

utpāda : འབྱུང་བ། 70-2(24a-1) ; 70-4(24a-2)

upakaroti : མཁོ་བ།

na ... upakarotīti : མི་མཁོ་བས། 73-7~8(25a-4)

upakṣipta : བཀོད་པ། 69-3(23b-2)

upagamana : གྱུར་པ། 65-5*(22a-6)

upacaya : གསོག་པ། 69-1(23b-1)

upacaryate : ཉེ་བར་འདོགས་པ།

na hi ... upacaryate : ཉེ་བར་འདོགས་པ་ནི་[1]རིགས་པ་མ་ཡིན། 70-9(24a-4)

upacaryamāṇa : གདགས་བྱ།

upacaryamāṇasyāśrayasya : གཞི་གདགས་བྱ། 70-9(24a-4)

upacāra : ཉེ་བར་བཏགས་པ། 70-6(24a-3)

---

1) Cf. Tib. Text p.36 Note (2)

upacāra : བཏགས།

upacārāt : བཏགས་ནས། 70-7(24a-3)

upacāra : བཏགས་པ། 70-4(24a-2) ; 70-9(24a-4)

upacāraṃ kṛtvā : བཏགས་པ་བྱས་ཏེ། 70-2(24a-1)

upacāraṃ kṛtvā : བཏགས་པ་བྱས་ནས། 70-3(24a-1)

upajanana : སྐྱེས་པ། 66-5(22b-4)

upadarśita : བསྟན་པ།

nopadarśitaḥ syāt : མ་བསྟན་པར་འགྱུར། 72-9(24b-7)

upapatti : འཐད་པ། 57-8(19b-1) ; 57-9(19b-2) ; 57-10(19b-2) ; 57-10(19b-3) ; 68-1(23a-4) ; 69-2(23b-1~2)

upapattyā : འཐད་པའི་སྒོ་ནས། 57-6(19a-7~19b-1)

upapattyā na viyujyeta :

འཐད་པ་དང་ལྡན་པ་མ་ཡིན་ནམ། 67-12~68-1(23a-4)

upapatti : རིགས་པ། 57-7(19b-1)

upapattyantara : འཐད་པ་གཞན། 69-3*(23b-2) ; 69-3~4(23b-2)

upapadyate : འཐད་པར་... འགྱུར།

na ... upapadyate : འཐད་པར་མི་འགྱུར། 59-10(20b-2)

upamāna : ཉེ་བར་འཇལ་བ། 75-7(25b-4~5)

upalakṣyate : མཐོང་།

na ... upalakṣyate : མ་མཐོང་། 73-5~6(25a-3)

upalabdha : དམིགས། 70-4(24a-2)

upalabdha : དམིགས་པ། 70-7(24a-3)

upalabhante : དམིགས་པར་... འགྱུར།

nopalabhante : དམིགས་པར་མི་འགྱུར། 57-12(19b-3~4)

upalabhyate : དམིགས། 57-4(19a-7)

upalabhyamāna : དམིགས་པར་བྱ་བ། 75-3(25b-2)

upalambha : དམིགས་པ། 67-6(23a-1)

upavarṇayet : ཉེ་བར་སྟོན་པར་བྱེད། 57-13~14(19b-5)

upasthāna : ཉེ་བར་གཞག་པ། 63-7(21b-4)

upahata : ཉམས་པ། 58-1(19b-5)

upahanti : སེལ་བར་བྱེད། 66-7*(22b-5)

upādātṛ : རྟེན་པ་པོ། 67-3(22b-7)

upādātṛ : བརྟེན་པ་པོ། 67-5(22b-7)

upādāna : ཉེ་བར་ལེན་པ། 70-1(23b-7)

upādāna : རྟེན་ཅན། 67-4(22b-7)

upādāya : བརྟེན་ནས། 67-9(23a-2)

ubhaya : གཉི་ག 72-4(24b-4)

ubhayatas : གཉི་ག་... ལས། 55-13(18b-7) ; 57-2(19a-6)

E

eka : ཅིག 65-4(22a-6)

eka : གཅིག 65-5~6(22a-7)

ekadeśa : ཕྱོགས་གཅིག 69-3(23b-2)

ekaviṣaya : ཡུལ་གཅིག 72-9~73-1(24b-7)

ekībhāva : དངོས་པོ་གཅིག་པ། 64-8(22a-2)

ekendriyakṣaṇāśraya : དབང་པོའི་སྐད་ཅིག་གཅིག་གི་རྟེན་ཅན། 74-4(25a-6)

ekaikasya : རེ་རེ་ལ། 74-4(25a-6)

etad

etat : དེ། 59-3(20a-6) ; 64-10(22a-2) ; 66-3(22b-3) ; 67-1(22b-6) ; 67-7(23a-1)

etat : འདི། 55-16(19a-1) ; 57-7(19b-1) ; 61-6(21a-2) ; 67-5(23a-1) ; 67-12(23a-4) ; 68-4(23a-6) ; 69-14(23b-7) ; 72-8(24b-6) ; 73-2(25a-1) ; 75-2(25b-2)

etac ca : འདི་ཡང་། 65-11*(22b-2)

etad api : འདི་ཡང་། 58-7(20a-1) ; 59-1(20a-5) ; 65-10(22b-1)

etat : འདི་དག

sarvam etat : འདི་དག་ཐམས་ཅད། 57-2(19a-6)

etām : དེ། 69-1(23b-2)

etena : འདི་... ཀྱིས།

etenaiva : འདི་ཉིད་ཀྱིས། 71-8(24b-1)

eṣas : འདི། 58-7(20a-1)

eṣa eva : འདི་ཉིད། 58-14(20a-4)

eṣā : འདི། 67-11*(23a-3) ; 68-6(23a-7) ; 68-8(23b-1)

eva : ཁོ་ན། 55-17(19a-2) ; 57-10(19b-3) ; 60-8(20b-5) ; 61-5(21a-1) ; 68-2(23a-5) ; 69-4(23b-3) ; 69-9(23b-5) ; 71-5(24a-7) ; 71-6(24b-1) ; 73-8(25a-4) ; 73-9(25a-4) ; 75-1(25b-2) ; 75-5(25b-3)

eva : ཉིད། 55-17(19a-2) ; 56-2(19a-3) ; 56-6(19a-5) ; 57-11(19b-3) ; 58-3(20a-2) ; 58-14(20a-4) ; 59-3(20a-6) ; 60-2*(20b-3) ; 60-3(20b-3) ; 61-2(20b-6) ; 62-6(21a-6) ; 62-7(21a-7) ; 62-8^{2}(21a-7^{2}) ; 63-1^{3}(21b-1^{3}) ; 63-2(21b-1) ; 63-3(21b-2) ; 64-12(22a-4) ; 65-7(22b-1) ; 65-10(22b-1) ; 66-5(22b-4) ; 67-6(23a-1) ; 68-1(23a-4) ; 69-3(23b-2) ; 69-6(23b-4) ; 70-5(24a-2) ; 70-6(24a-2) ; 71-3(24a-7) ; 71-8(24b-1) ; 72-5(24b-5) ; 73-1(25a-1) ;

74-2(25a-5) ; 74-6(25a-7) ; 74-8(25a-7) ; 75-12^{2}(25b-6^{2})

evaṃ tarhi : དེ་ལྟ་ན་ནི་འོ་ན། 61-4(20b-7)

evaṃ bhavati : འདི་སྙམ་དུ་སེམས། 62-5(21a-5~6)

evaṃ sati : དེ་ལྟ་ན་ནི། 70-11(24a-5)

evaṃvidha : རྣམ་པ་དེ་ལྟ་བུ། 70-3(24a-1) ; 70-6*(24a-3)

evam : དེ་སྐད་དུ། 68-7(23a-7)

evam : དེ་ཡོ་ན་ལྟར། 67-12(23a-4)

evam : དེ་ལྟ་བུ། 69-8(23b-4)

evam : དེ་ལྟར། 56-7(19a-5) ; 57-4(19a-6) ; 58-10(20a-3) ; 59-3(20a-6) ; 61-6(21a-1) ; 63-8(21b-4) ; 66-3(22b-3) ; 67-1(22b-6) ; 67-7(23a-1) ; 68-4(23a-6) ; 69-11(23b-6) ; 74-3(25a-6) ; 75-9(25b-5)

evam : དེ་བཞིན་དུ། 58-1(19b-5) ; 58-4(19b-7) ; 58-6(20a-1) ; 66-2(22b-2) ; 67-9(23a-2) ; 67-10(23a-3) ; 70-2(24a-1) ; 72-5(24b-5)

evam : འདི་ལྟར། 63-2(21b-1) ; 64-10(22a-2)

evam api : དེ་ལྟ་ན་ཡང་། 60-2(20b-3) ; 70-8(24a-4)

evam eva : དེ་བཞིན་དུ། 63-1(21b-1)

evamādi : དེ་ལྟ་བུ་ལ་སོགས་པ། 72-8~9(24b-6)

evamādika : དེ་ལྟ་བུ་ལ་སོགས་པ། 69-13(23b-6) ; 71-3(24a-6)

AU

aupacārika : ཉེ་བར་བཏགས་པ། 70-11(24a-5*)

aupacārika : བཏགས་པ། 70-8(24a-4) ; 70-12(24a-5*)

K

kati : དུ་ཞིག 55-12(18b-6)

katham : ཇི་ལྟར། 57-4(19a-7) ; 62-7(21a-7)

katham ... vidyate : ཇི་ལྟར་ཡོད། 64-9(22a-2)

katham : ཇི་ལྟར་... འགྱུར། 59-9(20b-1~2)

katham : ཇི་ལྟར་... ཡིན། 59-8(20b-1)

kathita : བསྟན། 64-6(22a-1)

karaṇa : བྱེད་པ། 60-3(20b-3) ; 60-4(20b-3) ; 61-1(20b-6) ; 64-14(22a-4) ; 65-1(22a-4) ; 65-5(22a-6)

anyena karaṇena : བྱེད་པ་གཞན་ཞིག 61-8(21a-2)

karaṇa : བྱེད་པ་པོ། 69-9(23b-5)

karaṇatva : བྱེད་པ་ཉིད། 65-7(22a-7)

karaṇabhāva : བྱེད་པའི་ངོ་བོ། 60-7~8(20b-5) ; 60-8~61-1(20b-6)

karaṇabhāvaparikalpanā : བྱེད་པའི་ངོ་བོར་རྟོག 61-8(21a-2)

karaṇāditva : བྱེད་པ་ལ་སོགས་པ་ཉིད། 65-5(22a-6)

kartṛ : བྱེད་པ་པོ། 64-14(22a-4) ; 65-9(22b-1)

kartāram antareṇa : བྱེད་པ་པོ་མེད་པར། 64-14(22a-4)

kartāram antareṇāpi : བྱེད་པ་པོ་མེད་ཀྱང་། 65-9~10(22b-1)

kartṛtva : བྱེད་པ་པོ་ཉིད། 65-1(22a-5) ; 65-7(22a-7)

karmatā : ལས་ཉིད། 60-8(20b-5) ; 61-10(21a-3)

karmatva : ལས། 61-4(20b-7)

karman : ལས། 60-3(20b-3) ; 61-1(20b-6) ; 61-3(20b-7) ; 75-7(25b-4)

karmaṇi lyuṭaṃ kṛtvā : ལས་ལ་ལྱུ་ཊ་བྱས་ནས། 60-1~2(20b-3)

karmarūpa : ལས་ཀྱི་རང་བཞིན།

karmarūpasya ... svalakṣaṇasya :

ལས་ཀྱི་རང་བཞིན་གྱི་རང་གི་མཚན་ཉིད། 61-5(20b-7~21a-1)

karmasādhana : ལས་སུ་སྒྲུབ་པ། 60-7(20b-5) ; 61-7(21a-2)

kalpanā : རྟོག་པ། 74-8(25a-7)

kalpanāpoḍha : རྟོག་པ་དང་བྲལ་བ། 73-4(25a-2)

kalpanāpoḍhasya ... jñānasya :

རྟོག་པ་དང་བྲལ་བའི་ཤེས་པ། 74-6(25a-6~7)

kalpanāpoḍhasya ... vijñānasya :

རྟོག་པ་དང་བྲལ་བའི་རྣམ་པར་ཤེས་པ། 75-1~2(25b-1~2)

kalpyatām : རྟོགས་ཤིག 70-12(24a-5)

kaṣṭa : དཀའ།

atikaṣṭa : ཤིན་ཏུ་དཀའ། 69-8~9(23b-5)

kāṅkṣā : རེ་བ། 66-7(22b-5)

kāṭhinya : སྲ་བ། 60-6(20b-4) ; 61-3(20b-7) ; 66-7(22b-5) ; 67-10(23a-3)

kāya : ལུས། 57-14(19b-4)

kāyadoṣa : ལུས་ཀྱི་སྐྱོན། 57-13(19b-5)

kāraka : བྱེད་པ་པོ། 69-8(23b-4) ; 69-9(23b-5)

kāraṇa : རྒྱུ། 70-3(24a-1) ; 73-5(25a-2)

kāraṇe kāryopacāraṃ kṛtvā :

རྒྱུ་ལ་འབྲས་བུ་བཏགས་པ་བྱས་ཏེ། 70-2(23b-7~24a-1)

kāraṇa : རྒྱུ་ཅན། 72-1(24b-3)

kārya : འབྲས་བུ། 70-2(23b-7~24a-1)

kārye kāraṇopacāraṃ kṛtvā :

འབྲས་བུ་ལ་རྒྱུ་བཏགས་པ་བྱས་ནས། 70-3(24a-1)

kiṃ kāraṇam : ཅིའི་ཕྱིར་ཞེ་ན། 56-5(19a-4)

kiṃ ca : གཞན་ཡང་། 59-7(20a-7) ; 63-9(21b-4) ; 69-13(23b-6)

kiṃ tarhi : འོ་ན་ཅི་ཞེ་ན། 60-1(20b-2) ; 65-6(22a-7) ; 68-2(23a-5)

kiṃ tu : འོན་ཀྱང་། 57-10(19b-2) ; 68-6(23a-7)

kiṃcit

kaṃcit : འགའ་ཞིག 58-2(19b-6)

kaścit : འགའ་ཞིག 56-4(19a-4) ; 58-11(20a-3)

kiṃcit : ཅུང་ཟད་ཀྱང་། 73-5(25a-3) ; 73-7~8(25a-3)

kiṃcit : ཅུང་ཟད་ཅིག 61-6(21a-1) ; 61-7(21a-2)

kecit : འགའ་ཞིག་དག 55-11(18b-6)

kim

kas : གང་ཞིག 64-14(22a-4)

kas : སུ་ཞིག 71-7(24b-1)

kasya : གང་གི། 66-5^{2}(22b-4^{2})

kasya : ཅི་ཞིག 57-1(19a-5)

kim : གང་། 55-12(18b-7)

kim : གང་ཞིག 63-8(21b-4)

kim : ཅི། 55-13(18b-7) ; 57-7(19b-1) ; 59-7(20b-1) ; 62-5(21a-6) ; 73-2(25a-1)

kim : ཅི་དགོས། 68-7(23a-7)

kim : ཅི་ཞིག 55-13(18b-7)

kim : ཅི་ཞིག་བྱ། 68-5(23a-6)

kena : གང་གིས། 59-4(20a-7) ; 63-8(21b-4)

    kena : ཅི་ཞིག་གིས། 57-9(19b-2)

kutaścit : གང་ལས། 62-5(21a-5)

kutas : ག་ལ།

    kutaḥ ... bhaviṣyati : ག་ལ་འགྱུར། 57-1~2(19a-6)

    kutaḥ ... syāt : ཡོད་པར་ག་ལ་འགྱུར། 56-6~7(19a-5)

kutas : ག་ལ་འགྱུར། 57-8(19b-2) ; 69-7(23b-4)

kutas : ག་ལ་ཡོད། 62-3(21a-5)

kutas : ག་ལས་འགྱུར། 55-15(19a-1)

kutārkika : རྟོག་གེ་ངན་པ། 59-1~2(20a-5~6)

kumbha : བུམ་པ། 71-1(24a-6)

kulaputra : རིགས་ཀྱི་བུ། 63-6(21b-3)

kuśalamūla : དགེ་བའི་རྩ་བ། 68-8~69-1(23b-1)

kūṭasthatā : ཐེར་ཟུག་ཏུ་... གནས་པ།

    na kūṭasthatā : ཐེར་ཟུག་ཏུ་མི་གནས་པ། 63-3(21b-1~2)

kṛta : བྱས་པ། 59-2(20a-6)

kṛtyalyuṭ : བྱེད་པ་དང་ལྱུ་ཊ། 60-1(20b-2)

kṛtvā : བྱས་ཏེ། 70-2(24a-1)

kṛtvā : བྱས་ནས། 60-2(20b-3) ; 70-3(24a-1) ; 71-11(24b-2)

keśa : སྐྲ། 57-14(19b-4)

kriyamāṇa : བྱེད། 74-2~3(25a-5)

kriyā : བྱ་བ། 65-1(22a-4) ; 65-4(22a-6) ; 65-6(22a-7) ; 65-6(22a-7) ; 65-10(22b-1)

kriyākaraṇa : བྱ་བ་དང་བྱེད་པ་པོ། 69-9(23b-5)

kriyākārakasaṃbandha : བྱ་བ་དང་བྱེད་པ་པོའི་འབྲེལ་བ། 69-8(23b-4) ;

69-9(23b-5)

kvacit : འགའ་ཞིག་ཏུ། 58-2(19b-6) ; 58-11(20a-3)

kvacit : ལ་ལར། 69-2(23b-1)

kṣaṇa : སྐད་ཅིག 74-4(25a-6)

Kh

khapuṣpa : ནམ་མཁའི་མེ་ཏོག 64-2(21b-6)

kharaviṣāṇa : བོང་བུའི་རྭ། 56-7(19a-5) ; 70-9(24a-4)

G

gata : གཏོགས་པ། 61-3(20b-6~7)

gati : ཐབས། 64-7(22a-1)

gantavya : བགྲོད་པར་བྱ་བ། 58-12(20a-4)

gantṛ : འགྲོ་བ་པོ། 58-12(20a-4)

gamana : འགྲོ་བ། 58-12(20a-4)

gamya : རྟོགས་པར་བྱ་བ། 61-3(20b-7)

gavaya : བ་མེན། 75-7(25b-5)

guṇakriyā : བྱ་བ་ཕལ་པ། 65-4(22a-6)

go : བ་ལང་། 75-7(25b-5)

grahaṇa : འཛིན་པ། 61-10(21a-3)

Gh

ghaṭa : བུམ་པ། 69-13(23b-6) ; 70-3(24a-1) ; 70-6[2](24a-3[2]) ; 70-8(24a-4) ;

70-10(24a-5) ; 71-4(24a-7) ; 71-5(24a-7) ; 71-6(24b-1) ; 71-7(24b-1) ; 71-11(24b-2)

vidyamānasya ghaṭasya : བུམ་པ་ཡོད་པ། 58-4(19b-6)

ghaṭopādānanīla : བུམ་པའི་ཉེ་བར་ལེན་པ་སྔོན་པོ། 70-1(23b-7)

C

cakṣurādivijñāna : མིག་ལ་སོགས་པའི་རྣམ་པར་ཤེས་པ། 72-9(24b-7) ; 73-3(25a-1)

cakṣurvijñāna : མིག་གི་རྣམ་པར་ཤེས་པ། 72-5(24b-5) ; 74-4(25a-6) ; 74-8(25a-7)

catuṣṭaya : བཞི། 75-9(25b-5)

candra : ཟླ་བ།

dvicandra : ཟླ་བ་གཉིས། 58-8(20a-2) ; 75-4(25b-3)

cārin : སྤྱོད་པ། 66-5(22b-4*)

citta : སེམས། 62-4(21a-5) ; 62-5(21a-6) ; 62-6^{3}(21a-6^{3}) ; 62-7^{3}(21a-7^{3}) ; 62-8^{2}(21a-7^{2}) ; 63-1(21b-1) ; 63-2^{2}(21b-1^{2}) ; 63-6(21b-3) ; 65-1(22a-5) ; 65-7(22a-7)

cittasya vyāpāraḥ : སེམས་ཀྱི་བྱ་བ། 65-2(22a-5)

dvicittatā bhaviṣyati : སེམས་... གཉིས་སུ་འགྱུར། 62-7(21a-7)

cittadharmatā : སེམས་ཀྱི་ཆོས་ཉིད། 63-4(21b-2)

cittadhārā : སེམས་ཀྱི་རྒྱུད། 63-4(21b-2)

cittadhārā : སེམས་ཀྱི་རྒྱུན། 62-4(21a-5)

cittalatā : སེམས་ཀྱི་འཁྲི་ཤིང་། 63-4(21b-2)

cittavivekatā : སེམས་... དབེན་པ་ཉིད། 63-5~6(21b-3)

cittasvalakṣaṇatā : སེམས་ཀྱི་རང་གི་མཚན་ཉིད། 63-5(21b-3)

cittādṛśyatā : སེམས་སྣང་བ་མེད་པ། 63-4(21b-3)

cittānavasthitatā : སེམས་ཀྱི་མི་གནས་པ། 63-4(21b-2)

cittānupaśyanā : སེམས་ཀྱི་རྗེས་སུ་ལྟ་བ། 63-6~7(21b-4)

cittāpracāratā : སེམས་ཀྱི་རྒྱུ་བ་མེད་པ། 63-4(21b-2)

caitasa : སེམས་ལས་བྱུང་། 65-3(22a-5)

caitasa : སེམས་ལས་བྱུང་བ། 65-2(22a-5)

Ch

chidikriyā : གཅོད་པའི་བྱ་བ། 65-1(22a-4)

chettum : བཅད་པར།

  na śakyate chettum : བཅད་པར་མི་ནུས་པ། 62-8~63-1(21a-7~21b-1)

J

-ja : སྐྱེས་པ། 55-12(18b-6) ; 55-13(18b-7) ; 56-4(19a-4) ; 73-2(25a-1)

-ja : སྐྱེས་པ་ཞིག 55-11(18b-6) ; 55-12(18b-6) ; 56-4(19a-4) ; 73-2(25a-1)

jaḍatva : བླུན་པ་ཉིད། 75-1(25b-1)

jānāti : ཤེས། 63-5(21b-3) ; 74-8~9(25b-1)

jāyate : འགྱུར། 73-2(25a-1)

  adṛṣṭaḥ ... jāyate : མཐོང་མི་འགྱུར། 71-6(24b-1)

jñāna : རྣམ་པར་ཤེས་པ། 75-4(25b-3)

jñāna : ཤེས་པ། 60-4(20b-3) ; 62-1(21a-4) ; 64-14(22a-4) ; 65-6(22a-7) ; 65-7(22a-7) ; 72-1(24b-3) ; 72-2(24b-3) ; 74-6(25a-7) ; 75-4(25b-3)

  jñānaṃ sādhyāvyabhicāriliṅgotpannam :

  རྟགས་བསྒྲུབ་པར་བྱ་བ་ལ་མི་འཁྲུལ་བ་ལས་སྐྱེས་པའི་ཤེས་པ། 75-6(25b-4)

jñānavijñāna : ཤེས་པ་དང་རྣམ་པར་ཤེས་པ།

jñānavijñānayos : ཤེས་པ་དང་རྣམ་པར་ཤེས་པ་གཉིས་ལ། 65-5(22a-6)

jñānāntara : ཤེས་པ་གཞན་ཞིག 61-8(21a-2)

jvāla : མེ། 58-5(19b-7)

T

tataś ca : དེའི་ཕྱིར། 58-8(20a-2) ; 61-5(21a-1) ; 64-1(21b-6) ; 65-7(22b-1) ; 69-6(23b-4) ; 70-1(23b-7) ; 74-3(25a-5)

tatas : དེ་ལས།

na tataḥ : དེ་ལས་... མ་ཡིན་པ། 63-3(21b-2)

tatas : དེའི་ཕྱིར། 57-8(19b-1)

tatas : དེས་ན། 61-10(21a-3)

tatas : འདི་... ལས།

tata eva : འདི་ཉིད་ལས། 55-17(19a-2)

tattva : དེ་ཁོ་ན།

tattvam eva syāt : དེ་ཁོ་ན་ཉིད་དུ་འགྱུར། 68-1(23a-4)

tattva : དེ་ཁོ་ན་ཉིད།

na tattvādhigamaḥ : དེ་ཁོ་ན་ཉིད་མ་རྟོགས་པ། 69-1(23b-1)

tattvavid : དེ་ཉིད་རིག་པ། 71-7(24b-1)

tattvavidapekṣā : དེ་ཁོ་ན་ཉིད་གཟིགས་པ་ལ་ལྟོས།

tattvavidapekṣayā : དེ་ཁོ་ན་ཉིད་གཟིགས་པ་ལ་ལྟོས་ནས། 71-4(24a-7)

tattvānyatva : དེ་ཉིད་དང་གཞན་ཉིད།

vinā tattvānyatvena :

དེ་ཉིད་དང་གཞན་ཉིད་ལས་མ་གདོགས་པར། 64-7(22a-1)

tatra : དེ་དག་ལ།

tatra ... yat : གང་ལ་... དེ་དག་ལ། 57-8(19b-1~2)

tatra : དེ་ལ། 55-12(18b-6) ; 61-1(20b-6) ; 63-9(21b-5) ; 65-3(22a-5)

tatra : དེར། 64-11(22a-3) ; 65-1(22a-5) ; 72-8(24b-6)

tathatā : དེ་བཞིན་ཉིད། 63-5(21b-3)

tathā : དེ་སྐད་དུ།

tathā coktam ... iti :

དེ་སྐད་དུ་ཡང་... ཞེས་གསུངས་སོ། 62-4~63-7(21a-5~21b-4)

tathā : དེ་ལྟར། 74-2(25a-5)

tathā ... tathā ... yathā : ཇི་ལྟར་... དེ་ལྟར་... དེ་ལྟར། 63-5(21b-3)

tathā : དེ་ལྟར་ནི། 74-2(25a-5)

tathā : དེ་བཞིན། 71-2(24a-6)

tathā : དེ་བཞིན་དུ། 63-6(21b-3) ; 64-1(21b-5)

tathā ca : དེ་སྐད་དུ།

tathā ca vakṣyati ... iti :

དེ་སྐད་དུ།... ཅེས་འཆད་པར་འགྱུར་རོ། 64-7~9(22a-2)

tathā hi : འདི་ལྟར། 73-1(24b-7)

tathāgatanirmita : དེ་བཞིན་གཤེགས་པའི་སྤྲུལ་པ། 57-13(19b-4)

tathāpi : དེ་ལྟ་ན་ཡང་། 67-11(23a-3) ; 72-6(24b-5)

tathaiva : དེ་ཁོ་ན་ལྟར། 55-17(19a-2)

tad

tat : དེ། 59-7(20b-1) ; 59-8*(20b-1) ; 60-2*(20b-3) ; 60-5(20b-5) ;

60-6(20b-4) ; 61-3(20b-7) ; 62-5(21a-6) ; 62-7(21a-7) ; 63-9(21b-4) ; 64-1(21b-6) ; 64-5(22a-1)

tac ca : དེ་ཡང་། 61-4(20b-7)

tad api : དེ་ཡང་། 61-7(21a-2) ; 62-1^{2}(21a-4^{2}) ; 65-1(22a-5)

tad eva : དེ་ཉིད། 62-6(21a-6) ; 62-7(21a-7) ; 63-1(21b-1) ; 63-2(21b-1)

tat : དེའི་ཕྱིར། 63-8(21b-4) ; 75-9(25b-5)

tat : འདི། 60-2(20b-3)

tayā : དེ་... ཀྱིས།

tayaiva : དེ་ཉིད་ཀྱིས། 57-11(19b-3) ; 62-8(21a-7)

tayos : དེ་གཉིས། 64-9(22a-2)

tayos : དེ་དག 64-6(22a-1)

tasmāt : དེའི་ཕྱིར། 58-10(20a-3) ; 64-12(22a-4) ; 69-5(23b-3) ; 71-3(24a-6) ; 75-2(25b-2)

tasya : དེ། 60-3(20b-3) ; 63-2(21b-1) ; 70-11(24a-5)

tasya ca : དེ་ཡང་། 60-4(20b-4)

tasyaivaṃ bhavati : དེ་འདི་སྙམ་དུ་སེམས། 62-5(21a-5~6)

tasya : དེ་ལྟར་ན། 72-2(24b-3)

tasya : དེ་ལ། 61-1(20b-6) ; 61-8(21a-2)

tasya : དེའི། 59-1(20a-5) ; 61-3(20b-7)

tasyās : དེ་དང་། 57-14(19b-5)

tān : དེ་དག 58-3(19b-6)

tāni : དེ་དག 59-4(20a-7) ; 75-10(25b-5)

tām : དེ། 63-4(21b-3)

tām : དེ་དག 57-11(19b-3) ; 63-5(21b-3)

te : དེ་དག

te ca : དེ་དག་ཀྱང་། 57-14(19b-5)

tena : དེ་... ཀྱིས།

tenaiva : དེ་ཉིད་ཀྱིས། 60-2*(20b-3) ; 63-1[2](21b-1[2])

tena : དེས། 58-8(20a-2) ; 60-6(20b-4) ; 74-6(25a-7)

teṣām : དེ་དག 57-13(19b-4)

teṣām api : དེ་དག་ཀྱང་། 68-3(23a-5)

tais : དེ་དག་... —ས།

tair eva : དེ་དག་ཁོ་ནས། 69-9(23b-5)

sas : དེ། 55-13(18b-7) ; 56-4(19a-4) ; 58-15(20a-5) ; 62-4(21a-5) ; 74-1(25a-5) ; 75-7(25b-4)

sa eva doṣaḥ : ཉེས་པ་དེ་ཉིད་དུ་འགྱུར། 60-3(20b-3) ; 61-1~2(20b-6) ; 65-7~8(22b-1) ; 69-6(23b-4)

sa ca : དེ་ཡང་། 70-4(24a-2)

sas : དེ་ལ། 70-5(24a-2)

sā : དེ།

na saiva : དེ་ཉིད་... མ་ཡིན་པ། 63-3(21b-2)

saiva : དེ་ཉིད། 62-8(21a-7)

tad- : དེ། 58-11(20a-3) ; 58-15(20a-5) ; 59-5(20a-7) ; 63-8(21b-4) ; 71-11(24b-3) ; 74-2(25a-5)

tad- : དེ་དག 72-5(24b-5)

tad- : དེ་དག་ལ། 58-3(20a-2)

tad- : དེ་དང་། 56-6(19a-5)

tad- : དེ་ཡི། 65-3(22a-5)

tad- : དེ་ལ། 56-5(19a-4)

tad- : དེའི། 56-5(19a-4) ; 75-3~4(25b-3)

tad- : འདི། 73-5(25a-2)

tad yathā : ཇི་ལྟར་... ལྟར། 60-5(20b-4)

tad yathā 'pi nāma ... evam eva :

འདི་ལྟ་སྟེ་དཔེར་ན་... དེ་བཞིན་དུ། 62-8~63-1(21a-7~21b-1)

tadanurodha : དེའི་ངོ་།

tadanurodhena : དེའི་ངོར། 66-9(22b-6)

tadapara : དེ་དག་ལས་གཞན་པ། 59-8(20b-1)

tadartham : དེའི་དོན་དུ། 59-2(20a-6)

tadā : དེའི་ཚེ། 56-1(19a-3) ; 56-6(19a-5) ; 57-1(19a-5) ; 59-8(20b-1) ; 59-9(20b-1) ; 61-8(21a-2) ; 63-9(21b-5) ; 64-2(21b-6) ; 69-5(23b-3) ; 69-6(23b-4) ; 69-11(23b-6)

tadā : དེས་ན། 68-1*(23a-4)

tanmātra : དེ་ཙམ་ཞིག 67-6(23a-1)

tarhi : འོ་ན་ནི། 58-15(20a-5)

-tā : ཉིད། 56-7(19a-5) ; 57-12(19b-3) ; 60-8(20b-5) ; 61-10(21a-3) ; 63-4(21b-2) ; 63-5(21b-3) ; 63-6(21b-3) ; 64-3(21b-7) ; 64-10(22a-3) ; 69-10*(23b-5) ; 69-14(23b-7)

-tayā : ཉིད་ཀྱིས། 58-2(19b-5)

-tayā : ཉིད་དུ། 64-10*(22a-2) ; 64-13(22a-4)

tārkika : རྟོག་གེ།

kutārkika : རྟོག་གེ་ངན་པ། 59-1~2(20a-5~6)

tārkika : རྟོག་གེ་པ། 58-15(20a-5)

tāvat : དེ་སྲིད་དུ།

tāvat ... yāvat : ཇི་སྲིད་... དེ་སྲིད་དུ། 68-8~69-1(23b-1)

tāvat : རེ་ཞིག 56-6(19a-5) ; 58-10(20a-3) ; 62-6(21a-6) ; 63-9(21b-5)

timira : རབ་རིབ། 58-1(19b-5)

tiraskāra : སྦྱངས།

tiraskāreṇa : སྦྱངས་ནས། 74-2(25a-5)

tiraskāra : སྦྱོང་བ།

tiraskāraḥ ... syāt : སྦྱོང་བར་འགྱུར། 74-3(25a-5)

tiṣṭhatu : གནས་པར་འགྱུར། 68-8(23b-1)

tīrthika : མུ་སྟེགས་པ། 66-9(22b-5) ; 67-1(22b-6)

tu : མོད་ཀྱི། 74-1(25a-5)

tulya : འདྲ་བ།

na ... tulyam : མི་འདྲ་བ་ཡིན། 72-8(24b-6)

tuṣa : སོག་མ། 72-1(24b-3)

tuṣṇībhāva : ཅང་མི་གསུང་བ། 57-8*(19b-1)

tṛṇatuṣāgni : རྩྭ་དང་སོག་མའི་མེ། 72-1(24b-3)

taikṣṇya : རྣོན་པོ། 70-9(24a-4)

taimirika : རབ་རིབ་ཅན། 58-8(20a-2) ; 75-4(25b-3)

-tva : ཉིད། 58-8(20a-2) ; 59-5(20a-7) ; 60-2(20b-3) ; 61-4(20b-7) ; 64-7^{2}(22a-1^{2}) ; 65-1(22a-5) ; 65-5(22a-6) ; 65-7(22a-7) ; 67-9(23a-2) ; 68-3(23a-5) ; 69-12(23b-6) ; 70-7(24a-3) ; 70-8(24a-4) ; 70-11(24a-5) ; 70-12(24a-5) ; 71-4(24a-7) ; 71-5(24a-7) ; 71-11(24b-2) ; 72-1(24b-3) ; 73-4(25a-2) ; 74-4(25a-6) ; 74-5(25a-6) ; 74-6(25a-7) ; 75-1^{2}(25b-1^{2}) ; 75-2(25b-2) ; 75-4(25b-3) ; 75-5(25b-3)

-tvāt : ཉིད་ཀྱི་ཕྱིར། 74-9(25b-1)

-tvāt : ཕྱིར། 55-14(18b-7) ; 56-7(19a-5) ; 58-5(19b-7) ; 63-10^{2}(21b-5^{2}) ; 64-1(21b-6) ; 64-2(21b-6) ; 64-2(21b-7) ; 64-3(21b-7) ; 66-3(22b-3) ; 67-8(23a-2) ; 72-5(24b-5) ; 73-1(24b-7) ; 73-5(25a-2) ; 73-9^{2}(25a-4^{2})

-tvāt : ཕྱིར་ན། 74-8(25a-7)

-tvāt : ཡིན་པའི་ཕྱིར། 58-8(20a-2) ; 60-3(20b-3) ; 60-4(20b-3~4) ; 61-5(21a-1) ; 70-1(23b-7) ; 70-5^{2}(24a-2^{2}) ; 71-10(24b-2) ; 72-1(24b-3) ; 72-3*(24b-4)

-tvāt : ཡིན་པའི་ཕྱིར་ན། 75-3(25b-2)

-tvena : ཉིད་ཀྱི་སྒོ་ནས། 69-11(23b-6)

tvad

te : ཁྱོད་ཀྱི། 55-17(19a-2)

te : ཁྱོད་ལ། 56-1(19a-2)

tvayā : ཁྱོད་ཀྱིས། 64-6(22a-1)

D

darśana : ལྟ་བ། 65-2(22a-5) ; 65-2*(22a-5)

dīrgha : རིང་པོ།

hrasvadīrghatā : རིང་པོ་དང་ཐུང་བ་ཉིད། 56-7(19a-5)

duṣkara : དཀའ་བ།

anekaduṣkaraśatahetu : དཀའ་བ་བརྒྱ་ཕྲག་དུ་མའི་རྒྱུ་ཅན། 70-5(24a-2)

dṛṣṭa : མཐོང་།

rūpe dṛṣṭe : གཟུགས་མཐོང་ཚེ་ན། 71-6(24a-7~24b-1)

dṛṣṭa : མཐོང་བ། 75-12(25b-6)

dṛṣṭa : མཐོང་བ་ཡིན། 72-7(24b-6)

dṛṣṭi : མཐོང་། 65-3(22a-5)

dṛṣṭi : མཐོང་བ། 71-6(24a-7) ; 71-6(24b-1) ; 75-12(25b-6)

deva : ལྷ། 57-13(19b-4)

dośa : སྐྱོན། 57-13(19b-5) ; 59-5(20a-7) ; 61-9(21a-3)

dośa : ཉེས་པ།

sa eva doṣaḥ : ཉེས་པ་དེ་ཉིད་དུ་འགྱུར། 60-3(20b-3) ; 61-1~2(20b-6) ; 65-7~8(22b-1) ; 69-6(23b-4)

dyotakatva : གསལ་བར་བྱེད་པ་ཉིད། 59-5(20a-7)

draṣṭum : མཐོང་བར།

na ... śakyaṃ draṣṭum : མཐོང་བར་མི་ནུས། 63-1~2(21b-1)

dvaya : གཉིས། 59-7(20a-7) ; 59-8(20b-1) ; 59-9(20b-1) ; 69-6(23b-4) ; 69-7(23b-4) ; 69-11(23b-6)

dvāra : སྒོ།

dvāreṇa : སྒོ་ནས། 65-5(22a-6)

dvi

dvayos : གཉི་ག

dvayor api : གཉི་ག་ཡང་། 64-12(22a-3~4)

dvābhyām : གཉིས་ལས།

na dvābhyām ... bhavanti : གཉིས་ལས་མ་ཡིན། 57-5(19a-7)

dvicandra : ཟླ་བ་གཉིས། 58-8(20a-2) ; 75-4(25b-3)

dvicittatā : སེམས་... གཉིས།

dvicittatā bhaviṣyati : སེམས་... གཉིས་སུ་འགྱུར། 62-7(21a-7)

dvividha : རྣམ་པ་གཉིས། 61-5(21a-1)

Dh

dharma : དངོས་པོ།

sarvadharma : དངོས་པོ་ཐམས་ཅད། 55-17(19a-2)

dharma : ཆོས།

sarvadharma : ཆོས་ཐམས་ཅད། 65-9(22b-1)

dharmatā : ཆོས་ཉིད། 63-4(21b-2)

dhārā : རྒྱུད། 63-4(21b-2)

dhārā : རྒྱུན། 62-4(21a-5)

dhvani : སྒྲ། 66-6(22b-5)

N

na : མ། 57-5^2(19a-7^2) ; 60-1(20b-2) ; 64-14(22a-4) ; 68-3(23a-5) ; 69-1(23b-1) ; 72-9(24b-7) ; 73-5(25a-3)

na : མ་ཡིན། 55-15(19a-1) ; 56-5(19a-4) ; 57-4(19a-7) ; 57-6(19b-1) ; 58-4(19b-7) ; 58-5(19b-7) ; 58-6(19b-7) ; 58-6(20a-1) ; 58-9(20a-2) ; 58-12(20a-4) ; 59-6(20a-7) ; 60-1(20b-2) ; 62-1(21a-4) ; 64-1(21b-6) ; 64-7(22a-2) ; 64-14(22a-4) ; 65-1(22a-5) ; 65-7(22a-7~22b-1) ; 65-10(22b-1) ; 68-1(23a-4) ; 68-1(23a-5) ; 69-4(23b-3) ; 70-6(24a-3) ; 70-9(24a-4*) ; 71-2(24a-6)

naitad evam : དེ་ནི་དེ་ལྟར་མ་ཡིན། 66-3(22b-3) ; 67-1(22b-6) ; 67-7(23a-1)

naitad evam : དེ་ནི་འདི་ལྟར་མ་ཡིན། 64-10(22a-2~3)

na : མ་ཡིན་པ། 56-6(19a-5) ; 57-2(19a-6) ; 59-9(20b-1) ; 62-2(21a-5) ; 63-3^{5}(21b-2^{5}) ; 68-3^{2}(23a-5^{2}) ; 71-1(24a-6)

na ... iti : མ་ཡིན་པས། 75-1~2(25b-2)

na caitad evam iti : དེ་ལྟར་ཡང་མ་ཡིན་པས། 68-3~4(23a-6)

na caitad evam iti : དེ་ནི་དེ་ལྟར་ཡང་མ་ཡིན་པས། 59-3(20a-6)

na : མ་ཡིན་པར་འགྱུར། 63-10(21b-5)

na : མི། 55-13(18b-7) ; 55-14(19a-1) ; 57-7(19b-1) ; 57-9(19b-2) ; 57-10(19b-2) ; 57-12(19b-4) ; 59-10(20b-2) ; 61-5(20b-7) ; 62-8(21b-1) ; 63-1^{2}(21b-1^{2}) ; 63-3(21b-2) ; 63-5(21b-3) ; 66-8(22b-5) ; 67-1(22b-6) ; 68-5(23a-7) ; 69-8(23b-5) ; 69-10(23b-5) ; 69-14(23b-7) ; 70-3(24a-2) ; 70-9(24a-4) ; 71-4(24a-7) ; 72-8(24b-6) ; 73-7(25a-4) ; 74-3*(25a-6) ; 74-4(25a-6) ; 74-5(25a-6) ; 75-2(25b-2)

na : མི་འགྱུར། 63-10(21b-5) ; 64-4(21b-7) ; 68-1(23a-4)

na : མི་... འགྱུར། 72-3(24b-4)

na : མིན། 64-9(22a-2)

na : མེད། 65-5(22a-7)

nayana : མིག 58-2(19b-5)

nānābhāva : དངོས་པོ་གཞན་པ། 64-8(22a-2)

nāma : ཅེས་བྱ་བར། 64-10(22a-3)

nāma : ཞེས་བྱ་བ། 56-4(19a-4) ; 70-6(24a-3)

nāśayati : འཇིག་པར་བྱེད་པ་ཡིན། 69-2(23b-2)

nāśita : བརླག་པར་བྱས་པ། 58-15(20a-5)

nāsti : མ་ཡིན། 65-7(22a-7) ; 68-3(23a-5)

nāsti : མ་ཡིན་པ།

nāsti saṃbhava iti : ཡོད་པ་མ་ཡིན་པས། 68-3(23a-5)

nāsti : མི་མངའ། 57-7(19b-1)

nāsti : མེད། 56-1(19a-3) ; 59-8(20b-1) ; 59-9(20b-1) ; 63-8(21b-4) ; 64-13(22a-4) ; 67-9(23a-3) ; 67-10(23a-3)

nāsti : མེད་པ། 57-7(19b-1) ; 64-11(22a-3)

nāstīti : མེད་པས། 69-6(23b-4) ; 70-12(24a-5)

nāstīti kṛtvā : མེད་པའི་ཕྱིར། 70-10(24a-5)

nāsti : ཡོད་པ་མ་ཡིན། 57-4(19a-7) ; 58-5(19b-7) ; 58-6(19b-7) ; 58-6(20a-1) ; 58-12(20a-4) ; 59-6(20a-7) ; 65-10(22b-1)

nāsti : ཡོད་པ་མ་ཡིན་པ། 56-6(19a-5)

nāstīti : ཡོད་པ་མ་ཡིན་པས། 59-9(20b-1) ; 62-2~3(21a-5)

nāstitva : ཡོད་པ་མ་ཡིན་པ་ཉིད། 68-3(23a-5)

nidarśana : དཔེ། 67-5(23a-1) ; 67-6(23a-1) ; 67-9~10(23a-3)

nimittaka : རྒྱུ་ཅན། 70-3(24a-1)

nirapekṣa : ལྟོས་པ་མེད་པ། 64-1(21b-6) ; 64-2(21b-6)

nirapekṣa : མ་ལྟོས་པ། 56-7(19a-5)

niravaśeṣa : རོ་ཅོག་མ་ལུས་པ། 58-12(20a-4)

nirākaraṇa : བསལ་བ། 69-3(23b-2)

nirācikīrṣā : བསལ་བར་འདོད་པ། 66-6(22b-4)

nirāśraya : རྟེན་མེད་པ། 59-9(20b-1)

lakṣaṇaṃ nirāśrayam : རྟེན་མེད་པའི་མཚན་ཉིད། 67-11(23a-3)

nirāśrayalakṣaṇapravṛttyasaṃbhava :

རྟེན་མེད་པའི་མཚན་ཉིད་འཇུག་པ་མེད་པ། 62-2(21a-4~5)

nirmita : སྤྲུལ་པ། 57-13(19b-4)

nirvṛtti : སྒྲུབ་པ། 65-4~5(22a-6)

nivartayāmi : ཟློག་པར་བྱེད་པ་ཡིན། 69-4(23b-3)

niścaya : ངེས་པ། 55-11(18b-6) ; 55-15(19a-1) ; 55-16(19a-2) ; 55-17(19a-2) ; 56-1(19a-3) ;56-4(19a-4) ; 56-5(19a-4) ; 56-6(19a-5) ; 56-7(19a-5) ; 57-4(19a-6~7)

niścita : ངེས་པར་གྱུར་པ།

  niścitam ... vākyam : ངེས་པར་གྱུར་པའི་ངག། 57-5~6(19a-7)

niścitarūpa : ངེས་པའི་རང་བཞིན།

  niścitarūpaṃ vākyam : ངེས་པའི་རང་བཞིན་གྱི་ངག། 57-4(19a-7)

niṣedha : བཀག་པ། 61-11(21a-3)

nīla : སྔོན་པོ། 70-1(23b-7) ; 70-2~3(24a-1) ; 70-8(24a-3) ; 70-10(24a-5) ; 70-11(24a-5) ; 70-12(24a-5) ; 71-4(24a-7) ; 71-11(24b-2) ; 73-1(24b-7) ; 74-8(25b-1) ; 74-9(25b-1)

no : མ་ཡིན། 74-9(25b-1)

no : ཡོད་པ་མ་ཡིན། 75-11(25b-6)

nyāya : ཚུལ། 68-6(23a-7)

nyāyya : རིགས། 73-8(25a-4)

  na ... nyāyyāḥ : མི་རིགས། 67-1(22b-6)

P

pakṣa : ཕྱོགས། 69-3(23b-2)

pañcan : ལྔ་པོ།

  pañcānām indriyavijñānānām :

དབང་པོའི་རྣམ་པར་ཤེས་པ་ལྔ་པོ་རྣམས། 74-9~75-1(25b-1)

paṭumandatā : གསལ་བ་དང་ཞན་པ། 72-4(24b-5)

padārtha : དངོས་པོ། 67-1(22b-6) ; 67-7(23a-2)

padārtha : དོན། 74-2(25a-5)

padārthāntara : དངོས་པོ་གཞན། 66-4(22b-3) ; 66-5(22b-4)

paratantra : གཞན་གྱི་དབང་། 73-6(25a-3)

paratas : གཞན་ལས།

nāpi parataḥ ... bhavanti : གཞན་ལས་མིན། 57-5(19a-7)

paratas : གཞན་... ལས། 55-13(18b-7) ; 57-2(19a-6)

parapratyāyana : གཞན་ཁོང་དུ་ཆུད་པར་བྱེད་པ། 56-2(19a-3)

parabhūta : གཞན་དུ་གྱུར་པ། 58-5(19b-7)

paramārtha : དོན་དམ་པ། 57-7(19b-1) ; 57-9(19b-2) ; 69-1(23b-1) ; 69-6(23b-4)

parasparabheda : ཕན་ཚུན་དབྱེ་བ། 73-3(25a-2)

parasparavibhāgaparijñāna :

ཕན་ཚུན་རྣམ་པར་དབྱེ་བ་ཡོངས་སུ་ཤེས་པ། 64-11(22a-3)

parasparāpekṣā : ཕན་ཚུན་ལྟོས་པ།

parasparāpekṣayā : ཕན་ཚུན་ལྟོས་པས། 75-10(25b-5)

parasparāpekṣāmātratā : ཕན་ཚུན་ལྟོས་པ་ཙམ།

parasparāpekṣāmātratayā : ཕན་ཚུན་ལྟོས་པ་ཙམ་གྱིས། 67-11*(23a-4)

parāvabodha : གཞན་རྟོགས་པར་བྱ་བ། 57-11(19b-3)

parikalpanā : རྟོག

parikalpanāyām : རྟོག་ན། 61-8(21a-2~3)

parikalpayiṣyāmas : ཡོངས་སུ་རྟོག་པར་བྱེད། 57-1(19a-6)

parikalpita : ཀུན་ཏུ་བརྟགས་པ། 67-1(22b-6)

parikalpyate : རྟོག 65-1(22a-5) ; 70-11(24a-5)

parikliśyanti : ཉོན་མོངས་པར་འགྱུར། 58-3(19b-6)

parikliśyante : ཡོངས་སུ་ཉོན་མོངས་པར་འགྱུར། 57-12(19b-4)

paricodayanti : སྐོལ་བར་བྱེད། 55-11(18b-6)

paricchitti : ཡོངས་སུ་གཅོད་པ། 65-6(22a-7)

paricchidyante : ཡོངས་སུ་གཅོད་པར་བྱེད། 59-4(20a-7)

pariccheda : ཡོངས་སུ་གཅོད་པ། 64-12(22a-3) ; 64-14(22a-4) ; 65-7(22a-7)

paricchedaka : ཡོངས་སུ་གཅོད་པར་བྱེད་པ། 71-11~72-1(24b-3)

paricchedya : ཡོངས་སུ་གཅད་པར་བྱ་བ། 70-1(23b-7)

parijñāna : ཡོངས་སུ་ཤེས་པ། 64-11(22a-3)

parijñāna : ཡོངས་སུ་ཤེས་པར་འགྱུར་བ། 64-11(22a-3)

paribodhayanti : ཁོང་དུ་ཆུད་པར་མཛད་པ་ཡིན། 58-3(20a-2~3)

paribhraśyamāna : ཉམས་པ། 69-4(23b-3)

parokṣaviṣaya : ལྐོག་ཏུ་གྱུར་པའི་ཡུལ་ཅན། 75-6(25b-4)

paryeṣate : ཀུན་ཏུ་ཚོལ། 62-4~5(21a-5)

paśyati : མཐོང་། 63-5(21b-3)

paśyati : མཐོང་བ། 63-6(21b-3)

pāṇi : ལག་པ། 66-4(22b-3)

pudgala : གང་ཟག 67-3(22b-7)

puṣpa : མེ་ཏོག

khapuṣpa : ནམ་མཁའི་མེ་ཏོག 64-2(21b-6)

pūrva : སྔ་མ།

pūrveṇa : སྔ་མ་དང་། 72-8(24b-6)

pūrva : སྔ་རོལ།

pūrvam : སྔ་རོལ་ནས། 58-4(19b-7)

pūrvika : སྔོན་དུ་འགྲོ་བ་ཅན། 69-8(23b-4)

pṛthak : ལོགས་ཤིག་ཏུ། 70-7(24a-3)

pṛthagjana : སོ་སོའི་སྐྱེ་བོ། 58-3(19b-5)

pṛthivī : ས། 61-3(20b-6) ; 66-3(22b-2) ; 66-7~8(22b-5) ; 67-10(23a-3) ; 70-11(24a-5)

pṛthivyāḥ kāṭhinyam : སའི་སྲ་བ། 60-5~6(20b-4)

pṛthivyāḥ svalakṣaṇam : སའི་རང་གི་མཚན་ཉིད། 66-2(22b-3)

prakaraṇa : རབ་ཏུ་བྱེད་པ། 58-10(20a-3) ; 58-11(20a-3)

pracchādita : བཀབ་པ། 57-13(19b-5)

prajānāti : རབ་ཏུ་ཤེས། 63-6(21b-3)

prajñapti : བཏགས་པ། 67-3(22b-7)

praṇayana : བརྗོད་པ། 59-2(20a-6)

prati : སོ་སོ། 72-2(24b-3) ; 72-6(24b-5)

pratigata : མངོན་དུ་ཕྱོགས་པ། 71-10(24b-2)

pratipakṣa : གཉེན་པོ།

pratipakṣeṇa : གཉེན་པོར། 58-10(20a-3)

pratipakṣa : གཉེན་པོར་གྱུར་པ། 56-5(19a-4)

pratipattṛ : རྟོགས་པ་པོ། 66-7*(22b-5)

pratipadyamāna : རྟོགས་པ། 60-8(20b-5)

pratipādakatva : སྟོན་པར་བྱེད་པ་ཉིད། 75-1(25b-1)

pratipādana : བསྟན་པར་བྱ་བ། 58-12~13(20a-4)

pratibaddha : རག་ལས། 69-10(23b-5)

prativijñapti : སོ་སོར་རྣམ་པར་རིག་པ། 60-6(20b-4)

prativiṣaya : ཡུལ་སོ་སོ་བ། 72-3(24b-4)

pratiṣedhayitavyāni : སོ་སོར་དགག་པར་བྱ་བ་ཡིན། 71-9(24b-1)

pratītyasamutpāda : རྟེན་ཅིང་འབྲེལ་པར་འབྱུང་བ། 58-12(20a-4)

pratyakṣa : མངོན་སུམ། 69-13(23b-6) ; 70-1(23b-7) ; 70-2(24a-1) ; 70-3(24a-1) ; 70-6(24a-3) ; 71-7(24b-1) ; 71-10(24b-2) ; 74-3(25a-6) ; 74-8(25a-7)

pratyakṣa : མངོན་སུམ་ཉིད། 72-6~7(24b-6) ; 75-3(25b-3)

pratyakṣakāraṇa : མངོན་སུམ་གྱི་རྒྱུ་ཅན། 72-1(24b-3)

pratyakṣatva : མངོན་སུམ་ཉིད། 70-7(24a-3) ; 70-8(24a-4) ; 70-11(24a-5) ; 70-12(24a-5) ; 71-4(24a-7) ; 71-5(24a-7) ; 71-11(24b-2) ; 72-1(24b-3) ; 73-4(25a-2) ; 74-4(25a-6) ; 74-5(25a-6) ; 74-6(25a-7) ; 75-2(25b-2) ; 75-5(25b-3)

pratyakṣapramāṇaparicchedya :

མངོན་སུམ་གྱི་ཚད་མས་ཡོངས་སུ་གཅད་པར་བྱ་བ། 70-1(23b-7)

pratyakṣalakṣaṇābhidhānārtha :

མངོན་སུམ་གྱི་མཚན་ཉིད་བརྗོད་པའི་དོན་ཅན། 74-9(25b-1)

pratyakṣaśabda : མངོན་སུམ་གྱི་སྒྲ། 71-10(24b-2) ; 72-2(24b-3) ; 73-9(25a-4) ; 74-1(25a-5)

pratyaya : ཤེས་པ། 73-1~2(25a-1)

pratyayaviruddha : རྐྱེན་དང་... འགལ་བ།

na pratyayaviruddhā : རྐྱེན་དང་མི་འགལ་བ། 63-3(21b-2)

pratyartha : དོན་སོ་སོ། 73-9(25a-4)

pratyartha : དོན་སོ་སོ་བ། 72-3(24b-4)

pratyavasthāna : ཕྱིར་བཟློག་པ། 58-9(20a-2)

pratyāyana : ཁོང་དུ་ཆུད་པར་བྱེད་པ། 56-2*(19a-3)

prathamaprakaraṇārambha :

རབ་ཏུ་བྱེད་པ་དང་པོ་བརྩམས་པ། 58-10~11(20a-3)

pradhānakriyā : གཙོ་བོར་གྱུར་པའི་བྱ་བ། 65-4(22a-6) ; 65-6(22a-6~7) ; 65-6(22a-7)

prapañcasaṃbhava : སྤྲོས་པ་མངའ་བ། 57-8(19b-2)

pramāṇa : ཚད་མ། 55-12(18b-6) ; 55-14~15(19a-1) ; 55-15(19a-1) ; 57-1(19a-6) ; 59-4(20a-7) ; 70-1(23b-7) ; 73-7(25a-3) ; 74-8(25a-7) ; 75-11(25b-6)

satsu pramāṇeṣu : ཚད་མ་དག་ཡོད་ན། 75-10(25b-5)

pramāṇacatuṣṭaya : ཚད་མ་བཞི། 75-9(25b-5)

pramāṇaja : ཚད་མ་ལས་སྐྱེས་པ། 55-12(18b-6) ; 56-4(19a-4)

pramāṇaja : ཚད་མ་ལས་སྐྱེས་པ་ཞིག 55-11(18b-6)

pramāṇadvaya : ཚད་མ་གཉིས། 59-7(20a-7*) ; 59-8(20b-1) ; 59-9(20b-1) ; 69-7(23b-4)

pramāṇaprameya : ཚད་མ་དང་གཞལ་བྱ། 75-11(25b-6)

pramāṇaprameyavyavahāra : ཚད་མ་དང་གཞལ་བྱའི་ཐ་སྙད། 68-5(23a-6~7) ; 74-7*(25a-7)

pramāṇaprameyavyavahāro laukikaḥ :

ཚད་མ་དང་གཞལ་བྱའི་ཐ་སྙད་འཇིག་རྟེན་པ། 58-14(20a-4)

pramāṇalakṣaṇa : ཚད་མའི་མཚན་ཉིད། 73-4(25a-2)

pramāṇasaṃkhyāpravṛtti : ཚད་མའི་གྲངས་སུ་འཇུག་པ། 73-6(25a-3)

pramāṇādhīna : ཚད་མ་ལ་རག་ལས་པ། 55-14(18b-7) ; 59-4(20a-6)

pramāṇāntara : ཚད་མ་གཞན། 67-2(22b-6)

pramāṇāntaratva : ཚད་མ་གཞན་ཉིད། 69-12(23b-6)

prameya : གཞལ་བྱ། 58-14(20a-4) ; 59-8(20b-1) ; 61-5^{2}(21a-1^{2}) ; 61-6(21a-1) ; 68-5(23a-6) ; 74-7(25a-7) ; 75-11(25b-6)

  satsu prameyeṣv artheṣu : གཞལ་བྱའི་དོན་དག་ཡོད་ན། 75-10(25b-5~6)

prameyatva : གཞལ་བྱ་ཉིད། 61-4(20b-7)

prameyadvaya : གཞལ་བྱ་གཉིས། 69-11(23b-6)

prameyaparatantra : གཞལ་བྱའི་གཞན་གྱི་དབང་། 73-6(25a-3)

prameyākārānukāritā : གཞལ་བྱའི་རྣམ་པའི་རྗེས་སུ་བྱེད་པ། 73-6(25a-3)

prameyādhigama : གཞལ་བྱ་རྟོགས་པ། 55-14(18b-7) ; 59-4(20a-6)

prameyāntarbhāva : གཞལ་བྱའི་ཁོངས་སུ་འདུ་བ། 61-11(21a-3)

prameyārtha : གཞལ་བྱའི་དོན། 75-10(25b-5)

prayatna : འབད་པ། 59-2(20a-6) ; 59-3(20a-6)

prayukta : རབ་ཏུ་སྦྱོར་བ། 63-2(21b-1)

prayojana : དགོས་པ། 73-5(25a-3)

pravṛtta : འཇུག་པ། 73-1(24b-7)

pravṛtta : རབ་ཏུ་ཞུགས་པ། 69-9(23b-5)

pravṛtti : འཇུག་པ། 62-2(21a-5) ; 73-3(25a-2) ; 73-6(25a-3)

  pravṛttau : འཇུག་པས། 66-4(22b-3)

pravṛtti : འབྱུང་བ། 72-4(24b-4)

pravṛttitā : འཇུག་པ་ཉིད། 69-10*(23b-5)

prasaṅga : ཐལ་བར་འགྱུར་བ།

prasaṅgāt : ཐལ་བར་འགྱུར་བའི་ཕྱིར། 67-2(22b-7)

prasaṅga : སྤྲོས་པ།

alaṃ prasaṅgena : སྤྲོས་པས་ཆོག 75-12(25b-6)

prasiddha : གྲགས་པ། 58-3(20a-2) ; 74-1(25a-5)

prasiddha : གྲུབ་པ། 57-6(19a-7) ; 67-4(22b-7)

prasiddha : རབ་ཏུ་གྲགས་པ། 73-9(25a-4)

prasiddhaśabda : རབ་ཏུ་གྲགས་པའི་སྒྲ། 74-3(25a-5)

prasiddhi : འགྲུབ་པར་བྱ་བ། 57-1(19a-5)

prasiddhi : རབ་ཏུ་གྲགས་པ། 68-6(23a-7)

prasiddhopapatti : རབ་ཏུ་གྲགས་པའི་འཐད་པ། 57-10(19b-3)

prasiddhyanugata : རབ་ཏུ་གྲགས་པ་དང་རྗེས་སུ་འབྲེལ་བ། 60-7*(20b-5)

prastuta : དཀྱུས་མ། 75-12(25b-6)

prāk : སྔར། 57-13(19b-4)

Ph

phala : དགོས་པ། 58-15(20a-5)

B

bahu : མང་པོ། 74-5(25a-6)

bahula : ཕལ་ཆེ། 60-1(20b-3)

bīja : ས་བོན། 58-6(20a-1)

buddha : སངས་རྒྱས། 70-2(24a-1)

buddhi : བློ། 66-4(22b-3)

buddhin : བློ་... ལྡན་པ།

uttamabuddhin : བློ་མཆོག་ལྡན་པ། 71-9(24b-1)

buddhyupajanana : བློ་སྐྱེས་པ། 66-5(22b-4)

bodhayanti : ཁོང་དུ་ཆུད་པར་མཛད། 57-11(19b-3)

bodhayiṣyanti : ཁོང་དུ་ཆུད་པར་མཛད། 57-9(19b-2)

bodhisattva : བྱང་ཆུབ་སེམས་དཔའ། 63-6*(21b-3)

brūmas : སྨྲ། 68-7(23a-7)

brūyāt : སྨྲ། 71-7(24b-1)

Bh

bhavat

bhavatas : ཁྱེད་ཀྱི། 55-16(19a-1~2)

bhavatas : ཁྱོད། 69-10(23b-5)

bhavatām : ཁྱེད་ཅག་གི། 57-4(19a-7)

bhavantam : ཁྱོད། 69-4(23b-3)

bhavān : ཁྱོད། 69-1(23b-1) ; 69-9(23b-5)

bhavati : འགྱུར། 64-11(22a-3) ; 71-11(24b-2) ; 73-3(25a-2)

uktaṃ bhavati : སྨྲས་པར་འགྱུར། 60-8(20b-6)

bhavati : འགྱུར་བ། 72-5(24b-5)

bhavanti

na ... bhavanti : མ་ཡིན། 57-5[2](19a-7[2])

na ... bhavanti : མིན། 57-5[2](19a-7[2])

bhavitavya : འགྱུར་བར་བྱ་དགོས། 69-6(23b-3~4)

bhavitavya : ཡོད་པར་འགྱུར་དགོས་པ།

bhavitavyam iti : ཡོད་པར་འགྱུར་དགོས་པས། 61-1(20b-6)

bhavitavya : ཡོད་པར་བྱ་དགོས། 61-8(21a-2)

bhaviṣyati : གྱུར་པ། 55-16(19a-2)

bhaviṣyati : འགྱུར། 56-1(19a-2) ; 57-2(19a-6) : 62-7(21a-7) ; 64-10(22a-2) ; 66-3(22b-3) ; 72-7(24b-6)

bhaviṣyati : འགྱུར་བ། 56-1(19a-2)

bhāva : ངོ་བོ། 60-8(20b-5) ; 60-8~61-1(20b-6) ; 61-8(21a-2) ; 65-5(22a-6) ; 68-8(23b-1) ; 73-7(25a-3)

bhāva : དངོས་པོ། 55-11(18b-6) ; 55-16(19a-1) ; 55-16(19a-2) ; 57-5(19a-7) ; 58-10(20a-3) ; 66-2(22b-2) ; 66-8(22b-5)

ekībhāva : དངོས་པོ་གཅིག་པ། 64-8(22a-2)

nānābhāva : དངོས་པོ་གཞན་པ། 64-8(22a-2)

bhāvānām ... viparītaṃ svabhāvam :

དངོས་པོ་རྣམས་ཀྱི་རང་བཞིན་ཕྱིན་ཅི་ལོག 58-1~2(19b-5~6)

bhāvin : འབྱུང་བ། 66-4(22b-3)

bhinna : ཐ་དད་པ། 63-10^{2}(21b-5^{2}) ; 64-1(21b-6)

bhūta : གྱུར་པ། 58-5(19b-7) ; 67-4(22b-7) ; 70-10(24a-4~5)

bheda : ཐ་དད་པ།

bhedena : ཐ་དད་པ། 63-9(21b-5)

bhedena : ཐ་དད་པར། 63-9(21b-4)

bheda : རྣམ་པར་དབྱེ་བ། 72-9(24b-7)

bheda : དབྱེ་བ། 73-3(25a-2)

bherīśabda : རྔའི་སྒྲ། 72-7(24b-6)

M

matinayana : བློ་གྲོས་ཀྱི་མིག 58-2(19b-5)

mad

aham : ཁོ་བོ།

so 'ham : ཁོ་བོ་ནི། 69-2(23b-2)

mama : ངའི། 55-17(19a-2) ; 56-1(19a-2)

madhura : མངར། 71-8(24b-1)

madhyamakāvatāra : དབུ་མ་ལ་འཇུག་པ། 61-11(21a-3) ; 65-11(22b-2)

manovijñāna : ཡིད་ཀྱི་རྣམ་པར་ཤེས་པ། 72-9(24b-7) ; 73-3(25a-1)

manda : ཞན་པ།

paṭumandatā : གསལ་བ་དང་ཞན་པ། 72-4(24b-5)

manyase : སེམས།

atha manyase ... iti : ཅི་སྟེ་... སྙམ་དུ་སེམས་ན། 61-10~11(21a-3)

mātra : ཙམ། 65-2(22a-5) ; 65-6(22a-7) ; 66-4(22b-4) ; 67-11*(23a-4) ; 68-8(23b-1) ; 69-10(23b-5) ; 73-6(25a-3)

mātra : ཙམ་ཞིག 67-6(23a-1) ; 73-4(25a-2)

mānasa : ཡིད་ལས་བྱུང་བ་ཞིག 73-2(25a-1)

mumukṣu : ཐར་པ་འདོད་པ། 68-8(23b-1)

mūla : རྩ་བ།

kuśalamūla : དགེ་བའི་རྩ་བ། 68-8~69-1(23b-1)

mṛd : འཇིམ་པ། 58-4(19b-6)

mṛdu : འཇམ་པ།　71-8(24b-1)

mṛṣā : བརྫུན་པ།　58-7(20a-1)

mokṣāvāhakakuśalamūlopacayahetu :

ཐར་པ་འདྲེན་པར་བྱེད་པའི་དགེ་བའི་རྩ་བ་གསོག་པའི་རྒྱུ།　68-8~69-1(23b-1)

Y

yatas : གང་ལས།

yataḥ ... tata eva : གང་ལས་... འདི་ཉིད་ལས།　55-16~17(19a-2)

yatra : གང་ན།

yatra ca ... tatra : གང་ན་... དེར་ནི།　64-11(22a-3)

yathā : ཇི་སྐད་དུ།

yathoktam ... iti : ཇི་སྐད་དུ་... ཞེས་བཤད་དོ།　70-12~71-2(24a-5~6) ;
71-5~9(24a-7~24b-1)

yathā : ཇི་ལྟར།

tathā ... tathā ... yathā : ཇི་ལྟར་... དེ་ལྟར་... དེ་ལྟར།　63-5(21b-3)

yathā ... evam : ཇི་ལྟར་... དེ་བཞིན་དུ།　72-4~5(24b-4~5)

yathā ca ... evam : ཡང་ཇི་ལྟར་... དེ་བཞིན་དུ།　58-5~6(19b-7~20a-1)

yathā ca ... tathaiva : ཡང་ཇི་ལྟར་... དེ་ཁོ་ན་ལྟར།　55-17(19a-2)

yathā ... tathā : ཇི་ལྟར་... དེ་ལྟར་ནི།　74-1~2(25a-5)

yathā ... tathā : ཇི་ལྟར་... དེ་བཞིན།　71-1~2(24a-5~6)

yathā : དཔེར་ན།

yathā ... evam : དཔེར་ན་... དེ་བཞིན་དུ།　66-1~2(22b-2)

yathā : དཔེར་ན་... ལྟ་བུ།

iti yathā : དཔེར་ན་... སྣམ་པ་ལྟ་བུའོ། 75-7~8(25b-5)

yathā ca : ཇི་སྐད་དུ།

yathā coktam ... iti : ཇི་སྐད་དུ་... ཞེས་བཤད་དོ། 64-4~6(21b-7~22a-1)

yathādṛṣṭam : མཐོང་བ་ཇི་ལྟ་བ་བཞིན་དུ། 75-12(25b-6)

yathāsthitalaukikapadārtha : འཇིག་རྟེན་པའི་དོན་ཇི་ལྟར་གནས་པ། 74-2(25a-5)

yathāsvam : བདག་ཉིད་ཇི་ལྟ་བུ། 65-4(22a-6)

yathaiva : ཇི་ལྟར།

yathaiva ... evam : ཇི་ལྟར་... དེ་བཞིན་དུ། 70-2(23b-7~24a-1)

yathaiva hi : ཇི་ལྟར།

yathaiva hi ... evam : ཇི་ལྟར་... དེ་བཞིན་དུ། 57-11~58-1(19b-3~5) ; 67-8~9(23a-2)

yad

yat : གང་ཡིན་པ།

yat ... tat : གང་ཡིན་པ་དེ་ནི། 60-5(20b-5) ; 61-3(20b-7)

yat ... saḥ : གང་ཡིན་པ་དེ་ནི། 75-7(25b-4)

yad eva ... tad eva : གང་ཡིན་པ་དེ་ཉིད། 62-6(21a-6) ; 62-7(21a-7)

yat : གང་ལ།

tatra ... yat : གང་ལ་... དེ་དག་ལ། 57-8(19b-1~2)

yayos : གང་དག

yayoḥ ... tayoḥ : གང་དག་... དེ་གཉིས། 64-8~9(22a-2)

yas : གང་ཞིག

yas tu ... tasya : གང་ཞིག་... དེ་ལྟར་ན་ནི། 72-1~2(24b-3)

yasmāt : འདི་ལྟར། 65-2(22a-5)

yasmāt ... tataś ca : འདི་ལྟར་... དེའི་ཕྱིར། 58-7~8(20a-1~2)

yasya : གང་ཞིག 70-7(24a-3)

yasya : གང་ལ། 59-7(20b-1)

yā : གང་།

yā ... tām : གང་... དེ། 63-2~4(21b-1~3)

yā : གང་ཡིན་པ།

yā ... tām : གང་ཡིན་པ་དེ་དག 57-10 ~11(19b-3)

yena : གང་གིས།

yena ... tasya : གང་གིས་... དེ། 60-2~3(20b-3)

yadā : གང་གི་ཚེ།

yadā ... tadā : གང་གི་ཚེ་... དེའི་ཚེ། 56-7~57-1(19a-5) ; 69-11(23b-6)

yadā tu ... tadā : གང་གི་ཚེ་... དེའི་ཚེ་ན། 56-6(19a-5)

yadi : གལ་ཏེ།

yadi ... yadi vā ... vā : གལ་ཏེ་... འམ་... དམ་... ཀྱང་རུང་སྟེ། 75-2~3(25b-2)

yadi : གལ་ཏེ་... ན། 57-4(19a-6~7) ; 57-9(19b-2) ; 59-4(20a-6) ; 64-14(22a-4)

yadi : གལ་ཏེ་... ན་ནི། 55-12(18b-6) ; 56-4(19a-3~4) ; 59-7(20a-7~20b-1) ; 59-8(20b-1) ; 61-1(20b-6) ; 62-6(21a-6~7) ; 63-9(21b-5) ; 69-5(23b-3) ; 70-10(24a-4~5)

yadi hi : གལ་ཏེ་... ན། 57-9(19b-2)

yadi hi : གལ་ཏེ་... ན་ནི། 59-1(20a-5~6)

yady api ... tathāpi : མོད་ཀྱི། དེ་ལྟ་ན་ཡང་། 67-10~11(23a-3) ; 72-5~6(24b-5)

yavāṅkura : ནས་ཀྱི་མྱུ་གུ། 72-7(24b-6)

yāvat : ཇི་སྲིད།

tāvat ... yāvat : ཇི་སྲིད་... དེ་སྲིད་དུ། 68-8~69-1(23b-1)

yukta : རིགས། 66-7(22b-5) ; 70-6(24a-3)

na yuktaḥ : མི་རིགས། 55-13~14(18b-7) ; 66-8(22b-5) ; 70-9(24a-4)

na ... yuktaḥ : མི་རིགས། 70-3~4(24a-2)

na yuktam : མི་རིགས། 69-14(23b-7) ; 75-2(25b-2)

yukta : རིགས་པ།

na yuktam : རིགས་པ་མ་ཡིན། 55-15~16(19a-1) ; 58-9(20a-2) ; 65-1~2(22a-5)

na yuktā : མི་རིགས་པར་འགྱུར། 72-3(24b-4)

yukti : འཐད་པ། 68-2(23a-5)

yuktividhura : རིགས་པ་དང་འགལ་བ། 67-1(22b-6)

yujyate : རིགས་པ།

na yujyate : རིགས་པ་མ་ཡིན། 62-1(21a-4)

yoniśas : ཚུལ་བཞིན། 63-2(21b-1)

R

ratnacūḍaparipṛcchā : གཙུག་ན་རིན་པོ་ཆེས་ཞུས་པ། 62-4(21a-5)

rāgin : འདོད་ཆགས་ཅན། 57-12(19b-3)

rāhu : སྒྲ་གཅན། 66-6(22b-5) ; 67-4(22b-7) ; 67-9(23a-2)

rāhoḥ śiraḥ : སྒྲ་གཅན་གྱི་མགོ། 66-1(22b-2)

rūpa : ངོ་བོ། 60-5(20b-5) ; 73-7(25a-3)

rūpa : གཟུགས། 67-8(23a-2) ; 68-2(23a-5) ; 71-1(24a-6) ; 71-2(24a-6)

rūpe dṛṣṭe : གཟུགས་མཐོང་ཚེ་ན། 71-6(24a-7~24b-1)

rūpa : རང་བཞིན། 57-4(19a-7) ; 61-5(20b-7)

rūpavijñāna : གཟུགས་ཀྱི་རྣམ་པར་ཤེས་པ། 72-8(24b-6)

rūpīndriyaja : དབང་པོ་གཟུགས་ཅན་ལས་སྐྱེས་པ་ཞིག 73-2(25a-1)

L

lakṣaṇa : མཚན་ཉིད། 55-12(18b-6~7) ; 57-1(19a-6) ; 58-15(20a-5) ; 59-1(20a-5) ; 59-2(20a-6) ; 59-5(20a-7) ; 59-7(20b-1) ; 59-9(20b-1) ; 59-11(20b-2) ; 60-1(20b-2) ; 60-2(20b-3) ; 62-2(21a-4~5) ; 63-9(21b-4) ; 63-10^{4}(21b-5^{4}) ; 64-1(21b-5) ; 64-2(21b-6) ; 64-2(21b-6~7) ; 64-3(21b-7) ; 64-5(22a-1) ; 64-7(22a-1) ; 64-11~12(22a-3) ; 69-5(23b-3) ; 69-11(23b-6) ; 69-14(23b-7) ; 70-4~5(24a-2) ; 71-3^{2}(24a-6^{2}) ; 73-4(25a-2) ; 74-9(25b-1)

lakṣaṇaṃ nirāśrayam : རྟེན་མེད་པའི་མཚན་ཉིད། 67-11(23a-3)

lakṣaṇadvaya : མཚན་ཉིད་གཉིས། 69-6(23b-4)

lakṣaṇanirapekṣa : མཚན་ཉིད་ལ་ལྟོས་པ་མེད་པ། 64-1(21b-6) ; 64-1~2(21b-6)

lakṣaṇasvabhāva : མཚན་ཉིད་ཀྱི་རང་བཞིན། 64-4(21b-7)

lakṣaṇasvātman : མཚན་ཉིད་ཀྱི་རང་གི་བདག་ཉིད། 64-2~3(21b-7)

lakṣaṇāsaṃpravṛtti : མཚན་ཉིད་འཇུག་པ་མ་ཡིན། 59-10(20b-2)

lakṣya : མཚན་ཉིད་ཀྱི་གཞི། 64-2(21b-6)

lakṣya : མཚན་གཞི། 59-8(20b-1) ; 59-9(20b-1) ; 59-10(20b-2) ; 59-11(20b-2) ; 62-2(21a-4) ; 63-9(21b-4) ; 63-10^{2}(21b-5^{2}) ; 64-1(21b-5) ; 64-1^{3}(21b-6^{3}) ; 64-3(21b-7) ; 64-5^{2}(22a-1^{2}) ; 64-12(22a-3) ; 66-9(22b-5) ; 67-10(23a-3) ; 67-11(23a-3) ; 69-5(23b-3) ; 69-6(23b-4) ; 75-2(25b-2)

lakṣyasya lakṣyatā : མཚན་གཞིའི་མཚན་གཞི་ཉིད། 64-3(21b-7)

lakṣyatā : མཚན་གཞི་ཉིད། 64-3(21b-7)

lakṣyate : མཚོན་པར་བྱ་བ།

yal lakṣyate : མཚོན་པར་བྱ་བས་ན། 61-6(21a-1)

lakṣyate ... iti : མཚོན་པར་བྱ་བས་ན། 60-2(20b-3)

lakṣyate : མཚོན་པར་བྱེད། 63-8(21b-4)

lakṣyate : མཚོན་པར་བྱེད་པ། 60-2(20b-3) ; 62-1(21a-4)

yal lakṣyate : མཚོན་པར་བྱེད་པས་ན། 61-7(21a-2)

lakṣyata iti kṛtvā : མཚོན་པར་བྱེད་པས། 60-6~7(20b-4)

lakṣyate ... iti : མཚོན་པར་བྱེད་པས་ནི། 60-1(20b-2)

lakṣyamāṇatva : མཚོན་པར་བྱ་བ་ཉིད། 60-2(20b-3)

lakṣyalakṣaṇasiddhi : མཚན་གཞི་དང་མཚན་ཉིད་འགྲུབ་པ། 64-7(22a-1)

lakṣyavaiparītya : མཚོན་བྱ་ཕྱིན་ཅི་ལོག 59-2(20a-6)

lakṣyasvātman : མཚན་གཞིའི་རང་གི་བདག་ཉིད། 64-3(21b-7)

latā : འཁྲི་ཤིང་། 63-4(21b-2)

liṅga : རྟགས། 75-6(25b-4)

loka : འཇིག་རྟེན། 57-6(19b-1) ; 57-11(19b-3) ; 59-2(20a-5) ; 69-4(23b-3) ; 70-4(24a-2) ; 73-9(25a-4) ; 74-2(25a-5) ; 75-2(25b-2)

lokasyārthādhigamaḥ : འཇིག་རྟེན་གྱི་དོན་རྟོགས་པ། 75-9(25b-5)

loka : འཇིག་རྟེན་པ། 57-9(19b-2) ; 74-6~7(25a-7)

lokatas : འཇིག་རྟེན་...ལ།

lokata eva : འཇིག་རྟེན་ཁོ་ན་ལ། 57-10(19b-3)

lokaprasiddha : འཇིག་རྟེན་ལ་གྲགས་པ། 74-1*(25a-5)

lokaprasiddhi : འཇིག་རྟེན་ལ་རབ་ཏུ་གྲགས་པ། 68-6(23a-7)

lokavṛddha : འཇིག་རྟེན་གྱི་རྒན་རབས། 69-4*(23b-3)

lokavyavahāra : འཇིག་རྟེན་གྱི་ཐ་སྙད། 71-3(24a-6)

lokavyavahārāṅgabhūta :

འཇིག་རྟེན་གྱི་ཐ་སྙད་ཀྱི་ཡན་ལག་ཏུ་གྱུར་པ། 70-10(24a-4~5)

lokasaṃvṛti : འཇིག་རྟེན་གྱི་ཀུན་རྫོབ།

　lokasaṃvṛtyā : འཇིག་རྟེན་གྱི་ཀུན་རྫོབ་ཏུ། 67-9(23a-2) ; 71-4(24a-7)

lokasaṃvyavahāra : འཇིག་རྟེན་གྱི་ཐ་སྙད། 57-10(19b-2)

lokācāra : འཇིག་རྟེན་གྱི་ཆོས་ལུགས། 69-4(23b-3)

laukika : འཇིག་རྟེན་པ། 58-14(20a-4) ; 75-11~12(25b-6)

　laukika eva pakṣe sthitvā :

　འཇིག་རྟེན་པའི་ཕྱོགས་ཉིད་ལ་གནས་ཏེ། 69-3(23b-2)

　laukikasya ... pramāṇaprameyavyavahārasya :

　འཇིག་རྟེན་པའི་ཚད་མ་དང་གཞལ་བྱའི་ཐ་སྙད། 74-7*(25a-7)

　laukike vyavahāre : འཇིག་རྟེན་པའི་ཐ་སྙད་ལ། 67-7(23a-1)

　laukiko vyavahāraḥ : འཇིག་རྟེན་པའི་ཐ་སྙད། 69-5(23b-3)

laukikapadārtha : འཇིག་རྟེན་པའི་དངོས་པོ། 67-7(23a-2)

laukikapadārtha : འཇིག་རྟེན་པའི་དོན། 74-2(25a-5)

laukikavyavahāra : འཇིག་རྟེན་པའི་ཐ་སྙད། 68-7(23a-7) ; 69-13(23b-6)

laukikavyavahārāṅgabhūta :

འཇིག་རྟེན་པའི་ཐ་སྙད་ཀྱི་ཡན་ལག་ཏུ་གྱུར་པ། 67-3~4(22b-7)

laukikasaṃketānuvidhāyin :

འཇིག་རྟེན་པའི་བརྡའི་རྗེས་སུ་བྱེད་པ། 66-6~7(22b-4)

lyuṭ : ལྱུ་ཊ། 60-1(20b-2)

lyuṭ : ལྱུ་ཊ། 60-2(20b-3)

V

vaktavya : བརྗོད་པར་བྱ། 55-12(18b-7)

vaktavya : བརྗོད་པར་བྱ་དགོས། 61-6(21a-2)

vaktavya : བརྗོད་པར་བྱ་བ།

  na vaktavyam : བརྗོད་པར་བྱ་བ་མ་ཡིན་པ་ཞིག 57-2~3(19a-6)

vakṣyati : འཆད་པར་འགྱུར། 59-9(20b-2) ; 64-7(22a-2)

vakṣyamāṇa : འཆད་པར་འགྱུར་བ། 68-2(23a-5)

vacana : ཚིག 75-7(25b-4)

-vat : ལྟར། 63-10(21b-5) ; 66-4(22b-3) ; 67-3(22b-7)

-vat : བཞིན། 56-7(19a-5) ; 58-8(20a-2) ; 64-2(21b-6) ; 64-3(21b-7)

-vat : བཞིན་དུ། 63-10(21b-5) ; 64-3(21b-7) ; 68-3*(23a-5) ; 69-5(23b-3) ; 72-1(24b-3)

varṇayanti : གསུང་།

  na ... varṇayanti : མི་གསུང་། 57-10(19b-2)

varṇayanti : གསུང་བར་... མཛད།

  na varṇayanti : གསུང་བར་མི་མཛད། 57-9(19b-2)

vartate : འགྱུར། 66-5(22b-4)

vartate : འཇུག 72-6(24b-5)

vartate : འཇུག་པ། 72-2(24b-3)

vartamāna : འཇུག་པ། 72-6(24b-5)

vākya : ངག 57-4(19a-7) ; 57-6(19a-7)

vācin : རྗོད་པར་བྱེད་པ། 71-10(24b-2)

vācya : བརྗོད་པར་བྱ་དགོས། 58-15(20a-5)

vāyu : རླུང་། 71-2(24a-6)

vikalpaka : རྣམ་པར་རྟོག་པ། 73-4~5(25a-2)

vikāra : གྱུར། 72-5(24b-5)

vikārin : འགྱུར་བ། 72-5(24b-5)

vigama : བྲལ་བ། 57-14*(19b-5)

vicāra : རྣམ་པར་དཔྱད་པ། 71-8(24b-1)

vicāra : རྣམ་པར་དཔྱོད་པ། 67-7(23a-1)

vicāryamāṇa : རྣམ་པར་དཔྱད། 67-8(23a-2) ; 67-10(23a-3)

vicāryamāṇa : རྣམ་པར་དཔྱད་པ། 68-1~2(23a-4~5)

vijñāna : རྣམ་པར་ཤེས། 65-3(22a-5)

vijñāna : རྣམ་པར་ཤེས་པ། 60-7(20b-5) ; 65-5(22a-6) ; 72-4~5(24b-4~5) ; 72-6(24b-5~6) ; 72-8^{2}(24b-6^{2}) ; 72-9(24b-7) ; 73-1(24b-7) ; 73-2(25a-1) ; 73-3(25a-1) ; 75-1~2(25b-2)

vijñānasya pradhānakriyā :
རྣམ་པར་ཤེས་པའི་གཙོ་བོར་གྱུར་པའི་བྱ་བ། 65-6(22a-7)

vijñānasya viṣayaprativijñaptiḥ :
རྣམ་པར་ཤེས་པའི་ཡུལ་སོ་སོར་རྣམ་པར་རིག་པ། 60-6(20b-4)

vijñānagamya : རྣམ་པར་ཤེས་པས་རྟོགས་པར་བྱ་བ། 61-3(20b-7)

vijñānapravṛtti : རྣམ་པར་ཤེས་པ་འབྱུང་བ། 72-4(24b-4)

vijñānaṣaṭka : རྣམ་པར་ཤེས་པ་དྲུག 72-9(24b-7) ; 73-1(24b-7)

vijñānasvalakṣaṇa : རྣམ་་པར་ཤེས་པའི་རང་གི་མཚན་ཉིད། 61-1(20b-6) ; 61-4(20b-7)

-vid : གཟིགས་པ། 71-4(24a-7)

-vid : རིག 75-7(25b-4)

-vid : རིག་པ། 71-7(24b-1)

vidyate : ཡོད། 64-9(22a-2)

  na vidyate : ཡོད་མ་ཡིན། 71-2(24a-6)

  na vidyate : ཡོད་མིན། 64-9(22a-2)

vidyate : ཡོད་པ།

  na vidyate : ཡོད་པ་མ་ཡིན་པ། 71-1(24a-6)

  vidyata eva : ཡོད་པ་ཉིད། 65-10(22b-1)

vidyamāna : ཡོད་དུ་ཟིན། 57-11(19b-3)

vidyamāna : ཡོད་པ།

  utpādāt pūrvaṃ vidyamānasya :

    སྐྱེས་པའི་སྔ་རོལ་ནས་ཡོད་པ་ལ། 58-4(19b-7)

  vidyamānatvāt : ཡོད་པའི་ཕྱིར། 58-4~5(19b-7)

  vidyamānasya ghaṭasya : བུམ་པ་ཡོད་པ། 58-4(19b-6)

vidha : རྣམ་པ།

  evaṃvidha : རྣམ་པ་དེ་ལྟ་བུ། 70-3(24a-1) ; 70-6*(24a-3)

vidhura : འགལ་བ། 67-1(22b-6)

vinā : མ་གཏོགས་པར།

  vinā tattvānyatvena :

    དེ་ཉིད་དང་གཞན་ཉིད་ལས་མ་གཏོགས་པར། 64-7(22a-1)

vinā : མེད་པར། 55-14(19a-1)

vinivartayat : ཟློག་པར་བྱེད། 69-4(23b-2~3)

viparīta : ཕྱིན་ཅི་ལོག

viparītaṃ svabhāvam : རང་བཞིན་ཕྱིན་ཅི་ལོག 58-2(19b-5~6)

viparītalakṣaṇapraṇayanakṛta : མཚན་ཉིད་ཕྱིན་ཅི་ལོག་བརྗོད་པས་བྱས་པ།

viparītalakṣaṇapraṇayanakṛtaṃ lakṣyavaiparītyam :

མཚན་ཉིད་ཕྱིན་ཅི་ལོག་བརྗོད་པས་བྱས་པའི་མཚོན་བྱ་ཕྱིན་ཅི་ལོག 59-2*(20a-6)

viparītalakṣaṇābhidhāna : མཚན་ཉིད་ཕྱིན་ཅི་ལོག་བརྗོད་པ། 58-15~59-1(20a-5)

viparītasvarūpādhyāropapratipakṣa :

རང་བཞིན་ཕྱིན་ཅི་ལོག་ལྷག་པར་སྒྲོ་བཏགས་པའི་གཉེན་པོ། 58-10(20a-3)

viparyāsamātrāsāditātmabhāvasattāka :

ཕྱིན་ཅི་ལོག་ཙམ་གྱིས་བདག་གི་ངོ་བོ་ཡོད་པར་རྙེད་པ། 68-8(23b-1)

viparyāsānugata : ཕྱིན་ཅི་ལོག་གི་རྗེས་སུ་སོང་བ། 57-12(19b-3)

vibhāga : རྣམ་པར་དབྱེ་བ། 64-11(22a-3)

vibhāgaparijñāna : རྣམ་པར་དབྱེ་བ་ཡོངས་སུ་ཤེས་པར་འགྱུར་བ། 64-11(22a-3)

viyujyeta

na viyujyeta : ལྡན་པ་མ་ཡིན་ནམ། 68-1(23a-4)

viruddha : འགལ་བ། 56-6*(19a-5) ; 63-3(21b-2)

virodhayati : འཁྲུག་པར་... བྱེད་པ།

na ... virodhayati : འཁྲུག་པར་མི་བྱེད་པ། 63-5*(21b-3)

vivakṣā : བརྗོད་པར་འདོད་པ།

vivakṣayā : བརྗོད་པར་འདོད་པས། 73-4(25a-2)

vivakṣita : བརྗོད་པར་འདོད་པ། 58-6(20a-1)

vivakṣite 'rthe : བརྗོད་པར་འདོད་པའི་དོན་ལ། 73-9(25a-4)

vivekatā : དབེན་པ་ཉིད། 63-6(21b-3)

viśeṣa : ཁྱད་པར། 58-2(19b-6) ; 58-11²(20a-3²) ; 58-12(20a-4) ; 65-2(22a-5) ;

65-3(22a-5) ; 65-6~7(22a-7) ; 66-8(22b-5)

viśeṣaṇa : ཁྱད་པར། 66-2(22b-2) ; 66-6(22b-4~5) ; 66-9(22b-6)

viśeṣaṇa : ཁྱད་པར་དུ་བྱེད་པ། 67-4(22b-7)

viśeṣaṇaviśeṣyabhāva : ཁྱད་པར་དང་ཁྱད་པར་གྱི་གཞིའི་དངོས་པོ། 66-2(22b-2)

viśeṣaṇaviśeṣyabhāva : ཁྱད་པར་དང་ཁྱད་པར་ཅན་གྱི་དངོས་པོ། 66-8(22b-5)

viśeṣaṇāntara : ཁྱད་པར་གཞན། 66-6*(22b-4)

viśeṣatas : ཁྱད་པར་དུ། 64-12(22a-3)

viśeṣatva- : ཁྱད་པར་དུ། 73-5(25a-2)

viśeṣya : ཁྱད་པར། 61-6(21a-2)

viśeṣya : ཁྱད་པར་གྱི་གཞི། 66-2(22b-2)

viśeṣya : ཁྱད་པར་ཅན། 66-8(22b-5)

viṣaya : ཡུལ། 55-13(18b-7) ; 57-2(19a-6) ; 70-4(24a-1) ; 70-6(24a-3) ; 72-8(24b-6) ; 73-1(24b-7) ; 73-3(25a-1) ; 73-8(25a-4) ; 75-6(25b-4)

viṣayasya paricchede ... kartā :

ཡུལ་ཡོངས་སུ་གཅོད་པའི་བྱེད་པ་པོ། 64-14(22a-4)

viṣaya : ཡུལ་ཅན། 72-2(24b-4) ; 75-4(25b-3) ; 75-6(25b-4)

viṣayaprativijñapti : ཡུལ་སོ་སོར་རྣམ་པར་རིག་པ། 60-6(20b-4)

viṣayaviṣaya : ཡུལ་གྱི་ཡུལ་ཅན། 72-2*(24b-4)

viṣāṇa : རྭ།

kharaviṣāṇa : བོང་བུའི་རྭ། 56-7(19a-5) ; 70-9(24a-4)

viṣpaṣṭam : གསལ་བར། 64-6(22a-1)

vistara : རྒྱས་པ།

vistareṇa : རྒྱས་པར། 61-11(21a-3)

vihita : བཤད་པ། 59-5(20a-7)

vihīyate : ཉམས་པར་འགྱུར། 64-3(21b-7)

vīpsārtha : ཟློས་པའི་དོན། 74-4(25a-6)

vṛddha : རྒན་རབས།

lokavṛddha : འཇིག་རྟེན་གྱི་རྒན་རབས། 69-4*(23b-3)

vedanā : ཚོར་བ། 68-2(23a-5)

vedanāyā anubhavaḥ : ཚོར་བའི་མྱོང་བ། 60-6*(20b-4)

vaicakṣaṇya : མཁས་པ། 69-2~3(23b-2)

vaiparītya : ཕྱིན་ཅི་ལོག 59-2(20a-6)

vaiyarthya : དོན་མེད་པ། 56-2(19a-3)

vairāgya : འདོད་ཆགས་དང་བྲལ་བ། 57-14(19b-5)

vairāgya : འདོད་ཆགས་དང་བྲལ་བར་བྱ་བ། 57-13(19b-4)

vyatirikta : ཐ་དད་པ། 61-1(20b-6) ; 66-1~2(22b-2) ; 66-3(22b-2) ; 66-7(22b-5) ; 66-9(22b-5~6) ; 67-6(23a-1) ; 67-10(23a-3) ; 70-8(24a-3) ; 70-10(24a-5) ; 70-11(24a-5)

vyatirikta : ཐ་དད་པར་གྱུར་པ། 61-1(20b-6) ; 70-10(24a-5)

vyatireka : ཐ་དད་པ།

vyatirekeṇa : ཐ་དད་པ། 70-11(24a-5)

vyatirekeṇa : ཐ་དད་པར། 62-2(21a-4) ; 67-8(23a-2) ; 67-11(23a-3) ; 70-4(24a-2)

vyatireka : མ་གཏོགས།

vyatirekeṇa : མ་གཏོགས། 71-2(24a-6)

vyatireka : མ་གཏོགས་པ།

vyatirekeṇa : མ་གཏོགས་པར། 71-1(24a-6)

vyapadiśyate : རྗོད་པར་བྱེད། 72-1(24b-3)

vyapadiśyate : བརྗོད། 70-3(24a-1)

vyapadiśyate : བརྗོད་པ། 61-7(21a-2)

vyapadiśyate : བསྙད་པ། 61-6~7(21a-1) ; 70-2(24a-1)

vyapadiśyamāna : བརྗོད་པ། 70-5~6(24a-2)

vyapadiśyamāna : བསྙན། 24b-7(72-8)

vyapadeśa : སྙོན་པ། 72-7(24b-6)

vyapadeśo bhavati : སྙོན་པར་འགྱུར་བ། 72-5(24b-5)

vyapadeśa : བསྙན། 73-2(25a-1)

vyapadeśa : བསྙན་པ། 72-6(24b-6) ; 73-7(25a-3) ; 73-8(25a-4)

vyapadeśe sati : བསྙན་པ་ལ། 73-5(25a-2)

vyartha : དོན་མེད་པ། 59-3(20a-6) ; 74-8(25a-7)

vyavasthā : རྣམ་པར་འཇོག་པ། 69-2(23b-2)

vyavasthāpana : རྣམ་པར་འཇོག་པ། 73-7(25a-3)

vyavasthāpayām babhūvuḥ : རྣམ་པར་གཞག་པ་མཛད། 67-12(23a-4)

vyavasthāpyate : རྣམ་པར་འཇོག་པ་ཡིན། 75-9(25b-5)

vyavasthāpyate : རྣམ་པར་འཇོག་པར་བྱེད་པར་འགྱུར། 68-6(23a-7)

vyavasthāpyate : རྣམ་པར་གཞག 75-3(25b-3)

vyavaharati : ཐ་སྙད་བྱེད། 69-9(23b-5)

vyavahāra : ཐ་སྙད། 58-14(20a-4) ; 65-10(22b-1) ; 67-4(22b-7) ; 67-7(23a-1) ; 68-5(23a-7) ; 68-7(23a-7) ; 69-5(23b-3) ; 69-13(23b-6) ; 69-13~14(23b-7) ; 70-10(24a-4) ; 71-3(24a-6) ; 74-7*(25a-7)

vyākhyātum : བཤད་པར།

vyākhyātum iṣṭatvāt : བཤད་པར་འདོད་པའི་ཕྱིར་ན། 74-7~8(25a-7)

vyākhyāsyāmas : བཤད་པར་བྱ། 75-12(25b-6)

vyāpāra : བྱ་བ། 65-2(22a-5)

vyutpatti : བྱེ་བྲག་ཏུ་བཤད་པ། 60-7(20b-5) ; 69-8(23b-4) ; 72-3(24b-4) ; 74-1(25a-4)

vyutpāda : བྱེ་བྲག་ཏུ་འཆད་པ།

vyutpāde kriyamāṇe : བྱེ་བྲག་ཏུ་འཆད་པར་བྱེད་ན། 74-2~3(25a-5)

vyutpādayati : བྱེ་བྲག་ཏུ་འཆད་པར་བྱེད་པ། 72-2(24b-3)

Ś

śakya : ནུས།

na ... śakyam : མི་ནུས། 63-1~2(21b-1)

śakyate : ནུས།

na ... śakyate : མི་ནུས། 55-14~15(19a-1)

śakyate : ནུས་པ།

na śakyate : མི་ནུས་པ། 62-8~63-1(21b-1) ; 63-1(21b-1)

na ... śakyate : མི་ནུས་པ། 63-1(21b-1)

śata : བརྒྱ་ཕྲག 70-5(24a-2)

śabda : སྒྲ། 66-3(22b-3) ; 69-8(23b-4) ; 69-9(23b-5) ; 71-10(24b-2) ; 72-2(24b-3) ; 72-7(24b-6) ; 73-9^{2}(25a-4^{2}) ; 74-1(25a-5) ; 74-3(25a-5)

śabdamātrālambana : སྒྲ་ཙམ་ལ་དམིགས་པ། 66-4(22b-4)

śabdārtha : སྒྲའི་དོན། 69-9(23b-5)

śarīra : ལུས། 57-11(19b-3) ; 66-1^{2}(22b-2^{2}) ; 66-3(22b-3) ; 66-4(22b-3) ; 66-5(22b-4) ; 67-3(22b-7) ; 67-6(23a-1)

śāstra : བསྟན་བཅོས། 58-14(20a-4)

śāstrārambha : བསྟན་བཅོས་རྩོམ་པ། 56-2(19a-3)

śiras : མགོ། 66-1^{2}(22b-2^{2}) ; 66-3(22b-3) ; 66-4(22b-4) ; 66-5(22b-4) ; 67-6(23a-1)

śiraupādāna : མགོའི་རྟེན་ཅན།

śiraupādānasya ... rāhor upādātuḥ :

མགོའི་རྟེན་ཅན་བརྟེན་པ་པོ་སྒྲ་གཅན། 67-4~5(22b-7)

śilāputraka : མཆི་གུ། 66-6(22b-5) ; 67-3(22b-7) ; 67-9(23a-2) ; 68-2(23a-5) ; 68-3(23a-5)

śilāputrakasya śarīram : མཆི་གུའི་ལུས། 66-1(22b-2)

śubhasaṃjñā : གཙང་བའི་འདུ་ཤེས། 57-13(19b-4~5) ; 57-14(19b-5)

śubhākāra : གཙང་བའི་རྣམ་པ། 57-12(19b-4)

śeṣaprakaraṇārambha : རབ་ཏུ་བྱེད་པ་ལྷག་མ་བརྩམས་པ། 58-11(20a-3~4)

Ṣ

ṣaṭka : དྲུག 72-9(24b-7) ; 73-1(24b-7)

S

saṃvṛti : ཀུན་རྫོབ། 67-11(23a-3) ; 67-12(23a-4) ; 68-1(23a-4) ; 68-8(23a-7) ; 69-5(23b-3)

saṃvṛtyā : ཀུན་རྫོབ་ཏུ། 67-9(23a-2) ; 68-3(23a-5) ; 71-4(24a-7)

saṃvṛtiparamārthasatya : དོན་དམ་པ་དང་ཀུན་རྫོབ་ཀྱི་བདེན་པ། 69-1(23b-1)

saṃvṛtisatyavyavasthāvaicakṣaṇya :

ཀུན་རྫོབ་ཀྱི་བདེན་པ་རྣམ་པར་འཇོག་པ་ལ་མཁས་པ། 69-2~3(23b-2)

saṃvṛtyekadeśanirākaraṇopakṣiptopapattyantara :

ཀུན་རྫོབ་ཀྱི་ཕྱོགས་གཅིག་བསལ་བའི་ཕྱིར་བཀོད་པའི་འཐད་པ་གཞན། 69-3*(23b-2)

saṃvyavahāra : ཐ་སྙད། 57-10(19b-2)

saṃvyavahāra : ཐ་སྙད་བྱེད་པ། 74-7(25a-7)

saṃskṛtalakṣaṇasvabhāva :

འདུས་བྱས་ཀྱི་མཚན་ཉིད་ཀྱི་རང་བཞིན། 70-4~5(24a-2)

saṃketa : བརྡ། 66-6~7(22b-4)

saṃkhyā : གྲངས། 57-1(19a-6) ; 73-6(25a-3)

saṃjāyate : འགྱུར། 74-8(25a-7)

saṃjñā : འདུ་ཤེས། 57-13(19b-4~5) ; 57-14(19b-5)

sat : ཡིན། 64-11(22a-3)

sat : ཡོད།

satsu pramāṇeṣu : ཚད་མ་དག་ཡོད་ན། 75-10(25b-5)

satsu prameyeṣv artheṣu : གཞལ་བྱའི་དོན་དག་ཡོད་ན། 75-10(25b-5~6)

sat : ཡོད་པ། 62-5(21a-6)

satī : ཡིན། 61-10(21a-3)

sattāka : ཡོད་པ། 68-8(23b-1) ; 73-7(25a-3)

satya : བདེན་པ། 68-5(23a-7) ; 69-1(23b-1) ; 69-2(23b-2)

sadbhāva : ཡོད་པ།

sadbhāvāt : ཡོད་པའི་ཕྱིར། 67-5(22b-7~23a-1)

santi : ཡོད་པ་ཡིན། 55-17(19a-2) ; 56-2(19a-3)

samaṅgin : ལྡན་པ། 74-8(25b-1)

samatva : མཚུངས་པ་ཉིད། 58-8(20a-2)

samanupaśyati : མཐོང་བ།

na ... samanupaśyati : མཐོང་བར་མི་རུང་། 62-8(21a-7)

samanupaśyati : མཐོང་བར་འགྱུར། 62-7~8(21a-7)

samaya : གཞུང་ལུགས།

svasamaya : རང་གི་གཞུང་ལུགས། 67-1(22b-6)

samāsādita : རྙེད་པ། 73-7(25a-3)

samutpatti : སྐྱེ། 19a-6(57-2)

saṃbandha : འབྲེལ་པ། 66-6(22b-4)

saṃbandha : འབྲེལ་བ། 69-8(23b-4) ; 69-9(23b-5)

saṃbandhyantaranirapekṣa : འབྲེལ་པ་ཅན་གཞན་ལ་མ་ལྟོས་པ། 56-7(19a-5)

saṃbhava : མངའ་བ། 57-8(19b-2)

saṃbhava : ཡིན།

saṃbhave 'pi : ཡིན་ཡང་། 73-3(25a-2)

saṃbhava : ཡོད།

saṃbhave sati : ཡོད་ན་ནི། 56-5(19a-4)

saṃbhava : ཡོད་པ།

na ca ... asti ... saṃbhavaḥ : ཡོད་པ་ཡང་མ་ཡིན། 64-14~65-1(22a-4)

nāsti saṃbhava iti : ཡོད་པ་མ་ཡིན་པས། 68-3(23a-5)

saṃbhavati

na saṃbhavati : མེད། 67-8(23a-2)

samyagarthānavadhāraṇa : དོན་ཡང་དག་པར་མ་བཟུང་བ། 65-10~11(22b-1~2)

samyagniścaya : ཡང་དག་པའི་ངེས་པ། 55-15(19a-1)

samyaglakṣaṇa : མཚན་ཉིད་ཡང་དག་པ།

samyaglakṣaṇam : མཚན་ཉིད་ཡང་དག་པར། 59-1(20a-5)

samyaglakṣaṇadyotakatva :

ཡང་དག་པའི་མཚན་ཉིད་གསལ་བར་བྱེད་པ་ཉིད། 59-5(20a-7)

sarva : ཐམས་ཅད། 68-5(23a-7) ; 71-9(24b-1) ; 75-3(25b-2)

sarva eva : ཐམས་ཅད་ཁོ་ན། 71-6(24b-1)

sarvam etat : འདི་དག་ཐམས་ཅད། 57-2(19a-6)

sarvathā : རྣམ་པ་ཐམས་ཅད་དུ། 62-2(21a-5) ; 65-9(22b-1) ; 73-8(25a-4)

sarvathāpi : རྣམ་པ་ཐམས་ཅད་དུ། 58-1(19b-6)

sarvadharma : དངོས་པོ་ཐམས་ཅད། 55-17(19a-2)

sarvadharma : ཆོས་ཐམས་ཅད། 65-9(22b-1)

sarvabhāva : དངོས་པོ་ཐམས་ཅད། 55-17(19a-2) ; 56-1(19a-2~3) ; 56-2~3(19a-3)

sarvabhāvotpatti : དངོས་པོ་ཐམས་ཅད་སྐྱེ་བ། 56-1(19a-2)

saśarīropādāna : ལུས་ཀྱི་རྟེན་ཅན། 67-3(22b-7)

saha : ལྷན་ཅིག 72-9(24b-7)

saha : ལྷན་ཅིག་ཏུ། 75-4(25b-3)

sahacārin : ལྷན་ཅིག་སྤྱོད་པ། 66-5(22b-4*)

sahabhāvin : ལྷན་ཅིག་འབྱུང་བ། 66-4(22b-3)

sākāṅkṣa : རེ་བ་དང་བཅས་པ། 66-5(22b-4) ; 73-1(25a-1)

sākṣāt : མངོན་སུམ་དུ། 75-3(25b-2) ; 75-6(25b-4)

sākṣāt : དབང་པོ། 71-10(24b-2)

sādṛśya : འདྲ་བ། 75-7(25b-4)

sādhana : སྒྲུབ་པ། 60-7(20b-5) ; 61-7(21a-2)

sādhya : བསྒྲུབ་པར་བྱ་བ། 65-4(22a-6)

sādhyasamatva : བསྒྲུབ་པར་བྱ་བ་དང་མཚུངས་པ་ཉིད། 58-8(20a-2)

sādhyāvyabhicāriliṅgotpanna :

རྟགས་བསྒྲུབ་པར་བྱ་བ་ལ་མི་འཁྲུལ་བ་ལས་སྐྱེས་པ། 75-6(25b-4)

sāpekṣatā- : ལྟོས་པ་དང་བཅས་ཏེ། 66-4(22b-3)

sāphalya : འབྲས་བུ་དང་བཅས་པ། 59-2~3(20a-6)

sāmānyalakṣaṇa : སྤྱིའི་མཚན་ཉིད། 59-7(20a-7) ; 61-5~6(21a-1) ; 69-11(23b-6) ; 75-2~3(25b-2)

siddha : གྲུབ་པ།

siddhaṃ bhavati : གྲུབ་པར་འགྱུར། 71-11(24b-2)

siddham eva : གྲུབ་པ་ཉིད། 67-6(23a-1)

siddho bhavati : གྲུབ་པར་འགྱུར། 73-3(25a-2)

siddhi : གྲུབ་པ། 64-9(22a-2) ; 67-12(23a-4)

nāsti siddhiḥ : གྲུབ་པ་མེད། 64-13(22a-4)

nāsti ... -siddhiḥ : གྲུབ་པ་མེད། 67-9~10(23a-3)

siddhyā : གྲུབ་པའི་སྒོ་ནས། 67-11(23a-4)

svābhāvikī ... siddhiḥ : ངོ་བོ་ཉིད་ཀྱིས་གྲུབ་པ། 75-11(25b-6)

siddhi : འགྲུབ་པ། 64-7(22a-1)

siddhir bhaviṣyati : འགྲུབ་པར་འགྱུར། 64-10(22a-2)

siddhi : འགྲུབ་པར་འགྱུར་བ། 64-8(22a-2)

sidhyanti : འགྲུབ་པར་འགྱུར། 75-10(25b-5)

sukha : བདེ། 70-2(24a-1)

sukha : བདེ་བ། 70-4(24a-2) ; 70-5(24a-2)

sugandhi : དྲི་ཞིམ། 71-8(24b-1)

sutarām : ཆེས་ཤིན་ཏུ། 70-8~9(24a-4)

sūkṣmekṣikā : དཔྱད་པ་ཞིབ་མོ། 68-7(23a-7)

sūkṣmekṣikā : ཞིབ་མོར་དཔྱད་པ། 68-5(23a-6)

skandha : ཕུང་པོ། 67-9(23a-2)

sthita : གནས་པ། 74-2(25a-5)

sthitvā : གནས་ཏེ། 69-3(23b-2)

spraṣṭum : རེག་པར།

  na śakyate ... spraṣṭum : རེག་པར་མི་ནུས་པ། 63-1(21b-1)

smṛtyupasthāna : དྲན་པ་ཉེ་བར་གཞག་པ། 63-7(21b-4)

syāt : འགྱུར། 56-4(19a-4) ; 63-9(21b-4^{2}) ; 64-1(21b-6) ; 64-5(22a-1) ; 68-1(23a-4) ; 68-3(23a-5) ; 74-3(25a-5)

  na syāt : མི་འགྱུར། 61-5(20b-7) ; 74-3*(25a-6) ; 74-4(25a-6) ; 74-5(25a-6)

  na ... syāt : མ་... འགྱུར། 72-9(24b-7)

syāt : འགྱུར་བ། 70-7(24a-3)

syāt : འགྱུར་བ་ཞིག་ན། 59-3(20a-6)

syāt : ཡིན།

  syān na : མ་ཡིན། 60-1(20b-2)

syāt : ཡོད་པར་འགྱུར། 56-4(19a-4) ; 59-2(20a-6)

syāt : ཡོད་པར་... འགྱུར།

  kutaḥ ... syāt : ཡོད་པར་ག་ལ་འགྱུར། 56-6~7(19a-5)

syāt : ཡོད་པར་འགྱུར་བ་ཞིག 56-5(19a-4)

sva : བདག་ཉིད། 65-4(22a-6)

svatas : བདག་ལས། 55-13(18b-7)

na svataḥ ... bhavanti : བདག་ལས་མ་ཡིན། 57-5(19a-7)

svatas : བདག་... ལས། 57-2(19a-6)

svaprasiddha : རང་ལ་གྲུབ་པ།

svaprasiddhayā ... upapattyā :

རང་ལ་གྲུབ་པའི་འཐད་པའི་སྒོ་ནས། 57-6(19a-7~19b-1)

svabhāva : རང་བཞིན། 64-4(21b-7) ; 70-5(24a-2)

viparītaṃ svabhāvam : རང་བཞིན་ཕྱིན་ཅི་ལོག 58-2(19b-5~6)

svayam : རང་ཉིད་ཀྱིས། 56-2(19a-3)

svarūpa : རང་གི་ངོ་བོ། 73-7(25a-3)

anyāsādhāraṇam ātmīyam ... svarūpam :

བདག་ཉིད་ཀྱི་རང་གི་ངོ་བོ་གཞན་དང་ཐུན་མོང་མ་ཡིན་པ། 60-5(20b-4~5)

svarūpa : རང་བཞིན། 58-10(20a-3)

svalakṣaṇa : རང་གི་མཚན་ཉིད། 60-5(20b-5) ; 60-8(20b-5) ; 61-1(20b-6) ; 61-4(20b-7) ; 61-5(20b-7~21a-1) ; 61-5(21a-1) ; 61-6(21a-1) ; 61-11(21a-3) ; 66-2~3(22b-2) ; 66-2(22b-3) ; 75-2(25b-2)

svalakṣaṇatā : རང་གི་མཚན་ཉིད། 63-5(21b-3)

svalakṣaṇavyatireka : རང་གི་མཚན་ཉིད་ལས་ཐ་དད་པ།

svalakṣaṇavyatirekeṇa : རང་གི་མཚན་ཉིད་ལས་ཐ་དད་པར། 62-2(21a-4)

svalakṣaṇāntara : རང་གི་མཚན་ཉིད་གཞན། 60-8(20b-6) ; 62-1(21a-4)

svalakṣaṇāntarbhāva : རང་གི་མཚན་ཉིད་ཀྱི་ཁོངས་སུ་འདུ་བ། 60-4(20b-4)

svalakṣaṇāvyatirikta : རང་གི་མཚན་ཉིད་ལས་ཐ་དད་པ་མ་ཡིན། 61-4(20b-7)

svasaṃvitti : རང་རིག་པ། 61-10^2(21a-3^2) ; 61-11(21a-3) ; 62-1(21a-4) ; 62-3(21a-5) ; 63-8(21b-4)

svasamaya : རང་གི་གཞུང་ལུགས། 67-1(22b-6)

svasāmānyalakṣaṇadvayānurodha : རང་དང་སྤྱིའི་མཚན་ཉིད་གཉིས་ཀྱི་དབང་།

svasāmānyalakṣaṇadvayānurodhena :

རང་དང་སྤྱིའི་མཚན་ཉིད་གཉིས་ཀྱི་དབང་གིས། 59-7(20a-7)

svasāmānyalakṣaṇāviṣaya :

རང་དང་སྤྱིའི་མཚན་ཉིད་ཀྱི་ཡུལ་ཅན་མ་ཡིན་པ། 69-11*(23b-6)

svātman : རང་གི་བདག་ཉིད། 64-3^{2}(21b-7^{2})

svābhāvikī : ངོ་བོ་ཉིད།

svābhāvikī ... siddhiḥ : ངོ་བོ་ཉིད་ཀྱིས་གྲུབ་པ། 75-11(25b-6)

H

hetu : རྒྱུ། 69-1(23b-1)

hetu : རྒྱུ་ཅན། 70-5(24a-2)

hrasvadīrghatā : རིང་པོ་དང་ཐུང་བ་ཉིད། 56-7(19a-5)

Appendix

Tibetan-Sanskrit

ཕྱོད་ལ། : ≠ **sarvatas** 19a-6(57-4)

མི་མཁས་པས། : ≠ **durvidagdhabuddhitayā** 23b-1(69-1~2)

མི་འགྱུར། : ≠ **syāt** 24b-4(72-3)

མི་མངའ་བར་འགྱུར་བ། : ≠ **syāt** 19b-1~2(57-8)

མི་རུང་། : ≠ **na** 21a-7(62-8)

བཞི་བརྒྱ་པ། : ≠ **śataka** 24a-7(71-5)

སེམས། : ≠ **tasya** 21a-5(62-5)

Sanskrit-Tibetan

tasya : ≠ སེམས། 62-5(21a-5)

durvidagdhabuddhitayā : ≠ མི་མཁས་པས། 69-1~2(23b-1)

na : ≠ མི་རུང་། 62-8(21a-7)

śataka : ≠ བཞི་བརྒྱ་པ། 71-5(24a-7)

sarvatas : ≠ ཕྱོད་ལ། 57-4(19a-6)

syāt : ≠ མི་འགྱུར། 72-3(24b-4)

syāt : ≠ མི་མངའ་བར་འགྱུར་བ། 57-8(19b-1~2)

〈執筆者紹介〉

西岡祖秀	1947年生.	東京大学大学院修士課程修了.
		四天王寺国際仏教大学教授.
森　秀雄	1949年生.	大阪教育大学大学院修士課程中退.
中村佳孝	1947年生.	同志社大学文学部卒業.
加古原大岳	1949年生.	高野山大学文学部卒業.
鳥塚陽三	1948年生.	京都産業大学外国語学部卒業.
谷口圓雄	1955年生.	大谷大学文学部卒業.

チャンドラキールティのディグナーガ認識論批判
——チベット訳『プラサンナパダー』和訳・索引——

2001年9月20日　初版第1刷発行

編　者　東方学院関西地区教室（チベット語仏典講読）
発行者　西村七兵衛
発行所　法　藏　館
〒600-8153　京都市下京区正面通烏丸東入
電話 075-343-0458　振替 01070-3-2743
印刷・製本　中村印刷株式会社

ISBN4-8318-7453-1 C3015